RESEARCH ON THE BEHAVIOR CHARACT
ENTREPRENEUR AND ENTERPRISE INNOVATION

U0499646

企业家行为特质
与企业创新决策研究

郝盼盼 ◎ 著

中国财经出版传媒集团

经济科学出版社
Economic Science Press

·北 京·

图书在版编目（CIP）数据

企业家行为特质与企业创新决策研究/郝盼盼著
. --北京：经济科学出版社，2024.7
ISBN 978 - 7 - 5218 - 5401 - 5

Ⅰ.①企… Ⅱ.①郝… Ⅲ.①企业管理 - 经济行为 -
研究②企业创新 - 经营决策 - 研究 Ⅳ.①F272.3

中国国家版本馆 CIP 数据核字（2023）第 244643 号

责任编辑：于 源 李一心
责任校对：杨 海
责任印制：范 艳

企业家行为特质与企业创新决策研究
郝盼盼 著
经济科学出版社出版、发行 新华书店经销
社址：北京市海淀区阜成路甲 28 号 邮编：100142
总编部电话：010 - 88191217 发行部电话：010 - 88191522
网址：www. esp. com. cn
电子邮箱：esp@ esp. com. cn
天猫网店：经济科学出版社旗舰店
网址：http://jjkxcbs. tmall. com
北京季蜂印刷有限公司印装
710 × 1000 16 开 23 印张 355000 字
2024 年 7 月第 1 版 2024 年 7 月第 1 次印刷
ISBN 978 - 7 - 5218 - 5401 - 5 定价：92.00 元

本书受到以下项目支持：

教育部人文社会科学规划基金项目（22YJA630024）

2021 年度山西省省筹资金资助出国留学项目

山西省"1331 工程"重点创新团队建设计划（晋教科〔2017〕12 号）

序（一）

创新是时代的脉搏，创新驱动是发展的潮流。受新冠疫情、地区局势等多重因素影响，当前世界经济持续低迷，我国经济也遭遇到前所未有的挑战。面对严峻的形势，让创新成为引领发展的第一动力，用好科学技术这个最高意义上的革命力量和有力杠杆尤其重要。而企业是科技创新的主体，企业创新能力在应对危机、促进经济高质量发展中扮演重要角色。如何在经济低迷时推动企业的创新发展，使我国企业在国际竞争中赢得主动和优势，已引起学术界和实务界的关注。著名经济学家熊彼特提出："企业家是创新活动的倡导者和实施者，是企业创新的'灵魂'。"一个较形象的说法是如果脱离企业家去理解企业，就好像是丢掉哈姆雷特去揣测莎士比亚的创作意图。这说明企业家对企业创新至关重要。随着 2017 年 9 月 8 日《中共中央、国务院关于营造企业家健康成长环境弘扬优秀企业家精神更好发挥企业家作用的意见》的正式发布，首次明确了企业家精神的地位和价值。以创新、冒险和变革为主要特征的企业家精神有助于增强企业的创新动力，而充分激发企业家创新活力是克服内外部环境不确定、实现创新型国家战略目标的有力措施。以此为契机，基于对企业管理者行为特质的长期关注，郝盼盼博士以企业家行为特质为切入点，进行了一系列深入研究，不仅形成了自己独特的理解和观点，而且也取得了较为丰富的成果，在理论上对推动行为金融领域的学术探讨、丰富和完善企业创新理论均有较大意义，在实践上则有助于探索激发企业家创新精神的途径，为推动企业创新高质量发展提供学术借鉴。

该专著有几点值得推荐之处：

首先，不同于多数研究较多关注企业家某一行为特征视角，本书综合考虑企业家个人经历、能力、情感及多元文化背景四个维度的特质，不仅分析了企业家行为特质与企业创新之间的关系"是什么"，揭开了二者关系背后"为什么"的黑箱，通过在不同环境下探索实现二者关系的"情境化"，能够更为全面地验证企业家对企业创新的微观个体证据，从行为心理学视角为企业创新影响因素找出新证据，有助于完善企业创新和高层梯队理论。

其次，在界定和测度企业家行为特质方面，本书也有独到之处。如该书将企业文化、民族文化、宗教文化及地域文化均纳入中国文化大背景的界定范畴，以此为基础构建文化测算指标体系及模型，全新测度企业家多元文化背景及其广度和文化距离维度。这一创新性界定和测度对完善多元文化理论体系有一定价值。同时，该书所构建的企业家创新精神钻石模型，从企业家的风险偏好、社会网络关系、机会识别和动态创新四个维度，检验企业家创新精神的中介作用，也为今后相关研究提供了可借鉴的工具。

第三，该书顺应多层面理论交叉融合趋势，以企业家为纽带将心理学层面行为特质与管理学层面的组织创新决策联系起来，丰富了管理学和心理学跨学科交叉理论及应用研究。特别是，该书将外部环境纳入分析企业家行为特质与企业创新关系研究体系，为企业家微观个体层面提供了来自宏观环境的制度保障、宏微观的有效结合，进而实现了制度和非正式制度建议的耦合，为提升我国企业创新水平提供了决策参考。

由 2012 年 9 月初入科研大门到以"山西大学优秀博士生"顺利毕业，再到进入工作岗位两年便晋升副教授，作为郝盼盼博士的导师，我见证了她在科研道路上的成长和蜕变。一路走来，她在持续坚持和努力中不断进步和升华。自博士期间确定研究方向以来，她长期关注管理者特质与企业创新相关研究，并形成一系列高水平成果。听闻她将已有成果整理成册并即将出版，我十分替她高兴。该书凝聚了郝盼盼博士多年科研工作的心血，是对企业及企业家创新科学问题探究的总结，是终点，也是继续攀登更高科研山峰的起点。执笔之时，也恰是郝盼盼博士在加拿大曼尼托巴大学的访学季，相信，受中西方研究观点和文化碰撞的影响和现场较有深度的学术交流与对话，郝盼盼一定能够在未来的学术征途中潜心科研，砥砺前行，实现认知上的突破，取得更多的科研成果。也希望此书的出版为相关领域的同仁们提供研究借鉴和学术参考。

张信东
教授、博士生导师
山西大学经济与管理学院

序（二）

该书大胆尝试心理学和管理学科的跨领域研究，从一个全新的行为金融学的视角来探索企业管理者的综合特质对企业创新决策的影响。与现有研究只是传统地注重企业家某单个行为特征相比，该书从企业家的行为特质包括个人经历、能力、地方感情感及多元化背景等四个维度进行综合分析，这一主要贡献为今后研究提供了非常宝贵的工具。此外，该书通过全新构建企业家能力指标，分别从企业家的晋升情况、职业路径和研发经验来实证检验企业家能力特质对企业创新的作用。与此同时，该书特别关注了企业家的情感特质，通过全新构建企业家创新精神测算指标，更全面地提供了企业创新因素的新证据。尽管该研究结果是基于有中国特色的数据，相信对北美市场如何选择企业管理者来提高企业创新和影响创新决策也具有一定的指导和借鉴意义。很高兴能与郝盼盼博士进行深入交流和合作。在美丽的曼尼托巴大学，我们不断尝试探讨中西方研究的契合点，有相似之处，也有冲突之处，在各种冲击和碰撞下可以开拓思想维度、丰富研究视野。希望该专著顺利出版，期待作者未来更多优秀的成果面世。

Ying Zhang

博士，副教授，特许金融分析师
加拿大曼尼托巴大学阿斯博商学院

前　言

作为一个永恒的话题，创新成为实务界和学术界持续追寻的热点。创新的主体是企业。习近平总书记在党的二十大报告中再次强调，要强化企业在科技创新的主体地位。而企业家是企业创新的主要实施者，是企业创新的"灵魂"。那么，什么样的企业家更有利于开展企业创新活动？改革开放以来，我国培养了一大批不畏艰难、敢于拼搏、勇于创新、坚韧不拔、勇担社会责任的企业家群体。这些企业家群体拥有哪些共同的行为特质？这些行为特质如何影响企业创新？尤其在我国全面弘扬优秀企业家精神的政策导向下，企业家的哪些特质才能激发企业家创新精神进而推动企业创新呢？这些问题都有待进一步研究。

随着行为金融的逐渐兴起，学者们开始关注管理者特质与企业创新的关系，沿袭高层梯队理论下不断探究管理者爱好特征、个人技能及早年经历等对企业创新的影响，形成了丰富的研究成果。但是已有研究大多关注管理者某一种特征，很少综合考虑管理者全面的行为特质，并对比不同特质的影响差异。而且已有研究大多停留在分析二者关系的浅显层面，缺少对背后影响机制的深入剖析，更缺乏置于外在宏观制度环境下的拓展研究。以此为契机，借鉴于心理学、管理学领域的这一研究热点，本书拟全面探究企业家个人经历特质、能力特质、地方感情感特质及多元文化背景特质四个新维度下的综合行为特质对企业创新决策的影响，并剖析背后的机制，拓展不同情境下的差异分析，且延伸至经济后果研究。

本书以企业中拥有较高决策权和经营权的首席执行官（CEO）为企业家代表作为研究对象，采用理论分析和实证检验相结合的方法，以沪深 A 股上市的制造业和信息技术业企业为研究样本，以 CSMAR、CNRDS 数据库和手工搜索年报为数据来源，从经验证据到影响机制再到经济后果，系统地剖析了企业家行为特质对企业创新决策的影响，从而丰富管理者特质与企业创新研究。主要研究结论及贡献如下：

（1）与已有学者关注管理者从军经历、海归经历等不同，本书选取具有时代特征且不具有自选择性的特殊经历，包括企业家早年经历三年困难时期、改革开放经历以及灾难经历强度。通过实证检验得出有改革开放经历的企业家将会促进企业创新投资，这是因为改革开放成长起来的企业家更倾向于承担风险增加创新投资，且他们一般拥有更多元的职业路径，这会在一定程度上抵御外部不确定性风险，进而敢于进行创新投资。有过三年困难时期经历的企业家会降低未来的企业创新投资，拥有低强度灾难经历的企业家会促进企业创新投资，而拥有高强度灾难经历的企业家会抑制企业创新投资，这主要是通过改变企业家的风险承担意愿进而影响创新决策。此外，拥有这些特殊经历的企业家不仅影响企业创新决策，而且进一步会影响企业的创新产出及高质量发展。

（2）企业家的学历等可以简单刻画企业家能力情况，但是这类指标过于片面，通过企业家在职场中的晋升情况等来侧面表征企业家能力特质将更加客观。本书通过企业家晋升频率、职业路径以及研发经验三个方面来检验企业家能力特质对企业创新决策的影响。本书通过全新构建企业晋升频率指数、职业路径指数等实证分析，得出企业家晋升越快越会促进未来的创新投资，且在年轻阶段晋升越快越能明显影响未来的创新投资；与专一性职业路径相比，具有多元化职业路径的企业家更会促进企业创新投资；有研发经验的企业家更能够促进企业的创新投资。同时这种现象在研发强度较大、约束机制较弱的非国有企业中更为明显。另外，高能力的企业家主要通过信息学习、失败容忍以及人员挽留等机制影响未来的创新决策，且最终会影响企业的创新产出和高质量发展。

（3）已有研究很少关注到企业家的情感特质，本书将本地企业家和外地企业家同时纳入研究体系，且全新构建企业家创新精神测算指标体系，探究企业家地方感情感特质对企业创新的影响。研究发现：企业家地方感能显著促进企业创新产出；企业家创新精神的激发是形成上述影响的内在机理，其中，企业家地方感可以通过提高其风险偏好、扩大其社会关系网络以及激发其动态创新意识进而促进企业创新产出，而对机会识别无显著影响；异质性检验表明，企业外部环境（地区经济发展水平、创新文化环境）、企业特征（所有权属性）、企业家特征（创新意识、年龄）等因素会对企业家地方感对企业创新产出的促进作用产生影响；经济后果分析发现，企业家地方感可以显著促进企业创新产出进而提升企业价值并推动企业高质量发展。

（4）巧妙嫁接心理学和管理学领域跨学科研究，本书全新刻画企业家多元文化背景及广度、文化距离指标，实证检验得出拥有多元文化背景的企业家会促进企业创新投入，且企业家的多元文化背景广度和文化距离均会正向影响企业创新投入。探究影响渠道发现，风险偏好、高管社会网络关系、机会识别、动态创新四个维度的企业家创新精神均起到了中介作用，进而阐释了拥有多元文化背景的企业家可以影响企业创新投入的作用机制。通过不同情境下的对比研究发现：男性企业家拥有多元文化背景更会显著促进企业创新投入；公司治理约束机制较弱、政商环境较差时，企业家拥有多元文化背景对企业创新投入影响更显著。经济后果分析发现，企业家拥有多元文化背景可以通过企业创新投入提高创新产出，尤其是实质性创新产出，最终会推动经济高质量发展。

从理论分析到实证检验，从微观层面到宏观层面，本书以这种层层递进、环环相扣的方式，通过经验证据、影响机制到经济结果的研究思路，对企业家个人经历特质、能力特质、地方感情感特质和多元文化背景特质这四个维度的研究得到了一些具有学术价值和实践意义的新结论和新观点。本研究不仅丰富了企业创新和行为公司金融理论，并且对制定合理的企业创新决策、提升企业价值及选聘合适的管理者具有重要的现实指导意义。

Contents | 目　录

第 1 章

绪　　论

1.1　选题背景

1.1.1　现实背景

从党的十八大明确提出实施创新驱动发展战略，到党的十九大提出创新是引领发展的第一动力，再到党的二十大提出坚持创新在我国现代化建设全局中的核心地位，"创新"作为一个永恒的话题，被提到一个前所未有的新高度。创新驱动是国家命运所系，创新强则国运昌，创新弱则国运殆。从嫦娥五号"上九天"，到奋斗者号"下五洋"，从量子计算挺进科学前沿，到疫苗研发为人民健康安全织牢"保护网"，从基础研究到高新应用技术研发，我国科技创新事业的快速发展体现了强大的国家战略科技力量。而企业创新为我国科技创新事业的重要策源地，为国民经济发展、社会进步、国家安全和人民生活质量改善做出了重大贡献。习近平总书记在党的二十大报告中指出："加强企业主导的产学研深度融合，强化目标导向，提高科技成果转化和产业化水平。强化企业科技创新主体地位，发挥科技型骨干企业引领支撑作用，营造有利于科技型中小微企业成长的良好环境，推动创新链产业链资金链人才链深度融合"①。这再次强化了企业科技创新主体地位的战略意义，为新时代新征程更好发挥企业创新主力军作用指明了方向。在企业主导科技创新的政策导向下，企业在创新决策、研发经费投入以及成果转化中逐步发挥出主体作用，2021 年全社会研发投入的 78% 来自企业，高新技术企业从 2012 年的 4.9 万家增长至 2022 年的 40 万家，科技型中小企业达到约 45 万家，683 家企业进入 2021 年全球企业研发投入 2500 强②。可见，作为科技创新的主力军，企业创新的主导力量日益凸显，取得了质的飞跃。

放眼全球企业，中美两国的企业在全球 500 强企业中占领先地位。在 2023 年《财富》世界 500 强企业排行榜中，中国共 142 家企业上榜，美国共计 136 家企业上榜，中国 500 强企业的数量位居世界之首。尤其随着我国企业创新水平的逐渐提升，企业实力已追赶甚至超越西方国家，以至于西方国家在某些方面开始模仿中国企业。例如 Facebook 效仿了 15 秒的抖音视频，推出了极为相似的 Lasso。然而，不可否认的是，虽然中国百强企业数量位居全球之首，然而在创新质量方面与发达国家之间还存在一定差距。图 1.1 为 2012 ~ 2022 年世界主要国家企业研发创新投入占比情况，可见，近十年来我国企业的 R&D 投入不断增加，与美国企业同属于稳步上升趋势，但是与其他发达国家相比，我国企业的创新投资还存在明显不足。美国及其他发达国家仍掌握着高新技术产业的核心零部件以及关键技术，如今火热的人工智能、机器人以及 ChatGPT 等新鲜事物均出自美国等发达国家。事实说明，我国企业的创新能力仍有待提升。尤其在全球受疫情影响、经济发展不确定的时代，全球企业竞争格局在重组，我国企业也面临着各种冲击和挑战。士不可以不弘毅，任重而道远。我们更应该逆势而上，找到与全球创新高水平企业的差距，破解推动企业创新的新密码，积极应对新挑战和新竞争。

---

① 中华人民共和国中央人民政府网，高举中国特色社会主义伟大旗帜为全面建设社会主义现代化国家而团结奋斗——在中国共产党第二十次全国代表大会上的报告。
② 国家统计局：2021 年全国科技经费投入统计公报。

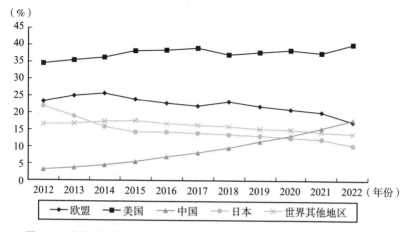

图 1.1　世界主要国家和地区 2012～2022 年企业 R&D 投资占比情况图

资料来源：欧盟委员会官网。

那么如何激发我国企业创新发展的新动力？企业家是创新活动的倡导者和实施者。一个较形象的说法是如果脱离企业家去理解企业，就好像是丢掉哈姆雷特去揣测莎士比亚的创作意图。这说明企业家对企业创新来说至关重要。例如，苹果公司被视为创新成功的代表，它的成功很大程度上取决于其简单优雅的设计理念，但鲜为人知的是这种设计理念基本来源于苹果创始人乔布斯，他立志每次将推出"颠覆性"的产品。乔布斯勇于不断创新的精神成就了苹果公司。反观中国企业，作为中国最具"创新力"公司——华为技术有限公司，由当初两万元起步的小作坊到如今成长为世界级通信设备制造企业，其创始人任正非功不可没。创新、冒险、执着、学习等优秀的企业家特质在任正非身上体现得淋漓尽致。可见，企业家独有的敢于冒险、高创造力、高风险承担水平等行为特质影响着企业的创新能力。改革开放 40 多年来，我国民营经济从小到大、从弱到强，不断发展壮大，且培养了一大批不畏艰难、敢于拼搏、勇于创新、坚韧不拔、勇担社会责任的企业家群体。2017 年 9 月 25 日，《中共中央 国务院关于营造企业家健康成长环境弘扬优秀企业家精神更好发挥企业家作用的意见》正式发布，中央首次以专门文件明确企业家精神的地位和价值。但是，根植于我国传统儒家文化背景下的我国企业家仍然存在着创新精神严重不足问题，面临着"卷帘门""玻璃门""旋转门"等多重制度障碍。那么如何才能激活企业家创新精神、完善外部制度缺陷进而助推我国企业创新，这些都是迫切需要解决的新问题。

1.1.2 理论背景

哪些因素影响着企业创新？传统的视角包括宏观层面的政府补贴、税收优惠、法律文化等（Acharya et al.，2013，2014；江希和等，2015；黎文飞等，2015；王春元等，2018；陈红等，2019）；行业层面的市场结构、外国直接投资（FDI）等（张信东等，2012；李强等，2016；杨朝均等，2019；曾国安等，2020）以及公司层面的公司规模、公司治理、资源能力等要素（张信东等，2008；唐清泉等，2015；Balsmeier et al.，2017；王满四等，2018）。这些因素在很大程度上合理解释了企业创新存在差异的原因，但是对于那些基本面情况类似的企业或者同一家企业在管理者变更前后出现的创新差异现象，已有的传统理论无法给出合理解释。

随着行为金融的逐渐兴起，学者们纷纷开始关注企业家特质对企业创新的影响，并提出新的见解。该议题涉及管理学和心理学两大学科领域，因此，我们选取在这两个领域有较高影响力的中英文期刊进行检索统计，结果见表 1.1 和表 1.2。可见，企业创新一直都是近几年国内外权威文献追踪的热点话题，中英文近几年发文量逐渐增加。而关于企业家特质的研究近期也纷纷占据《金融经济学杂志》（*The Accounting Review*）、《会计评论》（*Journal of Financial Economics*）、《会计研究》、《管理世界》等顶级期刊，可见管理者特质方面的研究已成为近年的热门议题。那么管理者特质与企业创新相关研究情况如何呢？通过统计可见，多于英文期刊发文量，国内权威期刊 2018～2023 年的发文量已达到 34 篇，且多集中于管理学领域。

表 1.1　2018～2023 年英文权威期刊中与本研究相关议题论文的发表数量统计

英文期刊全称 （JCR 影响因子 2 以上）	5 年影响因子	企业创新	管理者特质	管理者特质与企业创新
The Accounting Review	4.562	3	12	0
Journal of Finance	5.424	5	1	1
Journal of Financial Economics	4.693	11	25	3
Journal of Accounting Research	4.891	3	5	0
Review of Financial Studies	6.663	13	8	2
Journal of Accounting and Economics	4.891	9	8	0
Journal of Applied Psychology	7.508	14	8	0
Journal of Organizational Behavior	3.038	3	1	0

注：选取 Journal of Citation Reports – SSCI 中 5 年影响因子在 2 以上的金融、财会管理及心理学等权威期刊，分别以企业创新、管理者特质、管理者特质与企业创新等为关键词对 2018～2023 年文献进行检索，统计发文数量。

表 1.2　2018～2023 年中文权威期刊中相关议题论文的发表数量统计

期刊名称	类别	企业创新	管理者特质	管理者特质与企业创新
《会计研究》	管理 A	10	12	3
《管理科学学报》	管理 A	2	3	2
《系统工程理论与实践》	管理 A	12	3	1
《管理世界》	管理 A	32	16	3
《中国软科学》	管理 A	48	4	1
《中国管理科学》	管理 A	11	0	0
《系统管理学报》	管理 A	12	4	0
《管理评论》	管理 A	42	11	1
《管理工程学报》	管理 A	13	5	1
《南开管理评论》	管理 A	45	1	0
《科研管理》	管理 A	190	13	6
《管理科学》	管理 A	28	4	1
《预测》	管理 A	17	2	0

续表

期刊名称	类别	企业创新	管理者特质	管理者特质与企业创新
《运筹与管理》	管理 A	10	3	0
《科学学研究》	管理 A	135	4	2
《中国工业经济》	管理 A	34	6	2
《管理学报》	管理 B	57	8	0
《工业工程与管理》	管理 B	6	5	0
《系统工程》	管理 B	16	1	0
《科学学与科学技术管理》	管理 B	115	13	7
《研究与发展管理》	管理 B	81	4	2
《数理统计与管理》	管理 B	2	0	0
《心理学报》	心理	0	0	0
《心理科学》	心理	0	0	0
《心理科学进展》	心理	1	1	0

注：期刊来源为国家自然基金委管理学部认定的权威期刊及中国最具国际影响力学术期刊中的 3 本心理学类期刊，通过关键词企业创新、管理者特质、管理者特质与企业创新等对 2018～2023 年文献进行搜索，统计发文数量。

通过统计文献情况可见，管理者特质与企业创新的关系一直是学者们追捧的热点话题。比如，马尔门迪尔和泰特（Malmendier and Tate，2005a；2005b）首次通过 CEO 持股情况度量过度自信，这奠定了对过度自信实证研究的基础。加拉索等（Galasso et al.，2011）通过构建职业生涯关注模型，对 1980～1994 年 450 家美国上市公司进行实证分析，首次得出 CEO 过度自信会提升企业创新能力，且在竞争激烈的行业中，这种提升效果更明显。大卫等（David et al.，2012）通过 1993～2003 年的数据验证了过度自信的管理者会进行更多的创新投资，从而产出更多的专利，在创新型行业中这种现象更显著。这两篇文献奠定了管理者过度自信与企业创新研究的基础，随后的学者大多支持这一观点，肯定了过度自信的管理者在企业创新中的促进作用（Lüdtke and Lüthje，2012；Herz et al.，2013；Chang et al.，2015；易靖韬等，2015；孔东民等，2015；于长宏等，2015；毕晓方等，2016；郝盼盼等，2017；黄新建等，2020）。除了过度自信这一特质，还有研究关注到管理者的技能管理问题，库斯托迪奥等（Custodio et al.，2019）通过对 1464 家公司 2005 个 CEO 进行实证分析后发现，相对专有技能的 CEO，通用技能的 CEO 更能够提升公司的专利产出及专利引用数，且更倾向于探索型创新策略。也有学者考察了管理者的海归背景，例如张信东和吴静（2016）、袁蓉丽等（Yuan et al.，2018）、贺亚楠等（2019）均发现有海归背景的高管会促进企业技术创新投入及产出，且创新产出具有原创性。还有学者关注到管理者的学术背景，沈艺峰等（2016）、张晓亮等（2019）通过研究一致认为，具有学术背景的独立董事或 CEO 在研发投资中有着咨询及传递信号的作用，且更可能实施产学研的技术创新战略，这样都能够促进企业创新。此外，学者们也考察了管理者的爱好特征对创新行为的影响。森德和张静静（Sunder and Zhang，2017）发现有驾驶飞机爱好的 CEO 所在公司会产生更多的专利申请及引用数。因为这类 CEO 不仅对风险有承受力，且喜欢寻求刺激，渴望尝试新的经历，这为创新提供了内在驱动力。伊马德和詹森（Emdad and Jason，2020）的研究指出，发明家 CEO 往往能提高创新质量。近期，学者们开始探究管理者早年重要经历对企业创新的影响，例如张信东和郝盼盼（2017）首次考察了 CEO 有过三年困难时期经历对企业创新决策的作用，通过对比 CEO 个人过度自信品质和早年经历对企业创新的影响后，得出 CEO 早年有过三年困难时期经历的影响更为明显的结论。郝盼盼等（2018）从高管早期晋升经历这一新视角出发，得出管理者早年晋升越快越能促进创新投资的结论。郝盼盼等（2019）、何瑛等（2019）均关注到高管早期职业经历，通过研究一致认为高管职业经历越丰富越能够促进企业创新。权小锋等（2019）从高管从军经历视角出发，发现高管从军经历通过塑造其管理风格将对公司创新绩效产生显著的正效应。

综上所述，早期研究多从传统视角出发来剖析企业创新的影响因素，随着行为金融的逐渐兴起，学者将目光聚焦到管理者特质视角，开始关注管理者过度自信与企业创新的关系，沿袭高层梯队理论进而探究管理者爱好特征、个人技能及早年经历等对企业创新的影响，但是现有管理者特质与财务决策研究仅处于开始阶段，并未全面考虑类似管理者文化背景经历等其他特质，也未深入对比不同特质的影响差异，且大多停留在分析二者关系的浅显层面，缺少对背后影响机制的深入剖析，更缺乏置于外在宏观制度环境下的拓展研究。以此为契机，借鉴于心理学、管理学领域的这一研究热点，本书拟全面探究企业家不同行为特质对企业创新决策的影响，并剖析背后的机制，拓展不同情境下的差异分析，将其延伸至经济后果研究。

1.2　研究目的与意义

1.2.1　研究目的

本书在充分肯定企业创新主导地位、大力弘扬企业家精神和发挥企业家作用的政策背景下，以企业家为研究对象，以企业家创新精神为着力点，基于行为心理学视角，将心理学和管理学理论有机结合，采用理论模型分析和实证检验的方法，分析企业家行为特质及创新精神对企业创新的影响，并将其置于不同背景下深入剖析其环境协同作用及经济后果。总目标旨在丰富企业创新和高层梯队等相关理论，为提升我国企业创新水平实施创新驱动发展战略提出非制度层面的决策建议。

1.2.2　研究意义

1.2.2.1　理论意义

（1）基于激活我国企业创新力这一现实问题，从企业家行为特质新视角探寻企业创新新要素，完善企业创新和高层梯队理论研究。

已有研究大多从宏观层面的政府补贴、税收优惠、法律文化；行业层面的市场结构、FDI以及公司层面的公司规模、公司治理、资源能力等传统视角来分析企业创新。随着行为金融的逐渐兴起，沿袭高层梯队理论，学者们纷纷开始关注管理者特质与企业创新之间的关系，例如探究管理者过度自信、管理者爱好特征、管理者从军经历、职业经历及政治偏好等对企业创新的影响（Galasso et al.，2011；Custodio et al.，2015；Sunder and Zhang，2017；权小锋等，2019；何瑛等，2019；黄新建等，2020）。然而类似于乔布斯或马云等这些杰出的企业家，他们具有哪些行为特质及其是否会影响其创新精神及创新行为？关于此方面的研究十分欠缺。与已有研究不同，本研究拟突破传统视角综合企业家行为特质检验其对企业创新的作用。此外，现有管理者特质与财务决策方面的研究仅停留于探究二者关系的浅显层面，本书不仅分析企业家行为特质与企业创新之间的关系"是什么"，且揭开二者关系背后"为什么"的黑箱，并进一步放置于不同环境下实现二者关系的"情境化"，这样才能更全面地验证企业家对创新的微观个体证据，从行为心理学视角为企业创新影响因素找到新证据，从而完善企业创新和高层梯队理论。

（2）立足企业家特质这一研究热点，全新界定和测度企业家独特的行为特质，例如企业家多元文化背景及维度、企业家精神等，有助于更深刻理解多元文化背景的组织产出效应，深化文化心理学理论研究。

个体多元文化背景的研究一直是文化心理学领域的前沿热点，但是已有研究无论是对多元文化背景的界定还是测度仅仅停留在尝试阶段，并未形成成熟统一的标准。现有心理学领域研究大多将多元文化背景的界定范围局限于跨国文化经历（Leung et al.，2008）。与已有研究不同，本书拟在中国丰厚而迥异的文化大背景下将企业文化、民族文化、宗教文化及地域文化均纳入界定范畴，基于这一定义构建测算指标体系及模型，全新测度企业家多元文化背景及广度、文化距离三个维度。这一创新性界定和测度将完善已有的多元文化理论体系。进一步，已有研究大多沿用文化动态建构理论和创造力过程理论检验个体多元文化背景对个体创造力的影响（Maddux and Galinsky，2009；Leung and Chiu，2010；Tadmor et al.，2012；Godart et al.，2015）。那么，个体多元文化背景是否能延伸到对组织创新力有一定影响呢？这也是文化心理学领域需要进一步探求的重要问题。近期心理学学者虽然已经开始关注这些问题（Lu et al.，2017；Pantelis et al.，2018），但已有研究大多以文艺、时装等领域的创意总监为研究对象，且多通过实验方法检验其个体经历对时装类公司创意水平的影响。与已有研究不同，本研究拟将研究对象普及化，以企业家为切入点，通过理论推演和实证检验方法探究企业家多元文化背景对企业创新决策的影响。这一拓展性探究将深化文化动态建构理论。

（3）顺应多层面理论交叉融合趋势，以企业家为纽带将心理学层面行为特质与管理学层面的组织创新决策联系起来，丰富管理学和心理学跨学科交叉理论研究。

本研究巧妙嫁接心理学领域行为特质与企业决策开展跨学科研究。管理学领域的企业家创新理论和高层梯队理论为管理者特质与企业创新研究提供了坚实的管理学理论基础；心理学领域的文化动态建构理论和创造力过程理论为探究个体行为特质与组织创新之间的影响机理提供了良好的心理学理论前提。本书拟结合管理学领域的创新问题和心理学领域的研究热点，有效融合管理学领域的企业家创新、高层梯队理论和文化心理学领域的文化动态建构理论、创造力过程理论，这一交叉尝试将推动管理学和心理学跨学科理论研究。

1.2.2.2　现实意义

（1）企业家层面，有利于企业家正视其行为特质的作用，积极营造创新氛围，为培育和激活企业家创新精神提供非制度层面的建议。

企业家创新精神是社会的稀缺资源，是创新发展的驱动之力，是市场经济的活力之源。在市场环境下企业家的创新精神得到充分体现，例如浙江民营企业作为我国民营经济的先驱者，很多成功的企业家始终保持着一种敢创业、敢冒险、敢吃苦的精神。马云、王健林、马化腾、任正非等民营企业家们敢为人先的创新精神也极大推动了企业发展。与此同时，我国也存在企业家创新精神严重不足的现状，虽然创新意识逐步提高，但是风险承担意愿及机会识别能力等方面还呈现一定弱势。本研究从企业家行为特质这一全新视角出发，论证其对企业创新的作用并从创新精神层面剖析其内在机理，有利于企业家从个体微观层面出发来探寻培育创新精神的有效路径，主动为自身创造多元经历的机会，积极营造创新氛围，吸取不同文化精髓，提升自身的创新意识、风险意识、扩展社会网络关系、增强机会识别能力，从而有效激活企业家创新精神。

（2）企业层面，有助于为企业选聘高管提供新思路；从企业家行为特质新视角出发探究影响创新投资的原因，为规避我国企业创新投资效率损失提供全方位建议。

企业高管作为决策的重要决定者，其行为特征、个体偏好及认知水平对企业的长久发展至关重要。例如，被美国《时代周刊》称为"电子商务巨子"的路易斯·郭士纳使 IBM 公司摆脱了 80 亿美元财政困境并使其有了 60 亿美元利润，将原本死板的 IBM 公司变成了一个巨大的电子商务公司，其掌管公司以来，公司股价上涨了 1200%。然而，一些有不正当行为的高管也将会有损公司利益。因此，企业应该客观全面地评价高管的角色。本研究将企业家的行为特质作为影响企业创新投入的新要素，这有利于我国企业在选聘高管时将其特质背景纳入考察依据，不仅注重其能力、学历背景及工作经验等，更需要关注其是否拥有多元的文化背景。另外，本研究将创新投入到产出的全过程纳入研究范围来全面评价企业家行为特质在创新中的真实作用，这有利于我国企业全方位提高企业创新投资效率。

（3）国家层面，有利于我国正视并弘扬企业家创新精神的重要性，为激发企业家创新精神、发挥企业创新主导地位助推国家科技创新发展提供微观证据。

企业家的特质及决策行为对创新驱动这把"金钥匙"能否打开经济增长之锁，能否实现科技强国至关重要。企业是科技创新的主体，企业决策中起关键作用的是企业家。企业家的决策行为受到其行为特质的影响。企业家的行为习惯、嗜好和传统会潜移默化地影响其偏好和选择。企业家微观层面的哪些行为特质会成为推动企业创新的驱动力呢？本研究以此为切入点，在我国企业家精神亟须激发的背景下探究企业家哪些行为特质会激发其创新精神进而推动企业创新发展。这有助于为激发企业家创新精神提供微观证据，有利于我国吸纳和储备多元背景的人才，培育包容开放的创新文化，提升国家科技创新水平。

1.3 研究对象与相关概念的内涵界定

1.3.1 企业家行为特质

企业家的概念最初来源于法语，主要指"有风险承担意识和冒险精神的勇于开创新事业的人"。法国的经济学家萨耶认为企业家是指价值的创造者和协调者，他将该概念进行了广泛推广。随后英国经济学家马歇尔将企业家的概念作为生产要素开展研究，提出企业家可以将社会资源从生产力与产出低水平领域转移到高水平领域。美籍奥地利经济学家熊彼特发展了马歇尔的经济理论，认为创新是企业家最突出的特质，企业家是重新组合生产要素的创新者。现代管理学之父德鲁克进一步发展了熊彼特的理论，在著作《创新与创业：实践与原则》（*Innovation and Entrepreneurship：Practice and Principles*）中提出企业家应开展系统性管理将企业家精神体现出来，认为企业家要具备能够促进资源投入产出、适应环境因素的动态变化、开辟新市场和新消费人群、创造新产品新服务、创造新价值等几种重要的品质。

对企业家人格特征的研究始于 20 世纪中期，它综合了经济学、心理学、社会学和企业管理的方法来回答以下问题：谁是企业家？是什么驱使他们？什么特质定义了他们？企业家人格特征有广义和狭义之分，相对来说，五大人格特质属于广义的特质，包括开放性、责任心、外向性、宜人性和神经质五大特质（Baum & Locke，2004），它们可以预测和解释企业家的职业选择和工作表现等，但是难以评价特定的行为。由于制定公司的战略、开展融资活动、创新和创业活动是具体的行为模式，因此，需要寻找相关的企业家所具有的独特特质来解释相关行为。

1.3.1.1 创新思维

创新思维是企业家的核心特质。企业家不满足于现状，他们勇于挑战传统，敢于尝试未知，总是在寻求新的方法、新的途径，以提升企业的竞争力。他们的思维模式是开放的、灵活的，愿意接受和适应新的变化（韩冬，2008）。这种创新思维不仅体现在产品或服务的研发上，更体现在管理模式、商业模式以及企业战略的制定上。

1.3.1.2　外向性

外向性特质是衡量一个人精力充沛、积极、健谈和热情的程度。一些研究人员认为，外向性对企业家来说更重要，因为企业家是向投资者、合伙人、员工和客户推销他们想法的销售人员。在商业不确定性较高的情况下，企业家可能会被不断变化的环境和新挑战的新奇感所吸引（黄亮等，2015）。在挑战和新环境中茁壮成长的人是那些提出创造性解决方案、商业模式和产品的人，企业家的开放性可能有助于实现这些目标。

1.3.1.3　过度自信

目前，对"过度自信"的界定主要分为以下几方面：（1）低估企业未来损失的概率，高估企业未来收益的机会（Lin et al.，2005）。（2）过低评估失败的风险，过高评估自己的能力（Hackbarth，2003）。（3）估计值或预测值的置信区间太窄（Keiber，2002）。综述，过度自信是指企业家高估自身判断、控制和决策等能力，高估未来成功的机会，低估未来失败的风险的一种认知偏差。

1.3.1.4　风险偏好

企业家特质体现在对风险的承受和对机会的识别上。成功的企业家知道，成功往往伴随着风险，但他们愿意勇敢地去面对并最大限度地降低这些风险。他们能够准确地识别出隐藏在风险背后的机遇，并迅速采取行动以获取成功。这种机会识别和风险承受能力，往往来源于他们丰富的经验和深入的理解。

除此之外，企业家的年龄、工作经验、学历等具体信息（郝忠立，2009），企业家的教育与社会地位等主要特征（唐凤凤等，2010），以及企业家任期、职位与政企关系（张腾，2012）等社会资源都是企业家特质的体现，并且这些特质会对企业形象与企业经营效果产生重要的影响（徐超和池仁勇，2014）。

本书借鉴已有研究思路，选取广受学者们认可和关注的特质以及与本研究关联度高的维度进行研究。同时考虑到企业家其他行为特质和企业家精神的区别，本书拟从企业家的个人经历特质、能力特质、情感特质和多元文化背景特质四个角度来探究企业家行为特质对企业创新的影响。

1.3.2 企业家精神

1912 年熊彼特在《经济发展理论》中对企业家发展理论进行阐述，提出企业家精神是企业家为了创造企业价值而形成的一系列行为，如企业家对机会的挖掘、资源整合等行为。从此之后，企业家精神备受学者关注，大家的聚焦点均认为企业家精神的重点在于创新。麦克莱兰（McClelland，1961）认为企业家精神主要包括预见性、冒险以及其他能推动企业创新成长的一系列活动。史蒂文森和冈珀特（Stevenson and Gumpert，1985）提出企业家精神是能够整合独特的资源，寻求机会以创造价值的过程。德鲁克（Drucker，1985）提出企业家精神是新产品或服务可能被确认、被创造以及最终开发生产以创造财富的过程。鲍摩尔（Baumol，1990）则认为企业家精神是一个学习的过程，且这一过程以市场为中心。科温和斯莱文（Covin and Slevin，1991）提出企业家精神是高管为获取竞争优势采取的一系列冒险性商业行为。贝格利（Begley，1995）具体将企业家精神视为五种人格维度，包括承担风险的倾向、成就的需求、自主权的需求、自我技能和内外控制。沙玛和克里斯曼（Sharma and Chrisman，1999）提出，企业家精神是指一种追求机会的行为。鲍摩尔和席林（Baumol and Schilling，2009）进一步细化研究，将企业家精神的基本要素归纳为感知、勇气和行动三个方面。

国内学者伍忠贤（1997）研究指出企业家精神为创造新的满足或新的需求。鲁传一和李子奈（2000）认为企业家精神主要由创意、有胆识、敢投资、担风险等特质组成。叶勤（2000）提出，企业家精神实际为变革和创新精神。李新春等（2002）则提出企业家精神主要包括敬业精神、创新精神以及合作精神三方面。学者李维安和王辉（2003）认为企业的精神最终会人格化为企业家精神。国内学者秦辉和戚东梅（2004）将企业家精神视为企业家在从事经营管理活动中所形成的独特的价值观、心理状态、思维方式和精神素质。学者聂元昆（2007）则认为企业家精神主要包括契约精神、风险精神与卓越精神。学者陈伟和赵富洋（2008）再次提出企业家精神是指企业家具备对产品、技术以及新市场进行投资的能力。

通过整理国内外学者对企业家精神的定义可知，企业家精神是企业家在其经营活动中所形成的独特的行为特质，其核心特征主要为冒险、合作、创新等。与本书所涉及的企业家其他行为特质不同，例如企业家早年经历等行为特质需经过一定时间沉淀进而才能形成独特的企业家精神。基于企业家精神的界定，以此为切入点，因此本书探究企业行为特质对企业家精神进而对企业创新决策影响，这具有一定的理论基础。

1.3.3　企业创新决策

企业创新决策，主要是由企业领导者在充分分析内外部环境因素后，利用自己的专业知识、职业判断和个人经验，充分考虑企业的长短期目标和经济效益，对企业创新过程涉及的目标和方案进行制定和实施的决策过程。企业创新决策具有多维性、时效性、层次性、战略性等特点。企业进行创新决策时需要同时考虑创新投入和创新产出的效率，做出更有利于企业可持续发展的决策。

1.3.3.1　创新投入决策

创新（innovation）的概念首次在 1912 年由美籍奥地利经济学家熊彼特（J. A. Schumpeter）在其著作《经济发展理论》（*Theory of Economic Development*）中提出。他将创新定义为一种生产函数的重新组合或者转移，认为其目的是掠取潜在的超额利润。他将创新分为以下五种类型：（1）引进新的工艺或新的生产方法。（2）生产新的产品。（3）开拓新的市场。（4）开辟且利用新的原材料或半制成品的供给来源。（5）利用新的组织方式。总之，熊彼特所定义的五种创新方式可总结为技术创新、市场创新和组织创新三大类。随后，国内外很多学者关于创新的界定做了很多不同的研究。其中，我国学者傅家骥等人在总结前人的研究成果基础上，在著作《技术创新学》一书中更加深化了技术创新的概念。他们认为狭义的技术创新是指企业为了赢得潜在的市场机会，将生产要素、生产条件和组织进行重新组合，从而建立更强、更有效、成本更低的生产经营系统的过程。而广义的技术创新是指企业从研究开发（R&D）到狭义技术创新再到创新扩散的整个过程。归纳如下：从研究开发到市场为狭义的技术创新；从发明创造到技术扩散为广义的技术创新。而一般情况下的技术创新都是指狭义的技术创新，本书也将以傅家骥等人所定义的狭义的技术创新概念为基础。

众所周知，研究和开发（research and development，R&D）活动是所有企业创新链的最始端，是最终实现企业创新的具体途径，是提升企业自主创新能力的根本方式。因此，本书将通过聚焦企业的 R&D 活动来分析企业的创新活动。本书的研究范畴中，所有的企业创新行为等同于企业 R&D 行为，企业的创新投入也将通过企业 R&D 投入来刻画，如无具体说明，二者之间无任何差异。

研发（R&D）活动包括研究和开发。其中，"研究"活动在《牛津现代高级英汉双解词典》中被定义为：所进行的一系列调查，目的是要通过获得的额外信息，来发现新的事实；"开发"活动被定义为：一种技术活动，它可以结合已有的知识和新的研究成果。然而研究活动包括基础研究和应用研究，其中基础研究主要是为了发现新的知识，例如宇宙、星系及遗传等方面的研究，企业较少参与此类研究；应用研究是指研究已有知识对某种目的的应用可能性的活动，一些企业往往会参与该类型的研究。技术开发是指通过应用已有的技术，开发新的工艺、新的产品或新的系统，并且最终实现商业化的过程，这种类型的活动一般情况下是由企业来参加。由于本书重点关注的是微观企业层面，因此本书的研发活动主要界定为企业所从事的应用研究和技术开发活动。

一般而言，R&D 投入包括资金投入和人员投入。R&D 的资金投入是指在研发活动的整个过程中，所产生的与研发活动相关的一切费用支出。这包括在整个研发活动中以合理的基础分配计入的间接费用和所发生的直接费用等。具体包括以下几方面：

（1）科技工作人员的工资、福利、奖金和津贴以及其他相关的人工费用。

（2）在整个研发活动中所消耗掉的材料和协作等费用。一般包括企业所购买的材料和文献等相关费用，以及有关的咨询费用和劳务费用等。

（3）研发活动中产生的相关折旧费。主要包括设备、厂房等固定资产所分摊的折旧费用。

（4）研发活动中无形资产的摊销费用。包括从外部购买的无形资产的摊销。

（5）管理费用。这是指在整个研发活动中，由于组织、协调等工作所产生的费用。包括管理人员的工资、奖金等人员费用以及管理部门的差旅费和办公费等。

（6）与研发活动相关的其他费用。包括以上费用之外的一些保险费用和水电费等。

本书的创新投入决策主要通过企业在研发资金方面的投入来刻画，人员投入并未列入其中。

1.3.3.2 创新产出决策

企业层面的创新一般包括创新投入和创新产出。R&D 投入虽然是创新知识生产过程中的关键投入要素，但并非创新知识生产的最终结果（李兵，2016）。所以，本书继续讨论创新产出决策方面的内容。

创新产出通常包括专利、发表科技论文、出版科技著作、新产品销售收入等，其中高校或科研院所的创新产出一般以发表科技论文和出版科技著作衡量，而在学术界的实证分析中的研究对象一般为企业，企业的创新产出主要是用专利和新产品销售收入衡量，这也是多数研究中最常采用的两个产出指标。新产品销售收入作为创新产出指标其实缺陷相对较大，因为有些专利可能提高了旧产品的生产效率从而提高了旧产品的销售收入，但此收入不计入新产品销售收入，造成实际值大于观测值。因此，本书仅讨论专利概念上的企业创新产出，专利可被视为企业的创新产出（Ahuja and Katila，2001），这是一种易于量化的评估方法，是客观性和创新性的直接体现（Walker，1995）。专利的种类在不同的国家有不同规定，我国

《专利法》规定专利包括发明专利、实用新型专利和外观设计专利这三类。

企业创新的一个重要结果就是创新产出，企业进行创新决策，不断提高自身的科技创新能力，顺应日新月异的时代发展，满足供应链上下游企业以及消费者群体的需求，增加市场份额并提高利润，从而保持企业在市场的核心竞争力，所以不论是综合型企业还是专精特新企业，都致力于企业创新领域，尤其是企业创新产出决策。影响企业创新产出决策的影响因素主要有以下两个。

1. 内部影响因素

创新产出的内部因素主要包括人力资源、技术学习、领导者行为、战略管理、研发投入、资源获取和企业规模。熊彼特在 1942 年的早期创新模式研究中强调了个体企业家在促进创新活动中的重要作用；普拉霍戈和阿迈德（Prajogo and Ahmed，2006）调查了澳大利亚的 194 名业务经理，发现创新激励措施会提高企业的产品和流程创新绩效，这些创新激励决策包括人力资源管理、知识管理和创造力管理；陈劲等（2007）从五个层面研究了技术学习对企业创新绩效的影响；姜波（2011）的研究结果表明，领导者行为的三个维度对企业具有显著的积极影响。

2. 外部影响因素

外部因素主要包括制度环境，例如产权制度、商业环境、财税政策、政府补贴、外部融资、市场需求、外贸、市场竞争、合作、社会资本、网络关系和产业集群。企业的大多数技术创新是由市场需求驱动的，产业集中度、企业规模和企业研发水平具有正相关关系。企业的专利输出更多地依赖于政府补贴（Bérubé and Mohnen，2009）；与无补贴企业相比，受补贴企业的创新产出能力更强，并且更有可能申请专利（Alecke，2012）。臧树伟等（2021）提出，服务型政策和一系列的政策合集能为企业带来突破性的创新；陈庆江等（2021）的研究表明，普惠性的政策支持有助于企业创新产出。

1.3.4 企业价值

企业价值是指企业本身所具有的价值，它可以通过不同的角度和维度进行定义和评估。在企业价值的概念中，包括了企业的经济价值、战略价值、股东价值、社会价值和创新价值等多个方面（蔡令兵，2022）。

1.3.4.1　经济价值

企业的经济价值是指企业在生产经营活动中所创造的经济效益和贡献。这种价值可以通过企业的利润、市场份额、销售收入等财务指标来衡量，也可以通过企业对当地经济、国家经济和全球经济的贡献来评估。企业的经济价值是衡量企业绩效和投资回报的重要指标，也是企业获得竞争优势和可持续发展的基础。

1.3.4.2　战略价值

企业的战略价值是指企业通过制定和实施有效的战略计划，在市场竞争中获得的优势地位和影响力。企业的战略价值包括企业在行业中的定位、市场占有率、品牌影响力、供应链管理等方面的价值和策略。企业的战略价值可以帮助企业在市场竞争中获得更大的市场份额和利润空间，也有助于提高企业的可持续发展能力。

1.3.4.3　股东价值

企业的股东价值是指企业对股东的回报率、长期投资策略以及对股东利益的关注和保护。企业的股东价值可以通过股票价格、股息收益率、股东权益等财务指标来衡量。一个具有良好股东价值的企业通常能够为股东创造更多的长期收益，同时也能够保持良好的企业治理结构和透明度。

1.3.4.4　社会价值

企业的社会价值是指企业在生产经营活动中在社会贡献、社会责任等方面的表现。这种价值包括企业在环境保护、公益事业、可持续发展等方面的投入和实践。一个具有良好社会价值的企业通常能够获得更多的社会认同和支持，同时良好的社会价值也有助于提高企业的形象和声誉（焦娟妮和范钧，2019）。

1.3.4.5 创新价值

企业的创新价值是指企业具备的创新能力及其所产生的价值。这种价值包括企业的研发投入、创新能力、知识产权等方面的价值和策略。一个具有良好创新价值的企业通常能够不断推出新的产品和服务，从而不断拓展市场和商机，增强企业的竞争优势。

总之，企业价值是一个多维度的概念，这些价值维度之间相互联系、相互影响，共同构成了企业的综合价值和实力。

1.4 研究内容、研究思路及研究方法

1.4.1 研究内容

为了系统地分析企业家行为特质对企业创新决策的影响，深入探究企业家个人经历特质、能力特质、情感特质以及文化背景特质四个维度对企业创新决策的影响。本研究从企业家定义出发，以企业家理论、创新理论及高层梯队理论等为基础，建立企业家行为特质与企业创新决策的逻辑关系。首先，分析企业家各种行为特质是否影响企业创新决策；其次，剖析企业家行为特质影响企业创新决策的内在机制；再次，置于不同外在环境下对比分析其对二者关系影响的差异因素；最后，延伸至企业创新决策的经济后果层面，进一步检验企业家行为特质影响企业创新决策的最终经济后果，并提出相应的对策建议。围绕这些研究问题，本书主要包括以下内容：

1. 企业家个人经历特质对企业创新决策的影响

考虑到早年时代印记对企业家行为决策的影响，本部分关注到企业家早年改革开放经历、三年困难时期经历以及灾难经历强度等特殊个人经历特征对企业创新决策的影响。首先，考虑到这些经历特征刻画的困难性，

本部分通过手工整理数据构建理论模型，实证检验企业家三种特殊经历对企业创新决策的影响；然后进一步剖析背后的影响机制；接着分别从微观、中观和宏观等层面检验外部环境对其的调节机制；最后进一步检验企业家不同个人经历特质对企业创新决策进而对经济高质量发展等的经济结果。

2. 企业家能力特质对企业创新决策的影响

不同于已有对企业家学历等能力的浅显特征研究，本部分深入探究企业家早年的晋升频率、职业路径以及研发工作经验以代表企业家能力特质的三个新维度。首先，建立企业家晋升频率、职业路径及研发经验的新指标体系，检验其能力特质对企业创新决策影响的经验证据；其次，进一步剖析背后的影响机制；再次，分别从微观、中观和宏观等层面检验外部环境对其的调节机制；最后，进一步检验企业家能力特质对企业创新决策的经济后果。

3. 企业家地方感情感特质对企业创新决策的影响

首先，本部分检验了企业家地方感与企业创新决策的内在联系。其次，引入企业家创新精神钻石模型，将企业家创新精神分离为风险偏好、社会关系网络、机会识别和动态创新四个要素，以探究企业家地方感对企业创新决策的影响机制。再次，考虑了地区经济发展水平、创新文化环境等企业外部环境异质性，股权激励、所有权属性等企业特征异质性，企业家创新意识、年龄等企业家特征异质性，对企业家地方感与企业创新决策的调节作用。最后，本书进行了经济后果分析，实证检验了企业家地方感能否通过影响企业创新决策进而影响企业价值与企业高质量发展。

4. 企业家多元文化背景特质对企业创新决策的影响

首先，构建企业家多元文化背景特质的指标体系，并在相关理论基础上分析企业家多元文化背景特质对企业创新决策的影响；其次，沿袭企业家创新理论和创造力理论从企业家创新精神视角来解释企业家多元文化背景影响企业创新决策的机理；再次，从微观、中观及宏观三个层面出发，分别检验企业家性别、公司治理状况以及政商环境对于发挥企业家多元文化特质促进企业创新决策的调节作用；最后，进一步深化研究，考察这一影响的经济后果，包括企业创新产出与经济高质量发展。

1.4.2　研究思路

围绕以上的研究内容，本书将按以下思路开展研究：

首先，本书通过逐层递进的方式对企业家理论、高层梯队理论、决策中的非理性理论、烙印理论以及企业家特质对企业投融资或企业价值影响等方面的文献进行了全面、系统的梳理，找到了问题分析的切入点。

其次，通过手工搜索企业家行为特质数据，构建个人经历特质、能力特质、地方感情感特质及多元文化背景特质等指标体系，揭示企业家行为特质基本情况，为后续实证研究提供现实的理论依据。

在此基础上，通过理论模型分析和计量经济学实证方法，遵循从经验证据到影响机制再到决策结果的基本路径，全面剖析企业家行为特质对企业创新决策的影响。

最后，根据各个阶段的实证结果，深入分析企业家不同行为特质对企业创新的影响，并探寻能保证其成本最小化和收益最大化的公司治理路径，从而提出提升企业创新水平有效策略。

具体研究技术路线如图1.2所示。

1.4.3　研究方法

本书在研究过程中运用了文献研究法、跨学科研究法、理论分析和实证检验相结合的方法及比较分析法。

（1）采用文献研究法。广泛查阅国内外的文献书籍，及时跟踪本领域研究的最新动态。通过系统、全面地梳理文献，找到了研究问题的切入点；通过仔细研读文献，掌握了有关行为公司金融和企业创新管理方面理论的基础和进展，为后续研究的开展打下良好基础。

（2）采用跨学科研究法。全面整合了心理学、行为金融学、管理学等不同学科的基础理论知识。立足于心理学理论构建了企业家行为特质相关指标，在此基础上从行为金融角度尝试解决管理学中常见的企业创新决策问题。

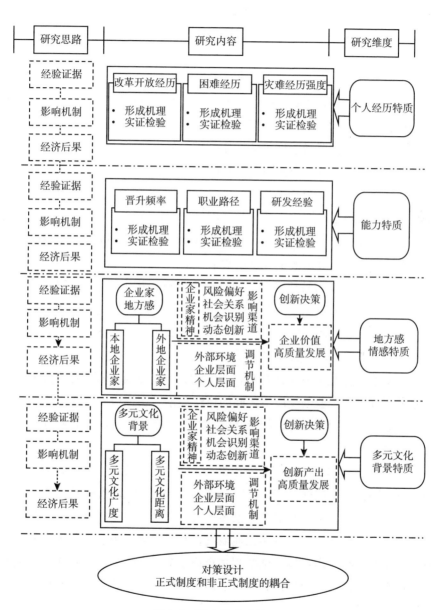

图 1.2 研究技术路线图

（3）采用理论分析和实证检验相结合的方法。首先通过理论分析，建立理论模型，并进行模型推导，提出立论依据；然后利用计量经济学方法建立回归模型，进行实证检验。通过理论分析结果和实证检验结论相互验证，以达到二者的统一。

（4）采用比较分析法。在实证分析过程中将不同类型的企业（研发强度高企业和研发强度低企业；公司治理水平高企业和公司治理水平低企业；国企和非国企）、企业家不同阶段经历（婴幼儿时期、童年、青少年和青年早期）的情况做了详细的对比分析，从而使研究更加深入。

此外，在研究过程中使用到的具体方法如下：

（1）企业家个人经历特质部分。通过理论分析架构下的企业家改革开放经历、三年困难时期经历及灾难强度经历与企业创新决策关系的内在逻辑；运用面板回归、DID分析、中介效应检验、工具变量法、倾向得分匹配法等计量经济学方法实证验证所提假设。

（2）企业家能力特质部分。通过理论分析架构下的企业家晋升频率、职业路径及研发工作经验与企业创新决策关系的内在逻辑；分别构建企业家晋升频率指数、职业路径指数，并使用面板回归、动态DID分析、比较分析及中介效应检验等计量经济学方法。

（3）企业家地方感情感特质部分。理论分析方面，通过理论推演厘清企业家地方感与企业创新决策之间的逻辑关系。实证检验方面，使用了文本分析法、面板回归分析、DID分析、中介效应检验及比较分析等计量经济学方法。

（4）企业家多元文化背景特质部分。理论分析方面，结合管理学领域的企业家理论、高层梯队理论以及心理学领域的文化动态构建理论，采用跨学科研究方法，推演厘清企业家多元文化背景与企业创新决策之间的逻辑关系。实证检验方面，将多元地域文化经历、多元企业文化经历及多元教育文化经历纳入衡量体系全新刻画企业家多元文化背景及其文化广度和文化距离；并使用了面板回归分析、DID分析、中介效应检验及比较分析等计量经济学方法。

1.5 本书研究结构

本书的篇章结构安排如图 1.3 所示。

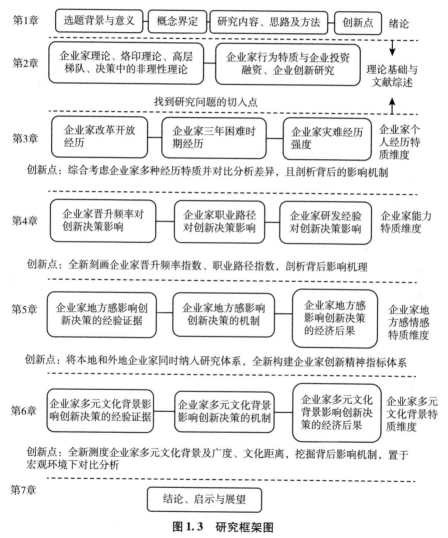

图 1.3 研究框架图

资料来源：作者整理。

1.6　主要创新点

（1）创新性地从企业家的行为特质视角，综合检验企业家个人经历、能力、情感及文化背景四个新维度的行为特质，通过理论推演和实证检验的方法，探索影响企业创新的新要素，弥补了管理者特质与企业创新相关研究的缺口。

在管理学领域，已有研究关注到了管理者的过度自信、技能问题、学术背景、爱好特征、薪酬激励、从军经历、财务经历、灾难经历、海归经历、管理者认知特征、风险承担、不正当行为等对企业创新的影响（唐清泉等，2010；Galasso et al.，2011；姜付秀等，2013；Custodio et al.，2015；陈修德等，2015；周楷唐等，2017；Brandon et al.，2018；张军和许庆瑞，2018；权小锋等，2019），但少有从企业家灾难经历强度、晋升频率及路径、多元文化背景等视角展开研究。与已有研究不同，通过融合管理学和心理学理论，本研究以企业家为研究对象，通过理论分析和实证检验相结合的方法，综合个人经历、能力、地方感情感以及多元文化背景四个新维度下的企业家行为特质，探究企业家微观层面的行为特质在企业创新中的作用，这将丰富管理者特质相关研究，会扩充企业创新影响要素，从而补充该方面的研究缺口。

（2）创新性地重新界定企业家多元文化背景这一概念，并全面设计测度多元文化背景及其广度和文化距离的指标，为文化心理学领域相关实证研究提供参考依据。

关于多元文化背景的研究是文化心理学领域的前沿热点问题，然而无论其内涵界定还是测算指标都未形成统一的标准。已有研究大多界定多元文化背景为接触外国文化和元素或与其相互作用的直接和间接的经历（Leung et al.，2008）。那么，所谓多元文化仅仅限定为本国与外国之间文化的多元，这是否存在一定的局限性？与已有研究不同，考虑到不同企业文化、民族、宗教以及地域文化都会潜移默化地影响到个体决策进而影响组织决策，因此本书拟将"多元文化"由已有的跨国文化扩展到企业文化、民族文化、宗教信仰以及地域文化，重新界定多元文化背景为接触外国文化、不同企业文化、不同民族、宗教及地域文化的成员和元素或与其相互作用的直接和间接的经历，这一创新性界定更适合中国文化背景迥异的大环境，将完善文化心理学理论。同时，不同于已有通过实验或调查研究法测度个体跨国文化经历，本研究拟基于多元文化背景的新定义，构建跨国文化、企业文化、民族文化、宗教文化及地域文化五个维度的全面指标体系，并拟采用实证分析法客观测度企业家多元文化背景指数。此外，根据影响多元文化背景的因素，本研究对多元文化背景的广度和文化距离进行进一步测算。这弥补了文化心理学领域对多元文化及三个维度测算的缺陷，为该领域后续实证研究提供了参考依据。

（3）创新性地构建企业家创新精神钻石模型，并深入剖析其在企业家行为特质与企业创新关系中的影响机制作用，为有效激活企业家创新精神提供了理论证据。

已有研究大多通过研发投入、专利申请量、专利授权量或新产品数量等反映企业创新变量来间接刻画企业家创新精神（Wong et al.，2015；解维敏，2016；郝金磊等，2017；代明等，2018；胡德状等，2019）。然而企业创新到企业家创新精神之间还存在一定距离，代表企业创新变量并不能完全刻画出企业家的创新精神。为了更加客观地测度企业家创新精神，与已有研究不同，本研究通过全面梳理企业家创新精神相关理论，拟通过企业家风险承担、机会识别、社会网络关系及动态创新四个维度构建企业家创新精神钻石模型进而定量刻画企业家创新精神。同时，不同于已有将企业家创新精神作为结果变量或前因变量来分析哪些因素影响企业家创新精神或者其会造成哪些经济效应，本研究拟创新性地将企业家创新精神置于企业家行为特质与企业创新的中介位置，剖析其影响机制作用，该研究范式更有助于从微观层面为激活企业家创新精神提供理论依据。

（4）创新性地将外部环境纳入分析企业家行为特质与企业创新关系的研究体系，为合理耦合制度和非正式制度建议，提升企业创新水平提供决策参考。

已有关于管理者特质对企业创新决策影响的研究，基本停留于二者关系验证、影响机制剖析等层面，而大多忽视了管理者所在外部环境的宏观制度因素影响。为了更加全面地探究企业家行为特质对企业创新的影响效应，本书拟将对企业家作用发挥至关重要的外部环境纳入研究体系，这将完善已有研究体系，且有助于为企业家微观个体层面提供来自宏观环境的制度保障，从而确保有效耦合制度和非正式制度建议，真正为提升我国企业创新水平提供完善的决策参考。

第 2 章

理论基础与文献综述

本章主要围绕第 1 章所提出的研究问题，采取逐层递进的方式对相关理论进行梳理和分析，对企业家行为特质及企业创新相关文献进行归纳、总结和评述，从而为后续研究奠定了理论基础。

2.1　相关理论基础

2.1.1　高层梯队理论

1984 年，汉布瑞克和梅森（Hambrick and Mason，1984）首次提出"高层梯队理论"（upper echelons theory），这就打开了高管特质和企业决策及公司治理方面研究的新视野。该理论认为，因为外部环境是复杂多变的，所以管理者往往无法全面认识到所有领域，即使对于那些管理者视野范围内的现象，他们也仅仅只能做出选择性的观察，因此在某种程度上管理者固有的价值观和认知结构就决定了他们的战略选择，从而影响到企业的行为。直到 20 世纪 90 年代，学者们都在围绕"高层梯队理论"的理论框架进行逐步论证，并得到三种不同的结论：高层特质与企业组织结果之间存在正相关、负相关和非相关关系。随后，学者们又开始对形成这种差异的原因进行不同的解释。国内使用"高层梯队理论"始于 21 世纪初，探讨视角从高管个体到高管团队，从高管个人特质对企业披露（陈国辉和殷健，2018）、企业创新研发（薛跃和陈巧，2014；张少喆和石浩悦，2022）、企业战略变革（吴建祖和龚敏，2018）、企业诉讼风险（彭晓鹏和陈秉正，2020）、企业绩效（钟熙、陈伟宏等，2018；曾建中、刘桂东等，2022）等企业行为与后果的影响，到高管团队的异质性对企业避税（张明、陈伟宏等，2020）、企业信息披露（王士红，2016；傅传锐、杨涵等，2018；罗蓉曦和陈超，2019）、企业并购（杨林和杨倩，2012）、企业创新研发（何霞和苏晓华，2012；田丹和于奇，2017；李卿云、王行等，2018；朱健、朱文博等，2019）、企业战略决策（申明浩、庞钰标等，2023）、企业绩效（周晓惠、田蒙蒙等，2018）等企业行为与后果的影响。可见，高层梯队理论已经得到了广泛研究与深远发展。

以卡耐基的有限理性人假设为前提，高层梯队理论认为高层管理人员并不总是理性的，他们在对信息的处理过程中，会很自然地受到已有的认知、情绪和价值观的影响，从而进行不同的判断和选择，形成不同的决策。西蒙（Simon，1958）认为任何一个管理者都会将自身的个人特征和相关偏好带入工作中。西尔特和马奇（Cyert and March，1965）认为对于那些更高级和更复杂的决策，管理者更有可能根据个人特征和偏好进行判断，而非根据技术、经济等理性因素。此外，该理论还有两个很重要的假设前提：一是高管团队的心理特征会影响决策过程；二是高管的背景特征在一定程度上反映了他们的心理特征。总之，高层梯队理论的提出对管理者特质与企业决策关系方面的研究奠定了良好的理论基础。

2.1.2 企业家理论

"企业家"一词从诞生之日起就被赋予了冒险者的身份。进一步地，熊彼特肯定了企业家在企业战略决策和整体布局方面不可比拟的作用，他认为"创新"是企业家区别于他人的本质所在。所谓"创新"，是指企业家敢于独辟蹊径，推陈出新，实施"创造性破坏"活动。企业家是企业发展的最大"推进器"，企业家成长过程中形成的心理与行为特征以及工作学习中掌握的专业能力与经验直接影响其决策判断，并进一步作用于企业的经营与发展。此后，奈特对熊彼特的理论进行了更新和完善，正式将企业与企业家联系起来考察，从企业视角出发探索企业家的精神，开创了企业家理论。企业家在企业诸多重要经营活动中均扮演了重要角色，其中就包括企业的创新决策与创新活动。彼得·德鲁克在此基础上进一步探讨和延伸了熊彼特与奈特的观点，充分肯定了企业家精神在企业发展中所起的重要作用，并根据企业不同发展阶段和过程赋予企业家三种不同的角色：奠基者、管理者以及创新性领导者。学者们之所以认为创新精神是企业家最重要的特征，是因为其正是企业家精神之核心、特征之所在。学者们更加赞同企业家精神是企业发展的"推进器"、社会进步的"催化剂"。

本书主要以熊彼特的创新理论为基础，界定企业家为实现新组合职能的个人。熊彼特还指出企业家除了包括市场中进行交换活动的商人，还包括执行并实现"新组合"职能的 CEO、董事会成员及股东等。沿袭此观点，本书以企业 CEO 作为企业家代表进行相关研究。

2.1.3　烙印理论

烙印理论最初不是由管理学界提出的，20 世纪 30 年代，生物学界学者劳伦兹（Lorenz，1937）首次提出烙印理论概念，他认为烙印理论是特殊环境和时间段的烙印对个体会产生持续性的影响。他的研究发现雏鸭会在破壳之后对第一眼所发现的生命个体（并不局限于母鸭）产生出依附现象，具体表现为追随和模仿该个体的行为，并且还会一直保留某些行为。他总结出，对于某些生物而言，在崭新且未知的环境刺激下，出于生存本能，它们会追随其目之所及的动物。初生动物所展现出的模仿与学习行为，我们称之为烙印（imprint）。管理学中初次引用烙印理论的是斯廷奇库姆（Stinchcombe，1965），他提出同一历史时期下，许多新成立的公司其架构都是相似的，而成立于不同时代的企业有着截然不同的组织结构。但他们有着一个相同点，即都体现了其所处时代的印记，强调了外部环境（尤其是社会环境）对企业初创时的结构的影响；阿祖莱等（Azulay et al.，2017）指出，烙印可能会被时间冲淡，但并不会随着时间而消失，且会长久地影响被烙印的客体。马奎斯和蒂尔克斯（Marquis and Tilcsik，

2013）认为，在家族企业中，继承人的烙印源主要来自其成长期间所处的经济社会环境和其他对其有重要影响的个体。

之后学者们从单个组织、组织群体和组织内的专业经历等方面进一步丰富了烙印理论。组织烙印旨在强调焦点主体会在特定的敏感期形成和环境变化相匹配且稳固的印记特质，从而持续影响个体或组织之后的行为（Marquis et al.，2013）。因此，烙印机制具有三个基本特征，即"敏感期"、"相适应的印记"以及"持久的影响"（Marquis et al.，2013；戴维奇等，2016；杜勇，2019）。

根据现有烙印理论文献和相关研究，塑造个体的环境因素包括三类：（1）人际因素。人际因素是影响个体行为表现的微观环境，在敏感期个体更容易受到来自领导、导师和同伴认知和行动的影响。（2）宏观经济、技术因素。敏感期内经历外部环境条件变化会在一定程度上引导个体走向不同的专业和组织社会化进程，从而塑造个体不同的行为方式。（3）中层的制度化机构或场域，如特定组织或部门。戴维奇等（2016）发现，体制内的工作经历会给个体打下强烈的烙印，个体会更敏感、更敏捷地捕捉政府政策变化过程中的创业机会。

2.1.4 决策中的非理性理论

决策是指决策者对人或者事物进行判断和选择的过程。而决策者是人本身，人就是理性和非理性的结合体。那么，决策过程就必然带有人的非理性因素。西蒙（Simon）在论文"理性选择的行为模型"（*Behavior Model of Rational Choice*）中首次提出了有限理性理论，认为"应该用一种符合实际的理性行为来替代经济人所指的全能的理智行为"。该理论获得了1978年的诺贝尔经济学奖，由此掀起了对非理性理论研究的浪潮。与理性因素不同，非理性因素具有突发性、不自觉性、非逻辑性等特点，且多表现为直觉、情感、欲望、灵感以及信仰等。因此在决策过程中不仅存在理性因素的影响，还受到直觉、欲望、信仰等非理性因素的影响。决策中的非理性主要存在以下特点：

（1）现实性。决策者在决策过程中会根据一定的需要而产生对特定事物的渴求。在一定条件下的渴求或欲望是具体的，能够通过一定的努力而实现，这就是欲望的有限性。但是同时欲望又是不断发展的，欲望总是大于满足，这就导致了欲望的无限性。而作为非理性因素的重要表现形式，欲望具有现实性，是人类生存和发展的必然要求。在决策活动中，应该正确对待类似欲望等非理性因素，并创造条件去满足这些需求。

（2）创新性。在决策过程中，应该努力创造条件使类似欲望等非理性因素得到足够的满足。只要管理者的非理性因素得到满足后，他们的积极性、创造性、主动性才可以真正发挥出来。在决策活动中，类似激情、情感等非理性因素可能是一种无比强大的创造性力量，将突破种种障碍，创造更多新的要素。

（3）易变性。决策者是最活跃的因素，决策者的非理性具有突发性、易变性和波动性等特点。其通常通过满意或不满意、愉快或忧愁等方式表现出来，而这些情感的发生会随着条件的不断改变而改变。比如，当人的欲望得到充分满足，决策者可能会出现满意等正面的情绪；而当欲望无法得到满足时，决策者又会表现出愤怒等负面的情绪。所以，决策者的这种非理性因素是不断变化的。

（4）预见性。在决策活动中，理性的决策者可能会通过掌握更充分的信息，最终理性地选择最优的方案。然而有限理性并不可能掌握极其充分的信息，也没有充分的时间来合理选择方案，而是根据直觉、潜意识等因素来做出决策。但是类似直觉或潜意识等非理性因素也具有预见性、创造性、前瞻性。因为可以依靠理性的指导和丰富的经验来判断非理性因素可能带来的风险及收益，所以非理性因素也具有可预见性的特征。

管理者作为理性与非理性的结合体，会在各种现实约束条件下作出决策以追求自身利益最大化。管理者的决策价值判断准则体系中，非理性因素对管理者的决策价值判断存在影响。现实的决策价值准则体系既包含理性的经济利益因素，也包含非理性的情感偏好、习俗、文化、宗教等因素。因此，公司高管的决策会受到理性与非理性两种因素的综合影响。

一个理性的决策必须满足下列基本条件：第一，它必须具备作出正确决策所需要的最低限度的信息量和分析与处理这些信息的专业知识；第二，它必须进行决策所必须的论证程序并且在决策过程中通过反证，即找出妨碍决策实施和实现的关键性障碍以及提出对应的、有效的解决方案。

如果一个决策缺乏了上述基本条件，我们就可以断定这个决策是非理性的。在特殊的条件下，非理性决策也可能获得成功。但是，随着影响企业发展的内外部要素的日益增多且日趋复杂化，与理性的决策相比较，非理性决策失败的概率远大于成功的概率。一般情况下，非理性决策会加大企业经营成本，对企业价值造成较大影响，管理者的非理性决策对企业的持续经营有着重要影响。因此，对企业高管的非理性决策行为问题的研究是有十分重要的现实与理论意义的。

2.2　相关文献综述

企业家行为特质是区分不同企业家的特征因素，这些因素会影响企业家未来决策中的判断和选择，进而会影响企业投融资决策等。本部分将梳理企业家行为特质与企业决策、企业家创新精神等相关研究的文献。

2.2.1　企业家行为特质与企业投资

通过归纳总结已有研究，本部分将从企业家的知识特质、性格特质、个人经历特质及能力特质四个角度来梳理企业家行为特质对企业投资决策的影响。

（1）企业家的知识特质与企业投资。早期研究大多从企业家的学历、教育背景等知识层面特质为切入点开展研究。已有研究认为高管学历越高、年龄越大，越会抑制企业的过度投资（姜付秀等，2009），企业财务绩效也越好（Certo et al.，2010）。也有学者得到相反的结论，比如杨栋旭、张先锋（2018）的研究表明，管理者的教育背景与企业对外直接投资之间是负相关关系。为了丰富前期研究，夏晗（2019）在不同生命周期下进一步探讨了高管海外教育背景对企业投资效率的影响，实证检验结果表明，在企业成长期，有海外教育背景的高管对民营企业非效率投资的改善作用更明显，衰退期和成熟期次之。近期研究开始深入探究企业家知识背景对企业投资决策影响的机制，王睿等（2023）通过实证检验得出具有金融背景的高管会通过缓解融资约束进而提高企业投资的结论。

（2）企业家性格特质与企业投资。关于企业家性格特质的研究，最早始于对高管过度自信的关注，且随着研究不断完善，已逐步达成统一结论，例如高管过度自信会造成投资不足或过度投资。例如，希顿（Heaton，2002）通过一个两阶段模型得出，在不同的现金流水平下，管理者过度自信可能会导致投资过度或者投资不足，也就会出现所谓的投资扭曲现象。此后，学者们的研究也得出相似的结论，适度的过度自信会减少投资不足，而高水平的过度自信则会导致过度投资（Goel and Thakor，2008；汪德华和周晓艳，2007；刘艳霞和祁怀锦，2019）。石晓飞和姚计海（2020）基于民营企业创始人角度探究企业家过度自信与企业投资的关系，也得到相似的结论，即企业家过度自信会带来更高的投资水平，同时加剧了过度投资并抑制了投资不足。

虽然在大量研究中自恋可作为过度自信的替代变量，但两者是不同的，过度自信会随着外部环境的变化而变化，而自恋受外部环境的影响较小，是一种基础的、根深蒂固的特质。自恋型特征影响 CEO 的风险偏好和对企业投资回报率的主观赋值，进而影响其投资决策（倪清和吴成颂，2017）。自恋的 CEO 会低估风险而从事风险承担行为（纪炀等，2019），高估投资项目所带来的收益，从而助长投资信心，导致企业过度投资（李莹和曲晓辉，2021）。

此外，企业家的短视主义也会影响企业投资。短视的管理者在进行投资决策时，更加倾向于选择期限短、收益高的项目。胡楠等（2021）采用文本分析和机器学习法构建管理者短视主义指标，研究表明管理者短视主义与企业长期投资之间呈负相关关系。

（3）企业家个人经历特质与企业投资。基于烙印理论，曾经的经历会令 CEO 留下深刻的"印记"并影响其认知和能力，这会对企业投资决策和投资效率产生影响。已有研究表明 CEO 经历过三年困难时期的企业投资水平更低、投资效率更差（沈维涛和幸晓雨，2014）；三年困难时期经历、参军经历（赵民伟和晏艳阳，2016）也对企业投资效率有重要影响；管理者的财经类工作经历会对对外直接投资产生抑制作用（杨栋旭和张先锋，2018）；高管具有改革开放经历的企业投资效率更高（廖静和刘星，2022）。

（4）企业家能力特质与企业投资。在企业家专业能力方面，刘峰和何建勋（2021）研究表明具有财务能力的CEO会抑制企业的投资水平，易错失投资机会，有损企业价值。而具有审计能力的董事，其审慎思维加大了企业的投资不足（谢柳芳等，2020）。在企业家自由裁量权方面，有学者认为CEO自由裁量权的增加会促使CEO愿意承担更多风险，进而提升企业业绩。陈志斌和汪官镇（2020）研究表明CEO自由裁量权能够提高企业投资效率，但超过一定界限就会损害企业投资效率，即两者呈倒"U"型关系。CEO所具有的权力越大，上市公司过度投资的倾向越严重（赵嘉仁等，2017），在国企中也得出相同的结论（周军，2017）。科尔和梅斯科（Kor and Mesko，2013）认为，管理者能力是管理者的知识水平、技能专长和专业经验的综合体现，管理者能力越强，越能有效地进行战略决策并合理运用资源。管理者能力越强，企业投资效率越高（何威风等，2016；李延喜等，2018）。汪丁丁（2002）提出企业家精神包含创新精神、敬业精神和合作精神。企业家精神可以促进企业技术资本投资（许秀梅等，2022）、抑制过度投资和改善投资不足（翟胜宝和程妍婷，2022）。

此外，林琳和赵杨（2022）以获得各类最佳商业奖项的CEO为研究对象进行研究，发现CEO的名人身份使得其获取信息更加容易，获取外部资金的渠道被拓宽，获取成本也大大降低，从而会带来企业投资效率的提升。

通过梳理，可以发现已有研究主要集中在企业家行为特质对企业投资效率和企业过度投资行为的影响研究，且基本停留在二者关系的简单探究，少有文献开始进一步探究其背后的影响机制。

2.2.2　企业家行为特质与企业融资

下面将根据债务融资和股权融资这两种不同融资方式梳理企业家行为特质对企业融资的影响。

已有关于企业家行为特质与企业融资决策的研究存在不同的观点。杨

向阳和童馨乐（2015）以江苏文化企业为研究对象进行研究，发现企业家
社会资本越高，越有利于发挥财政支持对文化企业融资的促进作用。此
外，企业家政治关系资本与企业家商业关系资本对文化企业融资的影响存
在明显差异。与商业关系资本相比，企业家政治关系资本对文化企业融资
的影响程度更大。诺夫辛格和王伟成（Nofsinger and Wang，2011）提出，
拥有丰富阅历的企业家获得外部融资的难度较小。陈晓红和高阳洁
（2013）通过实证检验提出企业家人口统计特征对中小企业融资约束会产
生显著且存在差异的影响。企业家受教育程度、拥有职称对缓解中小企业
融资约束产生促进作用，企业家年龄、任期对中小企业融资约束产生显著
"U"型影响，女性企业家对缓解中小企业融资约束产生消极影响。约翰
和特洛伊（John and Troy，2016）使用 SBIR 项目的一个特殊数据集进行
的实证分析发现，企业家想法越复杂，获得外部融资难度越大。近期研究
突破整体研究企业融资决策的局限性，不断深化对不同融资方式的关注，
包括债务融资和股权融资，具体如下：

（1）企业家行为特质与债务融资。已有研究发现大部分肯定了企业家
行为特质对企业债务融资的作用。杨惠芳（2017）将企业家社会资本分为
企业家制度性社会资本和市场性社会资本，研究发现企业家制度性社会资
本和市场性社会资本均有利于降低中小企业商业信用融资成本，扩大中小
企业商业信用融资规模，进一步地，制度性社会资本对中小企业商业信用
融资的影响强度要高于市场性社会资本。蒋薇薇和王喜（2015）的研究结
果表明企业家声誉对商业信用融资有显著的促进作用，具有声誉的企业家
所在的企业商业信用融资多。宋增基等（2014）研究指出含有国有股权的
企业能够比未含有国有股权的企业获得更多的银行信贷融资便利。进一步
地，国有股权与企业家参政在影响民营企业获得银行信贷融资便利方面存
在一定的替代关系。张敏和李延喜（2014）研究发现，企业家声誉对企业
融资具有重要影响，企业家声誉越高，企业面临的融资约束越小，企业的
债务融资能力越强，并且支付较低的债务融资成本。周中胜和王愫
（2010）基于江浙地区中小企业问卷调查获得的经验数据研究发现，企业
家能力可直接对中小企业信贷融资可获性产生显著的正向影响，也可通过
影响企业绩效间接实现对中小企业信贷融资可获性的影响。此外，已有研

究也探索了不利于企业债务融资的因素。殷炼乾等（2021）研究结果表明中小企业的企业家私人收益对企业外部融资能力有显著的抑制作用。企业家越年长，其私人收益对企业外部融资能力的影响越显著。

（2）企业家行为特质与股权融资。与债务融资相比，已有研究对股权融资关注得不太多。例如，孙彤等（2020）的研究结果表明，作为非正式信息传递机制，企业家发布微博能够有效缓解投资者与企业之间的信息不对称，从而有利于降低企业权益融资成本。李洋等（2022）通过实证检验提出，高管能力的增强可以有效降低企业经营风险和投资者的投资风险，从而约束股权融资成本的升高。

（3）企业家行为特质与企业的融资方式选择。李广和黄福广（2016）的实证研究表明，企业家对负债资本和风险资本的选择是非线性的。当企业家社会资本较低和较高时，使用债务融资更合适；当企业家社会资本处于中等程度时，使用风险资本权益融资更合适。周志强等（2014）研究发现，家族企业家对于家族权威维护和企业价值增长追求愿望的强烈程度都会影响家族企业的融资选择。大多家族企业家在企业融资时会在家族所有权权威与家族管理权威的动态适配机制下追求企业价值增长。苏冬蔚和曾海舰（2011）通过实证分析发现，企业家对经济前景的信心越大，公司就越有可能选择债务融资。罗正英等（2010）研究证实初始财富集中度高的企业，越有可能选择债务融资。

综上所述，已有较多研究证实企业家的某些行为特质会对企业融资产生影响。那么在改善企业融资结构时，企业家未被关注到的行为特质在扮演着何种角色呢？对此，关于企业家行为特质学术界有待进一步探索。

2.2.3 企业家行为特质与企业创新

企业家作为企业的掌舵人，主导着企业的战略决策，对企业创新发展有重要的影响力。尤其在熊彼特的企业家创新理论铺垫下，越来越多的学者开始关注企业家行为特质对企业创新的影响，并形成一系列研究成果。

管理者过度自信之谜的产生开启了关于管理者过度自信与企业创新研究之阀门，也激发了学者们探究管理者特质对企业创新影响的热情。加拉索等（Galasso et al.，2011）首次回答了这个问题，通过构建职业生涯关注模型，对 1980~1994 年 450 家美国上市公司进行实证分析，发现过度自信的 CEO 会通过提升创新能力来证明自己的价值，且在竞争激烈的行业中，这种提升效果更明显，这是首篇关注 CEO 过度自信与企业创新能力的文献。随后大卫等（David et al.，2012）再次通过 1993~2003 年的数据验证了过度自信的 CEO 会进行更多的创新投资，从而产出更多的专利，但是在创新型行业中这种现象才更加显著。基于这两篇文献，管理者过度自信与企业创新这一研究主题得到发展与升华，随后的学者大多支持这一观点，肯定了过度自信的管理者在企业创新中的促进作用（Chang et al.，2015；易靖韬等，2015；孔东民等，2015；郝盼盼等，2017；黄新建等，2020）。除个人品质外，高管自身技能也是重点关注的因素之一。库斯托迪奥等（Custodio et al.，2019）首次区分高管专有技能与通用技能，对比分析二者对于企业创新的作用，结果表明相对于专有技能，高管具备通用技能更有利于公司创新水平的提升，特别是探索性创新产出。除内在个性特征与个体技能外，部分学者还关注到高管外在背景特征，张信东和吴静（2016）、袁蓉丽等（Yuan et al.，2018）、贺亚楠等（2019）致力于探究高管的海归背景，发现海归高管较本土高管更愿意在企业创新活动中投入更多精力，其所在企业创新产出数量及质量也远超同行业其他企业。近期，学者们开始关注高管的早年经历，例如三年困难时期经历，研究结果显示，CEO 自身的三年困难时期经历与过度自信对企业所产生的作用是截然不同的，早年的三年困难时期经历对企业创新的抑制作用远大于过度自信品质对其的促进作用（张信东和郝盼盼，2017）。除早年灾难经历外，郝盼盼等（2018）、何瑛等（2019）还将视角转向高管的职业经历，认为高管拥有丰富的职业经历会促进企业创新。王晓燕等（2023）认为，与专一传统型的职业路径相比，高管的多变职业路径更能够促进企业创新投入，且高管多变挑战型和多变平稳型职业路径与企业创新投入均存在正向关系。可见，已有研究不断演进，学者们致力探索更多的企业家特质研究。近期，关于该领域的研究也得到很多有趣的结论。例如，高勇强等（2023）深挖了企业家的出身背景后发现，相比非农民出身的企业家，农民出身的企业家更能够提升企业创新，且企业家在创业前的工作经历（销售工作和其他工作）和企业内部的员工培训投入会显著调节农民企业家的创新投入。尉晓亮等（2023）关注到了企业家情怀新视角，发现企业家情怀能够显著提升创新绩效，其中风险承担能力发挥着中介作用。黄微平等（2023）延展到绿色创新领域，研究发现，高管的技术烙印会明显提高高科技企业的绿色创新能力，数字赋能会强化该促进作用。

综上可见，对管理者特质与企业创新方面的研究已取得很大的进展，学者们不断开阔视野，关注了各种有趣的管理者特质，并得出不同的结论。但是，行为特质本身就是一个复杂的体系，加之微观数据获取的难度，管理者行为特质与企业创新的研究还有待进一步探索。

2.2.4　企业家行为特质与企业价值

本部分通过将企业家特质分为内显和外显特质进行梳理文献。

2.2.4.1　内显特质

近年来，众多学者关注到了过度自信的管理者与企业价值之间的关系，但在学术界还未能形成统一的定论。罗尔（Roll，1986）首次引入过度自信概念时，认为管理者的"狂妄自大"往往会导致一些低效率的并购活动，这样就会损害企业价值，希顿（Heaton，2002）、叶蓓等（2009）也同样认为管理者过度自信会对企业价值造成负面影响。歌尔和塔克尔（Goel and Thakor，2008）、温伯格（Weinberg，2009）的研究则表明适度的过度自信可以提升企业价值，但超过一定限度的过度自信会破坏企业价值。然而我国学者饶育蕾等（2010）以 CEO 持股比例度量 CEO 过度自信，实证结果显示管理者过度自信与企业价值之间存在不显著的负相关关系；以并购频率来度量 CEO 过度自信，结果表明管理者过度自信与企业价值之间不存在显著的正相关关系。

除了过度自信以外，管理者风险偏好也对企业价值产生影响。李海燕（2017）研究了管理者特质对技术创新与企业价值的影响，结果显示管理者风险偏好可以显著正向影响技术创新对企业价值的提升效应。

2.2.4.2　外显特质

何瑛和张大伟（2015）指出，管理者为男性、教育水平越高、任期越短、有财务相关工作经历时，越容易出现过度自信。而汤颖梅等（2011）研究发现 CEO 风险偏好受到 CEO 年龄、任职期限与教育背景的影响。因此，管理者年龄、任职期限与教育背景、个人经历等也会在一定程度上影响企业价值，巴克和米勒（Barker and Mueller，2002）、张弛（2018）、何瑛和张大伟（2015）的研究中均已证实。

1. 性别

随着女性地位的提高和公司治理多元化的需求，女性高管不断受到各界的关注，学术界众多学者研究了高管性别对企业价值的影响。多数研究认为女性高管参与治理能够促进企业价值的提升，卡特等（Carter et al.，2003）、安吉和迪娜（Angie and Dina，2019）的研究结果均支持这一观点。我国学者任颋和王峥（2010）以中国民营企业为样本进行研究，研究结果也表明女性高管对民营企业绩效的促进作用。而部分研究则认为女性高管负向影响企业价值。亚当斯和费雷拉（Adams and Ferreira，2009）认为虽然女性高管有助于公司治理，但对于治理完善的公司来说，女性高管会对公司价值产生消极影响。王明杰和朱如意（2010）的研究结果显示女性执行董事和女性独立董事都与企业价值呈显著的负相关关系。李世刚（2013）发现女性高管能够显著抑制企业的过度投资行为，但在控制了年龄和受教育程度的内生变量后，发现女性高管对企业产生负向影响。此外，部分国外学者认为高管性别对企业价值没有明显影响。坎贝尔和明格斯（Campbell and Minguez，2008）的研究结果显示女性董事对企业价值没有显著影响。博尔盖西等（Borghesi et al.，2016）发现虽然董事会性别多样性增加了公司价值，但当已经存在女性 CEO 时，女性董事的增加无法再提高企业价值。

2. 学术背景

高管学术背景是指企业高管有在高校、科研院所中任职的经历。已有一些国内外研究表明，高管学术背景有助于企业创新水平、内部控制质量的提高，而创新水平、内部控制质量均与企业价值成正相关关系，在此研究基础上，姚融智（2023）研究发现学术背景高管通过提升企业的内部控制质量、提高研发投入与创新绩效这三个途径来影响企业的价值。周晓光（2021）认为，具有学术经历的高管可以通过从学界获取社会资本等路径降低企业的内部代理成本，从而使得企业价值得以提升。

3. 海外背景

戴欧和刘晓慧（Dai and Liu，2009）研究表明，拥有海外背景的企业家往往具有一定的人力资本和社会资本，有助于企业价值的提升。刘迫等（2021）考察了上市公司董事海外留学经历和任职经历，研究表明董事海外经历通过影响应用性创新和探索性创新来促进企业价值的提升，并且当企业吸收能力较强以及所在地区制度环境良好时，这种促进作用更加明显。崔秀梅等（2021）实证研究发现，CEO 海外经历能够显著正向调节企业环保投资与企业价值的关系。

4. 职业背景

库斯托迪奥等（Custódio et al.，2013）研究发现，职业经历丰富的复合型高管综合能力更强，获得的薪酬相对更高。由于 CEO 的管理风格通常受到不同职业经历相互作用的影响，何瑛等（2019）研究了 CEO 复合型职业经历对企业风险承担的影响，在进一步经济后果分析中，证明了 CEO 丰富的职业经历能够通过促进企业风险承担进而提升企业的价值创造能力。此外，何瑛和张大伟（2015）研究表明管理者有财务工作经历可以显著提高负债融资对企业价值的提升作用。

2.2.5　企业家创新精神相关研究

20 世纪 80 年代开始，企业家精神相关研究逐渐发展，大体上分别从三个视角来研究。具体包括从创新视角出发（Schumpeter 和 Baumol 为代表的德国学派）、从风险承担视角出发（Knight 和 Schultz 为代表的芝加哥学派）、从职业套利视角出发（Mises 和 Kirznar 为代表的奥地利学派）。虽然学者们对企业家精神的理解存在不同见解，但是一致将创新精神视为企业家精神的"灵魂"（Schumpeter，1934）。

首先，如何准确客观地测度企业家创新精神成为学者们探究的首要问题。已有研究大多通过研发投入、专利申请量、专利授权量或新产品数量来间接刻画企业家创新精神（李宏彬等，2009；解维敏，2016；胡德状等，2019）。这种反映企业创新产出的变量与企业家创新精神内涵之间还存在一定差距，通过研发投入、专利数量等变量间接代表企业家创新精神有待进一步考证。

其次，向前延伸看哪些因素影响企业家的创新精神？已有研究大致通过经济、制度、文化及个体特征等视角来解释企业家创新精神。常建坤（2006）通过比较中西方文化差异，揭示了中国传统文化影响企业家创新精神的内在机理。解维敏（2016）通过理论和实证检验得出，地区市场化进程与企业家创新精神之间呈现正相关关系。程虹等（2016）以高层梯队理论为基础实证检验发现，企业家年龄和企业家创新精神之间存在显著的"U"型关系。胡德状等（2019）发现企业家过度创业并不是创新精神的体现，反而会对其创新精神带来不利影响。

向后延展看企业家创新精神会带来哪些经济效应？宏观层面来讲，企业家创新精神对经济发展、全要素生产率的影响得到广泛关注。基于熊彼特（J. A. Schumpeter）的"创造性破坏"思想衍生出一系列关于企业家（创新）精神和经济增长的理论和实证研究（Baumol，1990；庄子银，2003；李宏彬等，2009；郝金磊等，2017）。例如，李宏彬等（2009）利用动态面板系统广义矩估计显示企业家创新精神对我国经济增长具有显著正效应。近期，李政等（2020）研究表明企业家创新精神对全要素生产率具有显著的提升作用。微观层面来说，学者们逐渐开始关注企业家创新精神对企业财务绩效的影响。马卫东等（2012）实证研究表明，企业家创新精神将显著提升企业的销售收入、利润增长率以及市场占有率。王洪岩（2017）、卜美文等（2021）、张怀英（2021）等进一步探究企业家精神与企业绩效的关系，普遍认为企业家创新精神会提升企业绩效与公司价值。近期学者开始进一步探究企业家精神对企业创新及经济高质量发展的影响，例如，刘晓扬（2023）以367名科创人员为调研对象进行结构方程和层级回归分析后发现，在经济不确定环境下企业家精神会明显提升企业创新行为，知识权力集中度在二者间起完全中介作用。高志刚等（2023）研究表明，企业家精神会推动城市经济高质量发展和企业高质量发展，且数字普惠金融会起到重要的调节作用。

2.2.6　文献述评

随着汉姆布瑞克和梅森（Hambrick and Mason，1984）提出高层梯队理论，学者们纷纷开始开展对管理者特质方面的研究，形成了一系列的成果。从企业家特质与企业投融资决策及企业价值方面的研究可见，学者们不断拓宽视野已经挖掘到很多有趣的、有意义的、与时事热点高度接轨的企业家特质，但是随着微观数据不断充实以及人工智能等机器学习方法的不断完善，探究更新维度下的企业家特质仍有一定空间。且已有研究大多仅关注某一种行为特质，并未结合多种特质综合并对比分析，同时该领域研究大多停留在分析二者关系的浅显层面，缺少对背后影响机制的深入剖析，更缺乏置于外在宏观制度环境下的拓展研究。为了补充已有研究不足，本书拟综合探究企业家个人经历、能力、情感以及多元文化背景四个新维度下的企业家特质与企业创新之间的关系，并深剖背后的影响机制，挖掘潜在的外部环境调节机制，延伸检验其经济后果。

综述企业家创新精神研究可见，在"大众创新，万众创业"的时代背景下，关于企业家创新精神的研究俨然成为学者们追逐的热点，然而也存在一些不足有待改进。首先，关于企业家创新精神的度量，已有实证研究主要通过调查问卷和代理变量两种方式，其中由于很难通过调查问卷直接获取企业家的真实数据，该方法有待改进。由于反映企业创新产出的变量与企业家创新精神内涵之间还存在一定差距。通过研发投入、专利数量等变量间接代表企业家创新精神有待进一步考证，因此，能够客观真实地刻画企业家创新精神是下一步研究需要解决的问题。其次，已有研究多侧重于从宏观的政策制度和微观的企业特征来分析影响企业家精神的因素，很少能从企业家个人特征出发来挖掘制约企业家创新精神的要素。最后，在企业家创新精神经济效应研究方面，由于企业家创新精神大多通过创新产出刻画，因而缺少从企业家创新精神到企业创新的理论和实证论证，且缺乏将创新精神置于某一特定情景下的深化研究。基于这些研究缺口，本书向前探究影响企业家创新精神的新要素，将企业家多种行为特质综合纳入研究体系，并构建测度企业家创新精神的新指标体系，且向后验证企业家行为特质对企业家创新精神进而对企业创新的影响及其经济后果。

2.3　本章小结

本章首先通过逐层递进的方式将高层梯队理论、企业家理论、烙印理论及决策中的非理性理论等理论进行了梳理，然后对企业家特质与投资、融资、企业价值和企业创新及企业家创新精神的相关文献进行了系统的总结。

通过归纳后发现，已有的企业家理论及高层梯队理论等为研究企业家行为特质方面的研究提供了良好的理论基础，也为开展企业家行为特质与企业创新相关研究提供了理论证据。此外，清晰界定企业家、创新决策等含义，有利于后续工作的顺利开展。

通过对相关文献总结后发现，分析企业家行为特质与企业创新之间的关系仍是行为公司金融及企业创新管理方面研究的热点。然而已有研究仅关注到企业家特质的某一种特征，少有综合考虑企业家多种行为特质，尤其忽视了企业家多元文化等特质，同时缺乏对企业家创新精神的系统性研究，因此我们找到了本书研究的突破点。

第 3 章

企业家个人经历特质对企业创新决策的影响

与已有关注到企业家早年从军经历、海外学习经历等角度不同，本部分选取一些不受自身选择影响且具有时代印记特点的重要经历作为研究视角、分别从企业家改革开放经历、三年困难时期经历以及灾难经历强度三个维度展开研究。

3.1 企业家改革开放经历对企业创新决策的影响[*]

俗话说"时代造就英雄，英雄引领时代"，在庆祝改革开放 40 周年大会上诞生了 100 名"改革先锋"，其中，马云、马化腾和李彦宏等十几位企业家都悉数在列。这些企业家大多成长在改革开放大环境下，不断突破边界，创造奇迹。例如马云带领的阿里巴巴集团在国际竞争中处于领先地位；马化腾创立的腾讯科技已成为世界最具影响力的互联网公司之一。企业家群体英雄辈出，弦歌不绝，除了得益于改革开放的利好政策，还离不开企业家个人的特质及独特的企业家精神。那么，成长在改革开放这一大环境下的企业家会拥有怎样的特质？这些特质又如何在企业创新决策中发挥作用呢？

在改革开放激荡 40 余年，改革再出发的契机下，在大力弘扬优秀企

　＊ 该部分成果已发表于《南方经济》2020 年第 7 期。郝盼盼，张信东，贺亚楠. 高管早年经历、风险承担与创新决策——来自改革开放场景的检验，南方经济，2020（7）：108 – 120.

业家精神尤其是创新精神的导向下，我们试图剖析改革开放大环境对企业家特质进而创新行为的影响。自从1984年高层梯队理论提出后，尤其是伴随行为金融的逐渐兴起，管理者行为特质对企业财务决策的影响成为学者们关注的热点。关于管理者早年经历对企业财务决策的研究集中于以下几方面：高管经历大萧条环境对企业资本结构的影响（Graham and Narasimhan，2004；Malmendier and Nagel，2011）；有过从军经历、财务经历、学术经历及不同晋升经历等对企业投融资决策的影响（Malmendier et al.，2011；姜付秀等，2013；Amy，2016；周楷唐等，2017；郝盼盼等，2018）。由于这些特征存在着管理者自选择问题，近期学者们开始选取那些不受人为控制或选择的重大事件来研究，例如分析经历三年困难时期对储蓄倾向（程令国和张晔，2011）、自主经营（汪小圈等，2015）、债务决策（赵民伟和晏艳阳，2015）以及创新行为（张信东和郝盼盼，2017）的影响。考虑到1978年改革开放对中国经济发展的重大影响，在已有研究基础上，本章进一步探究这一重大事件对企业家特质及创新行为的影响。

鉴于已有研究少有针对改革开放进行深入研究，考虑到改革开放成长起来的企业家对企业创新的重要性，本章在高层梯队理论基础上，沿袭烙印理论检验1978年中国改革开放后的重大事件对亲历的企业家个体创新行为的影响，并深究其经济后果。这一方面拓展了烙印理论，从实证层面检验了烙印理论在个体层面的应用，而不仅仅是停留于组织层面；另一方面从外部特殊事件视角探析对管理者决策行为的影响，并考虑企业家风险承担和职业路径的双重调节效应，进一步补充和深化了企业家特质和财务决策方面的研究。此外，以期通过实证检验改革开放对企业家精神及创新发展的重要性，为开展改革新进程，为激励和哺育新一代企业家、弘扬伟大的企业家精神提出政策建议。

3.1.1 研究假设的提出

3.1.1.1 企业家改革开放经历与企业创新投资决策

汉姆布瑞克和梅森（1984）提出高层梯队理论，认为人们是有限理性的，高管的行为特征等会影响组织绩效。而一个人早年的经历对其影响深远（Elder et al.，1991），会通过习惯、爱好和传统等潜移默化地影响今后的偏好和选择（Becker，1992）。因此，一个人的早年经历通过影响其行为偏好进而会影响决策。例如，经历过大萧条的人们会厌恶债务融资（Graham and Narasimhan，2004；Malmendier and Nagel，2011）；有从军经历的人们往往比较激进（Malmendier et al.，2011）；有财务危机经历的CEO会比较谨慎（Amy，2016）；有自然灾害经历的管理者会比较保守（赵民伟等，2015），且降低创新投资（张信东和郝盼盼，2017）。

那么经历过改革开放的高管会有什么特质呢？这将如何影响今后决策呢？早期的烙印理论源于行为科学领域，认为早期的经历将会持续影响今后的行为和特征。马奎斯和蒂尔克斯（Marquis and Tilcsik，2013）认为印记是实体在易受影响的时期发展"环境突出特征"的过程，这些印记将持久存在。已有研究多分析烙印理论在组织层面的应用，但除了组织，超组织实体及个人也会承载印记（Marquis，2003）。烙印理论强调外部环境的显著特征、敏感时期以及影响的持续性（Christopher Marquis，2018）。1978年中国的改革开放便是这样一种特征鲜明且敏感的时期，这是一次波澜壮阔的壮举，通过计划经济走向市场经济，通过"私营企业合法化"，形成了一大批优秀的企业家群体，比如84派、92派、海归网络派以及后WTO派。在这一大环境下，首先，企业家精神从无到有。企业家是市场经济中配置生产要素最重要的力量，经济要持续发展需要持续的企业家精神。而企业家只有拥有产权控制企业才能发挥企业家精神。从"农村家庭联产承包责任制""经营承包制""私营企业合法化"，再到"现代企业制度"，这些利好政策的实施给予了企业家发挥能量的平台，从此企业家迸发出强大的创新力和生命力。解维敏（2016）认为市场化能够促进企业家创新精神。其次，随着开放程度加大，企业家学到了先进技术知识。随着改革开放的到来，各企业掀起向发达经济体学习的热潮，例如学习日本、美国和欧洲等地的经济发展模式，引进更先进的技术知识，从注重吸引外资到注重引进技术和人才。例如携带专利回国创业的企业家李彦宏，他所创建的百度公司成为最大的中文互联网搜索引擎公司。可见，这一大环境下成长起来的企业家受益颇多。最后，通过不断尝试新鲜事物，企业家们提高了创新意愿。自改革开放以来，很多事物从无到有，例如企业制度从无到有再到完善，1988 年首部私营企业暂行条例出台，大批公职人员纷纷下海创业，海归网络派带来了创始人制度和期权制度等，这一系列突破带给亲历者很大的震撼力。民营企业创造了 60% 以上的 GDP，50% 以上的税收，70% 以上的新产品和创新，80% 以上的就业岗位①，尝试创新所带来的效益将提高亲历者的创新意愿。因此，赋有鲜明特征且在敏感期的改革开放给个体亲历者留下深刻印记，造成持续影响，造就了企业家精神，提高了企业家的专业技能及创新意愿。鉴于企业创新是一项高风险、高创造性的活动，在改革开放环境下成长起来的企业家更倾向于创新投资。我们提出假设：

H3.1：经历过改革开放的企业家会提高企业的创新投资。

3.1.1.2 企业家风险承担的调节效应

企业创新具有长期性、高风险性等特性，企业高管拥有重要的决策权，因此，高管的风险承担态度影响着企业创新的成败。那么高管是否愿意承担风险也会影响高管改革开放经历对创新决策的影响效应吗？高管早年经历本身会影响其风险承担态度（Efraim et al.，2015；Gennaro et al.，2017；Sunder and Zhang，2017），在改革开放场景中成长起来的高管往往愿意承担风险。因为首先经历过各种新鲜的事物和变化，这种经历会促使他们以良好的心理素质来应对各种不确定性。其次，有过改革开放经历的高管自身亲历过或见过周边人从传统体制走向下海创业的过程，并体会到了改变所带来的收益。这种经历导致他们敢于改变，并不惧怕失败。此外，在"科技是第一生产力"政策指引下，逐渐将市场激励机制引入科研体系，诞生了一大批通过技术成果将知识产权转为股权创办企业的"技术发明型企业家"，例如"江民软件公司"的企业家王江民即为其一。这些经历促使企业家更加重视技术研发，积极关注该领域的动态，这将有利于降低研发失败的概率。所以，如果在失业率高、员工竞争力强等外部环境下，高管的外部选择较少，可能会面临解聘甚至失业的风险，他们需要承

---

① 习近平总书记在民营企业座谈会上的讲话，新华网，2023 年 3 月 19 日。

担更大的风险，这时相对没有改革开放经历的高管，拥有此类经历的高管将会更愿意进行创新投资。因此我们提出假设：

H3.2：在企业家外部选择少的环境下，风险型企业家更能承担风险，从而拥有改革开放企业家更能够促进企业创新投资。

3.1.1.3 企业家早年职业路径的调节效应

如果是在改革开放时期成长起来的高管倾向于风险类投资，那么其不同的职业路径是否会起到不同的调节作用呢？职业路径是指曾经任职组织和机构的类型和数量（Fondas and Wiersema，1997），从事过多种行业、部门及职位则为多元化职业路径；而从事单一职位或行业等则为单一性职业路径。多元化职业路径的高管拥有多元的知识、文化及经验，这有利于提升高管的创造力。多元的职业经历扩大了高管的外部选择，相对单一职业路径高管，这类高管更不惧怕失败愿意承担风险。此外，多元职业经历为高管提供了丰富的社会关系网络圈，这有利于高管获取有利的研发信息，提高研发效率。因此，相对单一职业路径，多元化职业路径使得在改革开放成长起来的高管对创新投资的作用中起着正向调节效应。我们提出假设：

H3.3：相对单一职业路径的企业家，改革开放成长起来的企业家从事多元化职业路径对创新投资的影响更明显。

3.1.2　样本选择、数据来源及模型设计

3.1.2.1　样本选取和数据来源

为了解决本章的研究问题，我们选取具有代表性的在沪、深 A 股上市的制造业和信息技术业企业为样本，鉴于数据的可获得性，样本期为 2002～2015 年。数据进行了如下处理：（1）剔除 CEO 背景数据和财务数据异常企业；（2）为了保证研发数据的完整性，满足研究需要，剔除研发数据未能连续三年披露的企业；（3）通过 Winsorize 对极端值进行了处理。最终观测值为 2459 个。

本书的研发数据通过两种渠道获得，鉴于 2007 年实行了新会计准则，2007 年之前的研发数据通过手工搜索公司年报获得，集中于财务报告附注里的"支付的其他与经营活动有关的现金流量"项目。2007 年之后的研发数据主要来自 CSMAR 数据库。CEO 个人生活和职业背景等数据主要通过手工整理高管个人简历获得，其他财务数据基本来自 CSMAR 数据库。

3.1.2.2　研究变量

1. 企业家改革开放经历（$CEO_{Reform\ Opening\ Experience}$）

1978 年 12 月中国召开了党的十一届三中全会，拉开了我国对内改革、对外开放的新序幕。高管如果经历过这一特殊时期必定会影响其今后的行为决策。考虑到 CEO 在企业中拥有最高的决策权，本书高管选取 CEO 为代表。同时，心理学家埃里克森将人类的成长阶段分为婴儿期（3～7 岁）、儿童期（7～12 岁）、青少年期（12～18 岁）和成年早期（18～25 岁）。已有研究表明，只有儿童期和青少年时期才是认识世界、理解世界的关键时期，这一阶段能保留永久性记忆且塑造性格（程令国和张晔，2011）。基于此，样本企业 CEO 在 7～18 岁时经历了 1978 年的改革开放，则变量 $CEO_{Reform\ Opening\ Experience}$ 取 1，否则取 0。

2. 职业路径指数（CPI）

为了刻画改革开放成长起来的 CEO 日后的职业路径，参考库斯托迪奥等（Custódio et al.，2013）的研究，具体测算模型如下：

$$CPI_{i,t} = 0.268X1_{i,t} + 0.312X2_{i,t} + 0.309X3_{i,t} + 0.218X4_{i,t} + 0.153X5_{i,t}$$

$$(3.1)$$

其中，$X1$ 是 CEO 就职之前所从事的所有职位数量；$X2$ 是 CEO 曾从事的公司数量；$X3$ 是 CEO 曾服务的行业数量（行业划分根据 2012 年证监会发布的《上市公司行业分类指引》中的二级行业标准）；若企业 CEO 担任过其他公司 CEO，$X4$ 取 1，否则取 0；若 CEO 曾在多个公司服务，$X5$ 取 1，否则取 0。CPI 指数越大则 CEO 职业路径越多元。

3. 创新投资（*RD*）

企业的创新投资主要以研发支出为主，本书的创新投资通过企业的研发投入强度来刻画，具体是指研发费用与总资产之比。

4. 控制变量

为了控制其他可能影响企业创新的变量，参考大卫等（David et al., 2012）的研究，包括现金流变量、托宾 Q 值、销售收入等及 CEO 特征变量，具体变量定义如表 3.1 所示。

表 3.1   变量定义及说明

变量类型	含义	代码	说明
因变量	创新投资	*RD*	研发费用/年初总资产
	专利申请数	*LogPatent*	企业当年专利申请总数取对数
	发明专利申请数	$LogPatent_1$	企业当年发明专利申请总数取对数
	实用新型专利申请数	$LogPatent_2$	企业当年实用新型专利申请总数取对数
	外观设计专利申请数	$LogPatent_3$	企业当年外观设计专利申请总数取对数
自变量	CEO 改革开放经历	$CEO_{Reform\ Opening\ Experience}$	表示 CEO 在 7~18 岁经历过改革开放，经历过则变量取 1；否则取 0
控制变量	资产收益率	*ROA*	净利润/资产总额
	托宾 Q	*Q*	市场价值/资产重置成本
	净销售收入	*Sales*	营业净利润
	销售增长率	*Sales Growth*	营业收入增长率
	现金流	*CF*	经营性现金流量净额
	资产密集度	*PPE/Emp*	固定资产净额/员工数
	资产负债率	*Book Leverage*	长期债务与短期债务之和/资产总额
	公司规模	*Size*	当公司的资产总额高于样本中位值时取 1；否则取 0
	第一大股东持股比例	*FMSSR*	根据姜付秀等（2013）第一大股东持股比例大于 34% 为约束机制强企业，该变量取 1；否则取 0

续表

变量类型	含义	代码	说明
控制变量	产权性质	*Equity*;	当公司为民营企业时该变量取 1；否则取 0
	两职合一	*Chair – CEO duality*	当公司 CEO 兼任董事长时该变量取 1；否则取 0
	独立董事比例	*INDR*	公司独立董事数量占所有董事的比例
	任期	*Tenure*	CEO 在其职位任职的时间
	年龄	*Age*	公司数据年份—CEO 出生年份
	学历	*Degree*	CEO 学历为硕士及以上，取 1；否则取 0

3.1.2.3　模型构建

为了检验改革开放成长企业的 CEO 对企业创新投资的影响，参照大卫等（David et al.，2012）的研究，同时由于研发活动具有滞后性，将解释变量滞后一期，构建如下模型：

$$RD_{i,t} = \alpha + \beta_0 CEO_{ROE_{i,t-1}} + \beta_1 CF_{i,t-1} + \beta_2 LogSales_{i,t-1} + \beta_3 Sales\ Growth_{i,t-1} +$$
$$\beta_4 ROA_{i,t-1} + \beta_5 Book\ Leverage_{i,t-1} + \beta_6 Log(PPE/Emp)_{i,t-1} +$$
$$\beta_7 Q_{i,t-1} + \beta_8 Log(1+Age)_{i,t-1} + \beta_9 Log(1+Tenure)_{i,t-1} +$$
$$\beta_{10} Control_{i,t-1} + d_t + v_i + \varepsilon_{i,t} \tag{3.2}$$

模型中通过观察 β_0 的显著性来检验假设，$Control_{i,t-1}$ 为表 3.1 中的其他控制变量。

3.1.3　实证分析

3.1.3.1　相关性分析

表 3.2 为主要变量的相关系数结果，可见公司的现金流（CF）和成长机会（Q）变量与企业的研发投资之间呈现较强的相关性，这说明现金流和成长机会是影响企业研发投资的关键要素，这与已有研究结论相符。

对于我们重点关注的高管改革开放经历变量（CEO_{ROE}）与创新投资（RD）之间也存在显著相关性，相关系数为 0.015，这为后续实证研究提供了基础。此外高管改革开放经历与企业的资产负债率（BL）之间也存在正相关关系，说明有类似经历的高管可能更倾向于承担风险。

表 3.2 主要变量的相关系数表

变量	RD	CF	ROA	Sales Growth	LogPPE/ Emp	LogSales	Q	Book Leverage	CEO_{ROE}
RD	1.000								
CF	0.266*	1.000							
ROA	0.016	0.185*	1.000						
Sales Growth	−0.008	−0.013	−0.001	1.000					
LogPPE/ Emp	0.019	0.129*	0.058*	−0.048*	1.000				
LogSales	−0.032	0.162*	0.451*	−0.007	0.358*	1.000			
Q	0.105*	0.127*	0.152*	−0.007	−0.123*	−0.050*	1.000		
Book Leverage	−0.114*	−0.149*	−0.355*	0.030	0.030	0.114*	−0.259*	1.000	
CEO_{ROE}	0.015*	0.012	−0.033	0.022	0.030	0.002	−0.043*	0.039*	1.000

注：* 表示在 10% 的置信水平下显著相关。

3.1.3.2 描述性统计

变量的描述性统计结果见表 3.3，可见样本企业的创新投资均值为 0.027，这与西方发达国家的研发强度还存在一定差距；经历改革开放高管的平均比例为 50.2%，这说明在样本中约一半多的高管拥有这种经历。此外，根据 CEO 是否经历过改革开放将样本进行划分，差异检验的描述性统计结果见表 3.4。可见，与无改革开放经历 CEO 相比，改革开放成长起来的 CEO 所在企业的研发投资均值（0.027）和中位值（0.001）均显著高一些，这与本书预测相符，说明经历改革开放的 CEO 会倾向于研发创新投资。其次，在有改革开放经历 CEO 样本中，企业的资产负债率均值较高（0.448 > 0.430），这说明这类高管更偏好风险较高的策略。同时，这类样本中 CEO 年龄相对偏小一些，这与理论逻辑相符。此外，有改革开放经历高管所在企业的两职合一情况、第一大股东持股比例和独立董事持股比例更高，说明一方面这类高管权力较大，另一方面公司的约束机制相对健全。

表3.3   **变量描述性统计结果**

变量	MEAN	MEDIAN	MAX	MIN	STD
RD	0.027	0.001	1.930	0	0.087
CEO_{ROE}	0.502	1	1	0	0.325
ROA	0.037	0.038	0.980	-0.223	0.094
CF	0.064	0.053	1.473	-0.180	0.119
$Sales\ Growth$	0.588	0.118	0.754	0.032	0.976
Q	2.147	1.586	7.787	0.159	2.329
$LogSales$	7.958	7.934	9.560	6.373	0.660
$LogPPE/Emp$	5.430	5.452	8.393	3.977	0.561
$Book\ Leverage$	0.442	0.437	3.362	0.048	0.226
$Size$	0.489	0.574	1	0	0.089
$FMSSR$					
$Equity$	0.584	1	1	0	0.493
$Chair-CEO\ duality$	0.140	0	1	0	0.347
$INDR$	0.346	0.333	0.714	0	0.090
$LogTenure$	0.695	0.699	1.114	0	0.268
$LogAge$	1.663	1.663	1.857	1.519	0.060
$Degree$	0.326	0	1	0	0.469

表 3.4 分类样本的差异化检验结果

变量		有改革开放经历 CEO	无改革开放经历 CEO	Difference
RD	Mean	0.027	0.025	0.002 **
	Median	0.001	0.000	0.001 **
ROA	Mean	0.035	0.042	− 0.007 *
	Median	0.037	0.039	− 0.002
Sales Growth	Mean	0.769	0.260	0.509
	Median	0.124	0.105	0.019 **
LogSales	Mean	7.959	7.956	0.003
	Median	7.937	7.930	0.007
Q	Mean	2.074	2.282	− 0.208 **
	Median	1.577	1.608	− 0.031
Book Leverage	Mean	0.448	0.430	0.018 **
	Median	0.439	0.435	0.004
CF	Mean	0.065	0.062	0.003
	Median	0.052	0.054	− 0.002
Log (*PPE/Emp*)	Mean	5.442	5.406	0.036 *
	Median	5.468	5.420	0.048 **
LogAge	Mean	1.644	1.696	− 0.052 ***
	Median	1.643	1.708	− 0.065 ***
LogTenure	Mean	0.698	0.703	− 0.005
	Median	0.689	0.706	− 0.017 *
Size	Mean	0.511	0.542	− 0.031
	Median	0.433	0.507	− 0.074
FMSSR	Mean	0.317	0.219	0.098 ***
	Median	0.000	0.000	0.000 ***
Equity;	Mean	0.523	0.646	− 0.123 ***
	Median	1.000	1.000	0.000
Chair − CEO duality	Mean	0.168	0.112	0.056 ***
	Median	0.000	0.000	0.000 ***
INDR	Mean	0.355	0.329	0.026 ***
	Median	0.333	0.333	0.000 ***

注：***、**、*分别表示在1%、5%、10%的置信水平下显著。本章其他表格含义相同，不再重复注释。

3.1.3.3　回归结果分析

为了检验改革开放经历成长起来的 CEO 对创新投资的影响，对模型（3.2）进行回归，结果见表 3.5。可见，在增加不同的控制变量前后，现金流和托宾 Q 均对企业创新投资具有显著的正向影响，这说明这两个变量是影响企业创新投资最关键的变量，这与张信东等（2018）观点一致。对于本书最关注的变量（$CEO_{Reform\ Opening\ Experience}$），在控制不同控制变量前后，该变量均与企业创新投资之间存在显著的正相关关系，尤其控制了 CEO 个人特征及公司特征变量后，$CEO_{Reform\ Opening\ Experience}$ 在 1% 的显著性水平下正向促进创新投资。这说明在改革开放成长起来的 CEO 会促进企业创新投资，这验证了假设 H3.1。

表 3.5　　　　CEO 改革开放经历对企业创新投资的回归结果

变量	（1）	（2）	（3）
CEO_{ROE}	0.008 * （1.80）	0.013 *** （2.76）	0.013 *** （2.89）
CF	0.200 *** （11.02）	0.215 *** （11.18）	0.216 *** （11.21）
ROA	−0.151 ** （−2.50）	−0.073 （−1.17）	−0.164 ** （−2.57）
$Sale\ Growth$	0.001 （0.05）	0.001 （0.15）	0.001 （0.36）
$LogPPE/Emp$	0.005 （1.00）	0.012 ** （1.96）	0.011 ** （2.01）
$LogSales$	−0.002 *** （−2.05）	−0.005 （−1.04）	−0.004 （−0.84）
$Book\ Leverage$	−0.001 （−1.04）	−0.005 （−0.31）	−0.004 （−0.78）
Q	0.004 *** （3.24）	0.007 *** （4.93）	0.006 *** （5.09）
$Log(1+Age)$		−0.007 （−0.18）	0.062 （1.43）

变量	(1)	(2)	(3)
$Log(1 + Tenure)$		0.005 (0.61)	-0.003 (-0.31)
$Size$			0.021 (1.02)
$FMSSR$			-0.002 (-0.17)
$Equity$			0.009 (1.03)
$Chair - CEO$ $duality$			-0.001 (-0.12)
$INDR$			0.031 (1.42)
年份固定效应	Yes	Yes	Yes
公司固定效应	Yes	Yes	Yes
R^2	0.062	0.081	0.082
$Observations$	2459	2243	2227

3.1.3.4 风险承担的调节效应分析

为了检验风险承担的调节效应，本书将通过三种方法构建 CEO 风险承担指标（RT）。已有研究通常通过杠杆、股票波动率及并购活动等高风险活动来间接刻画管理者的风险态度，但是企业的风险承担与高管个人风险承担之间还存在一定差距。为了能够准确测度高管的风险承担态度，本书试图从劳动力市场层面，从 CEO 的外部选择角度出发来构建。当 CEO 外部选择少时，CEO 如增加企业创新投资，则说明其倾向于承担风险。CEO 外部选择的刻画包括以下三方面：

（1）依据凯迪亚和拉贾戈帕（Kedia and Rajgopal，2009）的劳动力市场紧缩性理论，当 CEO 所在地失业率较高时，其外部选择较少，加大创新投资说明其承担风险意愿较高。根据企业所在地的失业率进行排序，排列于前 1/3 则为失业率高组合，变量 RT 取 1。

（2）依据奥耶等（Oyer et al.，2004）的工资指数化理论，CEO 的外部选择会与同地区其他公司相关，如果同一地区企业之间的相关度较低，则 CEO 外部选择少。通过地区 β 系数来测算同一城市企业股票收益的关联度。该系数排列于后 1/3 时，为低地区 β 组，变量 RT 取 1。

（3）当地员工竞争力也会影响 CEO 外部选择，竞争力较强时 CEO 外部选择较少。员工竞争力通过测算企业所在地同行业企业数量刻画，该数量排列于前 1/3，则为员工竞争力强组，变量 RT 取 1。

通过以上三种度量方法，本书引入高管改革开放经历与风险承担的交叉变量对模型（3.2）的回归，结果见表 3.6。可见，通过失业率测算方法，CEO 风险承担高时，改革开放成长起来的 CEO 反而对企业创新投资具有显著的正向影响；通过地区 β 测算方法，在 CEO 风险承担高时，有改革开放经历 CEO 与企业创新投资之间存显著正相关关系；同样，通过员工竞争力刻画风险承担，这种正相关关系依然成立。这就充分说明，在失业率高、地区 β 低且员工竞争力较高的地区，CEO 外部选择较少，CEO 更倾向于承担风险，但是有改革开放经历 CEO 会显著提高企业的创新投资。因此检验了这类 CEO 的风险承担调节效应，验证了假设 H3.2。

表 3.6　　　　　　　　　CEO 风险承担的调节效应

变量	失业率	地区 β	员工竞争力
CEO_{ROE}	0.018 *** (2.93)	0.015 * (1.84)	0.012 ** (2.06)
$CEO_{ROE} * RT$	0.012 * (1.83)	0.023 * (1.78)	0.008 ** (2.05)
RT	0.006 (0.79)	0.011 (1.01)	0.003 (0.99)
CF	0.215 *** (11.2)	0.269 *** (8.25)	0.217 *** (11.19)
ROA	-0.170 *** (-2.56)	-0.311 *** (-2.78)	-0.172 *** (-2.65)

续表

变量	失业率	地区 β	员工竞争力
Sale Growth	0.001 (0.36)	0.001 (0.58)	0.001 (0.39)
LogPPE/Emp	0.013 ** (2.27)	0.010 (0.89)	0.012 ** (2.08)
LogSales	−0.004 (−0.71)	−0.003 (−0.34)	−0.004 (−0.79)
Book Leverage	−0.009 (−0.52)	−0.028 (−0.94)	−0.012 (−0.69)
Q	0.006 *** (4.86)	0.009 *** (4.80)	0.006 *** (5.00)
$Log(1+Age)$	0.073 * (1.71)	0.005 (0.07)	0.060 (1.38)
$Log(1+Tenure)$	0.001 (0.05)	0.018 (1.13)	−0.003 (−0.30)
Size	0.122 (1.00)	0.009 (0.55)	0.032 (0.89)
FMSSR	−0.002 (−0.16)	−0.012 (−0.51)	−0.003 (−0.19)
Equity	0.010 (1.09)	−0.007 (−0.37)	0.009 (1.04)
Chair − CEO duality	0.001 (0.002)	0.007 (0.67)	−0.001 (−0.06)
INDR	0.033 (1.47)	0.029 (0.75)	0.033 (1.49)
年固定效应	Yes	Yes	Yes
公司固定效应	Yes	Yes	Yes
R^2	0.083	0.097	0.082
Observations	2227	1158	2215

3.1.3.5　多元职业路径的调节效应分析

为了检验 CEO 职业路径的调节效应，本书在模型（3.2）基础上引入交叉变量（$CEO_{Reform\ Opening\ Experience} \times CPI$），通过该交叉变量系数来验证其作用。检验结果如表3.7所示。可见，该交叉变量在5%的显著性水平下与企业创新投资存在正相关关系。为了确保结果的稳健性，将 CPI 指数进行排列，位于前1/3则该指数取1，否则取0。重新进行回归，结果见表3.7列（3）。可见，交叉变量与企业创新投资之间仍然存在显著的正相关关系，这就充分说明改革开放成长起来的 CEO 拥有多元化的职业路径更会提升企业的创新投资，验证了假设 H3.3。

表3.7　　　　　　　　　　CEO 职业路径的调节效应

变量	CPI 指数	0－1 变量
$CEO_{Reform\ Opening\ Experience}$	0.014 ** (2.26)	0.011 * (1.76)
CPI	0.001 ** (2.44)	0.006 ** (1.99)
$CEO_{Reform\ Opening\ Experience} \times CPI$	0.011 ** (2.29)	0.007 * (1.89)
CF	0.253 *** (13.88)	0.253 *** (13.89)
ROA	－0.196 *** （－3.43）	－0.192 *** （－3.36）
$Sale\ Growth$	0.001 (0.14)	0.001 (0.12)
$LogPPE/Emp$	0.003 (0.54)	0.002 (0.52)
$LogSales$	－0.004 （－0.94）	－0.004 （－1.05）
$Book\ Leverage$	－0.007 （－0.44）	－0.006 （－0.54）
Q	0.007 *** (6.35)	0.007 *** (6.29)

续表

变量	CPI 指数	0 – 1 变量
$Log(1 + Age)$	0.065 * (1.77)	0.060 (1.62)
$Log(1 + Tenure)$	– 0.007 (– 0.87)	– 0.006 (– 0.83)
$Size$	0.115 (0.78)	0.005 (1.03)
$FMSSR$	– 0.006 (– 0.94)	– 0.005 (– 0.87)
$Equity$	0.010 * (1.92)	0.009 * (1.77)
$Chair – CEO$ $duality$	0.006 (1.09)	0.005 (0.98)
$INDR$	0.035 * (1.76)	0.030 (1.50)
年固定效应	Yes	Yes
公司固定效应	Yes	Yes
R^2	0.086	0.087
$Observations$	2173	2173

3.1.3.6 进一步分析

1. 不同阶段经历的差异化影响

以上研究检验了 CEO 在 7~18 岁经历改革开放对企业创新投资的影响，为了让研究更稳健和深入，根据心理学家埃里克森对人类成长阶段的分类，本部分再次对样本进行细分，分为童年期（7~12 岁）、青少年期（12~18 岁）和成年期（18~25 岁）三个不同阶段，探究三个阶段经历改革开放的差异化影响。回归结果见表 3.8，可见 CEO 童年阶段经历改革开放在 5% 的显著性水平下对企业创新投资具有正向的影响，系数为

0.013；CEO 在青少年阶段经历改革开放在 10% 的显著性水平下对企业创新投资具有正向影响，系数为 0.006；而 CEO 在成年早期经历改革开放对企业创新投资并不具有显著影响。因此，相对三个不同阶段，在童年阶段经历改革开放的 CEO 对企业创新投资的影响更为显著。这与已有理论相吻合，说明童年阶段的重大经历对一个人今后的决策影响更深远。

表 3.8　　　CEO 不同阶段经历改革开放对企业创新投资的回归结果

变量	童年	青少年	成年
$CEO_{Reform\ Opening\ Experience}$	0.013 ** (1.97)	0.006 * (1.72)	−0.002 (−0.33)
CF	0.215 *** (11.13)	0.215 *** (11.11)	0.216 *** (11.13)
ROA	−0.175 *** (−2.65)	−0.181 *** (−2.74)	−0.181 *** (−2.73)
$Sale\ Growth$	0.001 (0.31)	0.001 (0.36)	0.001 (0.39)
$LogPPE/Emp$	0.013 ** (2.29)	0.013 ** (2.30)	0.014 ** (2.38)
$LogSales$	−0.004 (−0.75)	−0.003 (−0.53)	−0.003 (−0.57)
$Book\ Leverage$	−0.007 (−0.37)	−0.005 (−0.30)	−0.006 (−0.30)
Q	0.006 *** (4.99)	0.006 *** (4.98)	0.006 (4.99)
$Log(1+Age)$	0.051 (1.23)	0.036 (0.90)	0.029 (0.72)
$Log(1+Tenure)$	0.003 (0.32)	0.002 (0.26)	0.003 (0.31)
年固定效应	Yes	Yes	Yes
公司固定效应	Yes	Yes	Yes
R^2	0.080	0.079	0.078
$Observations$	2221	2217	2217

2. 企业异质性检验

鉴于不同性质的企业中，高管行为特质对企业财务决策的影响存在差异。改革开放以来，我国进行了波澜壮阔的政策改革，国有企业体制内大量高管开启了下海创业的热潮，这样大批的民营企业应运而生。因此，相对国企而言，民营企业的发展受到改革开放政策的影响可能更大些。为了检验这一观点，我们将根据企业实际控制人性质分为国有企业和民营企业，按子样本对模型（3.2）分别再回归，结果见表3.9。可见，相对国企而言，在民营企业中改革开放成长起来的CEO对企业创新投资的影响更加显著，在5%的显著性水平下呈现正相关关系。这一方面说明改革开放成长起来的高管在民营企业中发挥了更显著的作用，这与当初的"下海潮"有关；另一方面说明民营企业的发展及企业创新水平的提升某种程度上也得益于改革开放大好政策。

表3.9　　　　　　　　　　　企业异质性检验结果

变量	国企	民企
$CEO_{Reform\ Opening\ Experience}$	0.006 (1.39)	0.022 ** (2.36)
CF	0.104 *** (6.10)	0.324 *** (9.38)
ROA	−0.104 * (−1.71)	−0.231 ** (−2.14)
Sale Growth	0.001 (0.21)	−0.003 (−0.86)
LogPPE/Emp	0.004 (0.93)	0.011 (1.08)
LogSales	0.006 (1.31)	−0.013 (−1.39)
Book Leverage	−0.002 (−0.10)	−0.006 (−0.23)
Q	−0.001 (−0.20)	0.009 *** (4.85)

续表

变量	国企	民企
$Log(1 + Age)$	0.085 ** (2.31)	0.032 (0.42)
$Log(1 + Tenure)$	0.001 (0.02)	0.005 (0.30)
年固定效应	Yes	Yes
公司固定效应	Yes	Yes
R^2	0.049	0.122
Observations	1121	1120

3. 经济后果分析

以上研究发现，改革开放成长起来的高管对企业创新投资具有显著的促进作用，然而企业创新投资到最后的产出还要经历一系列漫长的过程，一定的创新投资并不一定能够带来最终的创新产出。为了全面客观地检验改革开放成长起来的企业家对整个企业创新过程的影响，本书进一步验证有改革开放经历 CEO 对企业创新产出的影响。创新产出分为产出数量和质量两个层面，其中，创新产出数量通过专利申请总数衡量；创新质量将专利分为发明专利、实用新型和外观设计三类，发明专利为创新质量最高的专利。在模型（3.2）基础上将因变量换为专利变量进行回归，回归发现 CEO_{ROE} 对滞后三期的专利产出具有显著影响，说明高管改革开放经历对专利的影响存在滞后性，表 3.10 仅列出滞后三期的回归结果。可见，有改革开放经历的 CEO 在 1% 的显著性水平下正向影响滞后三期的专利申请量，且能够通过企业创新投资显著促进企业创新产出。通过将专利进行分类后发现，经历改革开放成长起来的 CEO 能够通过创新投资提高发明专利、实用新型和外观设计的数量。其中，与其他两类专利相比，有改革开放经历 CEO 通过研发投资对企业发明专利的影响更为显著，这说明经历改革开放成长起来的高管更有利于提升企业的创新质量。

表 3.10 　　　　　有改革开放经历 CEO 对创新产出的回归结果

变量	专利总数	专利总数	发明专利	实用新型	外观设计
CEO_{ROE}	0.077 *** (2.90)	0.134 ** (2.07)	0.265 ** (2.27)	0.312 * (1.84)	0.213 * (1.74)
RD	1.126 * (1.67)	2.335 * (1.96)	0.625 ** (2.01)	0.446 * (1.94)	0.446 ** (2.04)
$CEO_{ROE} * RD$		1.342 ** (2.02)	0.261 * (1.91)	0.210 * (1.88)	0.429 (0.91)
CF	0.018 ** (1.96)	−0.076 (−0.19)	−0.128 (−0.25)	3.446 *** (3.19)	0.486 ** (2.05)
ROA	−1.894 (−1.03)	−1.859 (−1.01)	−2.148 (−1.13)	0.276 (0.46)	2.277 (0.46)
$Sale\ Growth$	0.002 (0.12)	0.003 (0.14)	−0.018 (−0.43)	−0.005 (−0.03)	−0.005 (−0.03)
$LogPPE/Emp$	0.288 * (1.71)	0.294 * (1.75)	−0.151 (−0.81)	0.941 ** (2.36)	−1.425 (−0.31)
$LogSales$	0.145 (1.23)	0.146 (1.24)	0.315 ** (2.51)	0.018 (0.10)	−0.752 (−0.17)
$Book\ Leverage$	−0.832 * (−1.82)	−0.801 * (−1.76)	0.620 (1.26)	−2.342 *** (−3.42)	2.843 (0.50)
Q	−0.023 (−1.16)	−0.023 (−1.15)	0.058 * (2.03)	−0.245 (−1.03)	−0.245 (−1.03)
$Log(1+Age)$	0.736 (0.48)	0.595 (0.39)	0.742 * (1.80)	0.718 (0.42)	0.719 (0.42)
$Log(1+Tenure)$	−0.151 (−0.48)	−0.125 (−0.40)	1.058 ** (2.26)	0.188 (0.53)	0.004 (0.55)
年固定效应	Yes	Yes	Yes	Yes	Yes
公司固定效应	Yes	Yes	Yes	Yes	Yes
R^2	0.135	0.144	0.235	0.781	0.921
$Observations$	448	448	308	140	178

3.1.3.7　内生性处理

以上研究已经检验了本书的假设，但是仍存在一定的疑问，或许这类具有高研发创新水平的企业恰巧雇佣了有改革开放经历的高管，这就存在很强的内生性问题。为了解决这一问题，本书需要找到一个合理的外生变量，卢贝尔（Lewbel，1997）所提供的工具变量选取方法给了我们启发，该方法并不需要借助外界变量，构建的工具变量方法如下：

$$Instrumental\ Variable = (RD - RD\ 均值) \times (CEO_{Reform\ Opening\ Experience} -$$
$$CEO_{Reform\ Opening\ Experience}\ 均值)$$

通过以上方法构建工具变量后根据两阶段回归法（2SLS）进行检验，结果见表 3.11。可见，第一阶段回归中，所构建工具变量显著影响我们的主要解释变量，这符合理论逻辑；在第二阶段回归中，有改革开放经历的 CEO 仍然会明显促进企业创新投资，这就说明在控制了内生性问题之后，本书结论依旧成立，再次验证本书假设。

表 3.11　　　　　　　　　　　**工具变量的 2SLS 检验**

变量	第一阶段 CEO_{ROE}	第二阶段 RD
CEO_{ROE}		0.806 ** (2.02)
$Instrumental\ Variable$	0.180 ** (1.99)	
CF	0.144 (1.37)	1.287 (0.72)
ROA	-0.579 * (-1.92)	-4.798 * (-1.72)
$Sale\ Growth$	0.001 ** (2.07)	0.006 (0.60)
$LogPPE/Emp$	0.090 *** (4.57)	0.734 (0.62)

续表

变量	第一阶段 CEO_{ROE}	第二阶段 RD
$LogSales$	0.049 ** (2.56)	0.393 ** (1.98)
$Book\ Leverage$	−0.050 (−0.86)	−0.407 * (−1.73)
Q	−0.002 (−0.31)	0.013 ** (2.22)
$Log(1 + Age)$	−3.454 *** (−19.43)	−0.279 (−0.62)
$Log(1 + Tenure)$	−0.030 (−0.84)	−0.242 (−0.50)
年固定效应	Yes	Yes
公司固定效应	Yes	Yes
F 统计量	43.73	
$Observations$	2243	2243

3.1.3.8 稳健性检验

为了让本书的结论更加稳健，我们进行以下的稳健性检验：

1. 动态 DID 分析

由于以上研究基本基于静态视角检验改革开放成长起来高管的作用，为了使结果更加稳健，我们基于 CEO 变更事件，将动态地验证这类高管对企业创新的影响。参考双重差分法（difference-in-difference）的思想，构建以下模型：

$$RD_{i,t} = \alpha + \beta_0\, CEO_{ROE_{i,t-1}} + \beta_1 After_{i,t-1} + \beta_2 CEO_{ROE_{i,t-1}} \times After_{i,t-1} +$$
$$\beta_3 X_{i,t-1} + \varepsilon_{i,t-1} \tag{3.3}$$

其中，当发生 CEO 变更事件时，$After_{i,t-1}$ 取 1，否则取 0，变量 $CEO_{ROE_{i,t-1}}$ 与 $RD_{i,t}$ 与前文定义一致，$X_{i,t-1}$ 为模型（3.2）中所有的控制变量。我们重点关注交叉变量的系数 β_2 的显著性，该变量反映了无改革开放经历 CEO 变更为有改革开放经历 CEO 后对企业创新投资的净效应，回归结果见表 3.12。可见，在控制 CEO 年龄和任期前后，该交叉变量与企业创新投资之间仍旧存在显著的正相关关系，这说明由无改革开放经历 CEO 变更为有改革开放经历的 CEO 后，企业创新投资会得到明显的提升，经历改革开放成长起来的高管对创新投资具有显著的正效应，这从动态视角再次检验了本书的研究结论。

表 3.12　　　　　　　　基于 CEO 变更事件的动态 DID 分析

变量	(1)	(2)
$After \times CEO_{ROE}$	0.009 ** (2.02)	0.013 * (1.86)
$After$	0.001 (0.78)	0.005 (0.81)
CEO_{ROE}	0.011 *** (4.09)	0.018 *** (3.03)
CF	0.189 *** (3.38)	0.214 *** (11.18)
ROA	−0.098 (−0.84)	−0.164 ** (−2.59)
$Sale\ Growth$	−0.001 (−0.52)	0.001 (0.35)
$LogPPE/Emp$	0.006 * (1.87)	0.011 * (1.94)
$LogSales$	0.007 (0.09)	−0.004 (−0.70)
$Book\ Leverage$	−0.01 (−0.47)	−0.002 (−0.99)
Q	0.005 *** (2.07)	0.006 *** (4.92)
$Log(1+Age)$		0.062 (1.44)
$Log(1+Tenure)$		−0.001 (−0.10)
R^2	0.067	0.081
$Observations$	2199	2243

2. 倾向得分匹配法（PSM）再检验

本部分拟通过 PSM 方法将有改革开放经历 CEO 与无改革开放经历 CEO 样本进行匹配，以减少样本选择及控制变量的误差。进行匹配后变量的标准偏差都较少，符合理论要求，PSM 检验的 ATT 效应结果见表 3.13。匹配后的处理组研发投资均值为 0.018，明显高于控制组，ATT 平均处理效应为 0.008，在 1% 的显著性水平下通过检验，因此这再次验证了本书结论。

表 3.13　　　　　　　　　　PSM 检验的 ATT 效应结果

变量	样本	处理组	控制组	ATT	标准差	T 值
RD	匹配前	0.016	0.014	0.002	0.009	6.74***
	匹配后	0.018	0.010	0.008	0.006	3.99***

3. 更改经历区间

基于已有的心理学相关理论，本书通过 CEO 在 7~18 岁经历改革开放来界定主要解释变量，考虑到该界定范围可能会影响到主要结论，为了保证结论的稳健性，本部分分别将经历的年龄范围减小或扩大到其他阶段，如 4~15 岁和 10~21 岁，再次对模型（3.2）进行回归，结果见表3.14。可见，在更改的年龄区间内，改革开放成长起来的 CEO 仍然显著促进了企业的创新投资，这再次验证了本书结论。

表 3.14　　　　　　　　　　稳健性检验一

变量	4~15 岁	10~21 岁
$CEO_{Reform\ Opening\ Experience}$	0.011** (2.02)	0.017*** (3.10)
CF	0.215*** (11.15)	0.214*** (11.18)

续表

变量	4 ~ 15 岁	10 ~ 21 岁
ROA	- 0. 176 *** (- 2. 71)	- 0. 157 ** (- 2. 48)
Sale Growth	0. 001 (0. 37)	0. 001 (0. 28)
LogPPE/Emp	0. 013 ** (2. 27)	0. 012 ** (2. 13)
LogSales	- 0. 003 (- 0. 66)	- 0. 006 (- 1. 08)
Book Leverage	- 0. 001 (- 0. 87)	- 0. 007 (- 0. 36)
Q	0. 006 *** (4. 84)	0. 006 *** (4. 92)
$Log(1 + Age)$	0. 047 (1. 16)	0. 095 ** (2. 13)
$Log(1 + Tenure)$	0. 001 (0. 07)	0. 001 (0. 15)
年固定效应	Yes	Yes
公司固定效应	Yes	Yes
R^2	0. 079	0. 081
Observations	2228	2243

4. 控制 CEO 其他特征

除了 CEO 年龄和任职时间，CEO 其他的特征也会影响到企业创新。例如，已有研究认为，过度自信的 CEO 会提升企业的创新投资和产出 (David et al. , 2012；Chang et al. , 2015；孔东民等，2015；易靖韬等，2015；于长宏等，2015；张信东等，2017；郝盼盼等，2017)。改革开放成长起来的 CEO 或许也具有过度自信的心理特征，为了剔除过度自信的影响，我们控制了 CEO 过度自信变量。其中，CEO 过度自信的度量参照郝颖等（2005）、张信东和郝盼盼（2017）的研究，如果 CEO 持续增加持股，且原因并非红股或业绩股，则 CEO 为过度自信，变量 *OC* 取 1，否则 *OC* 取 0。回归结果见表 3.15 列（2），可见，CEO 过度自信显著促进了企业创新投资，这与已有研究相符，且控制该变量后，有改革开放经历 CEO 仍然明显促进了企业创新投资，检验了本书结论。此外，鉴于企业研发创新活动的高创造性，CEO 能力也会影响创新投资，因此我们再次控制了 CEO 能力。CEO 能力变量（*ability*）参照已有研究，通过其学历来刻画，当学历为硕士及以上时，该变量取 1，否则取 0。回归结果见表 3.12 列（3），可见，控制了 CEO 能力后有改革开放经历的 CEO 在 5% 的显著性水平与创新投资存在显著的正相关关系，这再次验证了本书结论。

表 3.15　　　　　　　　　　　稳健性检验二

变量	控制 CEO 过度自信	控制 CEO 能力
$CEO_{Reform\ Opening\ Experience}$	0.008 ** (2.19)	0.014 ** (2.55)
CF	0.123 *** (7.49)	0.215 *** (11.20)
ROA	−0.077 (−1.58)	−0.165 *** (−2.60)
Sale Growth	0.001 (0.21)	0.001 (0.34)
LogPPE/Emp	0.010 ** (2.37)	0.012 ** (2.10)
LogSales	0.001 (0.27)	−0.004 (−0.75)
Book Leverage	−0.009 (−0.66)	−0.001 (−0.78)
Q	0.001 ** (2.03)	0.006 *** (4.95)
Log(1 + *Age*)	0.048 (1.52)	0.071 * (1.67)

续表

变量	控制 CEO 过度自信	控制 CEO 能力
$Log(1 + Tenure)$	0.002 (0.40)	0.001 (0.01)
OC	0.009 * (1.84)	
$Ability$		0.002 * (1.77)
年固定效应	Yes	Yes
公司固定效应	Yes	Yes
R^2	0.040	0.080
$Observations$	2104	2243

3.1.4　实证结果与讨论

1978 年的改革开放是我国历史上前所未有的创举，为我国经济发展带来翻天覆地的变化，从此成长起来一批优秀的企业家及企业，那么这次创举对企业家精神的塑造及企业家行为特征是否有一定的影响？这种效应能否反映到企业最终的创新决策上？为了解决这一疑问，本书以改革开放成长起来的 CEO 为研究对象，探究这类高管对企业创新的影响。通过静态面板回归、动态 DID 分析及 2SLS 检验等方法，本章得到以下结论：（1）有改革开放经历的 CEO 将会显著促进企业的创新投资进而会提升创新产出数量及质量。（2）在劳动力市场层面，从 CEO 外部选择视角构建了 CEO 风险承担指标后发现，在 CEO 外部选择少时，CEO 将承担更大风险，这时改革开放成长起来的 CEO 更能够促进创新投资；通过构建 CEO 职业路径指数后发现，改革开放成长起来的 CEO 拥有多元化的职业路径将显著促进创新投资。（3）此外，我们还发现，在童年、青少年和成年三个阶段中，童年阶段经历改革开放的 CEO 对创新投资的促进作用更明显；相对国有企业，这种正向提升作用在民营企业中也更明显。

本书所得结论从实证层面证实了改革开放对企业家风险承担精神及创新决策的重要作用，再次从企业及企业家微观层面肯定了改革开放的作用，能够为改革再出发、创新再提升提供一定的启示。一方面，通过本书结论证实了企业家创新精神对企业创新发展的作用，因此应该不断培育企业家风险承担等行为特质，在政策上给予鼓励和支持；另一方面，重视外部环境对高管的影响，在选聘高管过程中不仅要考察其能力、专业背景等，还应关注到其早年的重要经历包括职业经历，不仅要了解其职业背景，更要重视其不同的职业路径。

本章通过实证数据证实改革开放对企业家及企业创新等微观层面的作用。首先，将印记理论拓展到个体层面，选取改革开放经历分析其对企业家个体的持续影响，这深化了印记理论的研究；其次，创新性地将改革开放与 CEO 风险承担及职业路径相结合，检验其双重调节效应，这补充了已有关于高管特质与财务决策的研究；最后，从创新投资到产出数量及质量整个创新过程来检验改革开放成长起来 CEO 的全面作用，这丰富了企业创新方面研究。总之，本研究不仅补充了改革开放方面的研究，而且为发挥企业家作用促进企业创新发展提供了政策建议。

3.2　企业家早年三年困难时期经历对企业创新决策的影响[*]

有学者认为一个人在早年的重大经历对一个人的影响最为深远，比如经历过大萧条时期的人们会对外部资本市场失去信任（Schoar，2007；Malmendier and Nagel，2011），有过军队经历，尤其经历过大型战争的人们，这些经历会影响到他们以后的生活及所做决策，导致他们喜欢冒险并

　　* 该部分成果已发表于《上海财经大学学报》2017 年第 1 期，张信东，郝盼盼. 企业创新投入的原动力：CEO 个人品质还是早年经历——基于 CEO 过度自信品质与早年饥荒经历的对比[J]. 上海财经大学学报，2017，19（1）：61 - 74.

且比较激进（Elder，1986；Elder and Clipp，1989；Elder，Gimbel and Ivie，2013）。贝克尔（Becker）也曾有如下阐述：每个人生下来也许并非白纸一张，而是带着幼儿时代有限经历的印记。这些经历将通过形成习惯、嗜好和传统来潜移默化地影响青少年和成年后的偏好和选择。那么管理者在进行企业创新决策过程中是否也受到其早年的经历影响？早年经历的影响是否还会制约到其个人品质对决策的影响？关于这些问题，目前学术界还少有涉足。而诸如之前学者们所研究过的财务经历、参军经历等，有可能存在着管理者自选择问题，很难辨别是管理者特质造就其选择这种经历，还是有了这种经历影响了管理者。比如喜欢冒险的人更可能去选择参军，或者性格比较细心严谨的人偏好财务工作，这样来研究经历对决策的影响就失去稳健性。我们将选取不受个人控制和选择，且冲击力度较大的事件来研究，而 1959～1961 年三年困难时期正属于这类事件。现有资料显示，三年困难时期粮、油和蔬菜、副食品等的极度缺乏，严重危害了人民群众的健康和生命，因此，其给经历者刻下了深深的烙印，这必然会对他们今后的生活造成深刻的影响。已有研究证实了有过三年困难时期经历的人会有很高的储蓄倾向（程令国等，2011），且不愿意选择自主经营（汪小圈等，2015），同时会选择比较保守的债务政策（赵民伟等，2015），因此经历三年困难时期的人们普遍会变现出一种谨慎、保守和厌恶风险等心理特征。同时，考虑到创新投入是一种高风险、高挑战性的活动，这样有过三年困难时期经历的管理者对这种活动的投资可能会更加谨慎，这样研究早年三年困难时期经历对管理者创新决策的影响会更有说服力。因此本章将关注管理者早年三年困难时期经历对企业创新投入的影响。

同时，过度自信是人类心理学实验中最稳定的发现（Gervais et al.，2007），且受到了极大关注。早期研究一致认为管理者过度自信会导致企业投资不足或者过度投资，破坏企业价值（Malmendier and Tate，2005a、2005b，2008）。那么，既然过度自信的管理者对企业发展如此不利，为何很多企业还会雇佣过度自信的管理者？加拉索等（Galasso et al.，2011）首次通过职业生涯关注模型来论证 CEO 过度自信对企业创新的影响，提出 CEO 过度自信有利于增加专利产出，这才解释了管理者过度自信之谜，同时也打开了研究管理者过度自信与企业创新关系的阀门。随后，学者们开始高度关注 CEO 过度自信对企业创新的作用，并得出了类似的结论（Dvaid et al.，2012；Lüdtke and Lüthje，2012；Herz et al.，2013；Chang et al.，2015）。但是目前研究大部分是通过国外发达国家数据进行验证，来自如中国这样的发展中国家的数据证据还很不足，尽管孔东民（2015）、于长宏（2015）和易靖韬（2015）等人也已经开始关注中国企业管理者过度自信对创新的影响，并分别将科研人员对"自由探索"的热爱程度、股权集中度和股价同步性、企业规模和负债异质性设为调节条件深入研究管理者过度自信品质对企业创新的影响，但已有研究大部分仅关注到管理者的个人品质，很少有文献考虑到管理者的早年经历，并结合品质和经历进行深入研究，本章将弥补这一块空白。

3.2.1　研究假设的提出

管理学领域有一种理论叫"同辈效应"（cohort effect），是指相似年龄的群体由于经历了共同的事件、相似的文化背景、社会环境、生活习惯等会表现出类似的性格和行为特征。这些特征就会导致他们在今后的投融资经济活动中也出现类似的现象，比如是否是风险偏好型、是否会过度投资等。同时贝克尔（Becker）也认为，在一个人的成长过程中，外部环境深刻影响着人们的偏好和信念形成，并影响成年后的欲望和选择。而1959~1961 年的三年困难时期给当时的经历者留下了不可磨灭的印象，其影响规模和性质严重性可谓历史罕见，贫穷和饥饿给人们的身体和心理都造成了一定的影响，严重影响了一代人的价值观和人生观。首先，长时期的贫穷和饥饿可能会导致那代人形成节俭的观念。由于在获取资源上严重困难，因此他们并不会有铺张浪费的习惯，而倾向于进行储蓄，从而也不会进行一些较激进的行为。其次，长时期物质资源的匮乏，不能满足最基本生存的要求，这些经历造成他们并不会进行风险性投资，因为高风险性投资可能带来的失败是他们认为不能承担的。然而企业创新投入就是一项高风险、高挑战性的活动，这样有过早年三年困难时期经历的 CEO 应该更加不喜欢从事这类活动。因此，我们提出假设：

H3.4：CEO 早年三年困难时期经历抑制了企业创新投入的增加。

此外，虽然每个阶段经历三年困难时期对今后的决策都有一定的影响，但是对不同阶段经历的影响是不同的。心理学家埃里克森按人类的成长阶段分为婴儿期（3～7 岁）、儿童期（7～12 岁）、青少年期（12～18 岁）和成年早期（18～25 岁）。其中，婴儿期为 3～7 岁，由于这个阶段的小孩还处于不谙世事的阶段，可能对外界的影响并不太敏感，所以对贫穷和饥饿的记忆比较模糊，三年困难时期经历对其的影响不太明显。而成年早期为 18～25 岁，这个阶段一个人已经处于世界观、人生观和价值观完全形成时期，在这个时期经历一些重大事件对他们的改变和影响已经不会太大，同时成年阶段完全有能力承受和理解外部事件的冲击。只有童年和青少年时期是儿童认识和理解世界、保存永久性记忆和性格形成的最关键阶段，这个阶段经历一些重大事件会重新塑造其性格和信念，对今后的影响最为严重。因此，我们提出假设：

H3.5：CEO 在童年和青少年时期经历三年困难时期对企业创新投入的影响最明显。

根据以上分析，我们知道 CEO 作为一个企业重要的决策者，其过度自信品质和早年三年困难时期经历都会对企业创新投入有一定影响。比如相对理性的 CEO，过度自信的 CEO 可能会倾向于类似企业创新这类风险性项目的投资；而相对没有经历过三年困难时期的 CEO，经历过三年困难时期的 CEO 在做创新决策时会比较谨慎些。然而，到底是 CEO 过度自信的品质还是早年三年困难时期经历对企业创新的影响更为明显？由于经历和性格品质本身就是互相影响、密不可分的，因此很难从理论上分辨出差异，我们以期通过实证分析得到答案，因此我们提出了两种可能的假设：

H3.6a：相对早年三年困难时期经历，CEO 过度自信品质对企业创新投入的影响更为显著。

H3.6b：相对过度自信品质，CEO 早年经历三年困难时期对企业创新投入的影响更为显著。

由于不同企业在行业特性、股权结构及公司治理约束机制上存在差异，从而也会导致管理者的品质和经历对企业创新决策的影响存在差异。

比如，相对研发强度小的企业，研发强度大的企业可能会进行更多的研发投入，拥有更多的研发机会，这样就需要决策者经常性地做出创新投资决策，这样决策者的品质和经历所造成的影响将会更加明显；而相对非国有企业，国有企业的管理者身上带有浓厚的官员色彩，并更具有权威性，且所受制约更小，因此他们的话语权和决策权更大，这样他们的性格品质和经历对企业创新决策的影响也会更加明显；相对公司治理约束机制弱的公司，约束机制强的公司由于有很好的监督和治理机制，这在一定程度上就会制约管理者的行为，导致他们的决策权受到限制，因此他们的性格品质和经历对企业决策的影响也不会太明显。根据以上分析，我们提出假设：

H3.7：相对研发强度小的企业，研发强度大的企业 CEO 过度自信和早年三年困难时期经历对企业创新投入的影响更加明显。

H3.8：相对非国有企业，国有企业的 CEO 过度自信和早年三年困难时期经历对企业创新投入的影响更加明显。

H3.9：相对约束机制强的企业，约束机制弱的企业 CEO 过度自信和早年三年困难时期经历对企业创新投入的影响更加明显。

3.2.2 样本选择、数据来源及模型设计

3.2.2.1 样本选择

本研究的创新投入变量主要通过企业研发支出额来衡量，样本主要选取在中国沪、深上市的制造业和信息技术业企业。这类企业 R&D 强度大，而且 R&D 信息披露全面。中国上市公司在 2002 年开始在年报中披露研发投入数据，因此我们的样本期为 2002～2013 年，考虑到研发投入活动存在滞后性，我们的数据都向前递延了一年。此外进行了以下的筛选和调整：（1）考虑到研发支出的持续性，剔除没有连续 3 年披露研发费用的企业；（2）剔除了公司 CEO 背景信息缺失的企业；（3）剔除财务数据异常的企业。最终得到 313 家样本的 2602 个观测值。

3.2.2.2　数据来源

由于 2007 年开始实施新会计准则才要求上市公司强制披露研发信息，因此 2007 年之前的研发数据获取存在一定难度，我们主要以"研究""开发""研发""技术""创新""科研"等为关键词手工搜索年报来获取研发数据，同时考虑到数据口径的一致性，相关数据主要通过财务报告附注"支付的其他与经营活动有关的现金流量"一栏的技术开发费、科研开发费、科研费用、研发支出、研发费用、科研试验费用等项目获得。2007 年之后的数据通过国泰安数据库中研发支出本期增加数得到，包括资本化支出和费用化支出的总和。CEO 持股情况和年龄、任期时间等数据主要通过国泰安数据库获得，数据库中缺失的通过查阅公司年报、公司官方网站以及新浪财经等新闻媒体报道得到。年报数据主要来自于巨潮资讯网，其他财务数据均来自于 CSMAR 数据库。

3.2.2.3　关键变量

1. 创新投入变量

研发支出作为企业形成无形资产的基础性开支，常被用来衡量企业创新投入。此外，国内外学者经常通过企业研发支出比营业收入和研发支出比总资产这两种方式来度量研发支出。而投资的欧拉方程都是把资本调整成本和企业成长机会当作资本存量的函数，考虑到度量累积研发支出存量存在一定的难度，因此本书选取研发支出与年初总资产存量之比来衡量企业创新投入。

2. CEO 过度自信变量

CEO 过度自信变量的度量一直是一个存在争议的问题，国内外学者并没有对此形成统一的意见。国外度量主要以马尔门迪尔和泰特（Malmendier and Tate，2005a；2005b）提出的管理者行权行为和媒体评价这两种度量方式为主。由于中国股票期权激励制度还不完善，实施股权激励的上市公司还不多，同时媒体对公司高管报道的数据不太容易获得，因此这两种方式并不适合对我国市场的研究。而国内学者主要通过企业盈利预测偏差、企业景气指数、消费者情绪指数、CEO 实施并购的频率等测算办法来度量，前三种度量方式更多考虑的是企业整体的发展情况以及消费者的态度，用此来衡量 CEO 个人特征并不合理。而 CEO 实施并购的频率不仅受个人特征的影响还受到其他因素的影响，用此来衡量过度自信也存在不妥。近期，易靖韬等人基于高管的投资决策提出了新的度量过度自信的方法，认为过度自信的管理者会进行更多的投资和并购，通过模型（3.4）所得的残差，减去行业中位值残差，大于 0 则为过度自信，否则为适度自信。本书将采用此方法来度量 CEO 的过度自信。

$$y_{i,t} = \beta_0 + \beta_1 (Sales\ Growth)_{i,t} + \varepsilon_{i,t} \tag{3.4}$$

模型（3.4）中被解释变量为总资产增长率，解释变量为营业收入增长率。

3. 早年三年困难时期经历

1959~1961 年是中国历史上的三年困难时期，如果企业 CEO 经历了这个特殊时期那么必定会对其日后行为特征造成一些影响。我们分别用样本当年年份减去当年 CEO 年龄获得出生年份，如果在 1959 年之前出生则视为经历过三年困难时期时期，三年困难时期经历变量 $EarExp0$ 取 1，否则为 0。之所以取 1959 年作为界限而非 1961 年是因为 1959~1961 年出生率很低，此外这个阶段出生的人处于不谙世事的婴幼儿基本不会有任何记忆。

2009 年美国国家经济研究局（National Bureau of Economic Research，NBER）通过 1972~2006 年的数据做了一些研究，结果表明成年之初遭遇到哪怕只是一个困难时期，就足以让人的价值观和行为发生改变。而 1959 年之前出生的人可能处于婴幼儿时期、童年时期或者成年时期经历三年困难时期，为了进一步对比分析不同阶段经历对创新投入决策的影响，我们根据发展心理学"埃里克森人生发展八阶段理论"划分了不同的成长阶段。1954~1958 年出生的 CEO 视为婴幼儿时期经历三年困难时期，变量 $EarExp1$ 取 1，否则为 0；1949~1953 年出生的 CEO 视为童年时期经历三年困难时期，变量 $EarExp2$ 取 1，否则为 0；1945~1948 年出生的 CEO 视为青少年时期经历三年困难时期，变量 $EarExp3$ 取 1，否则为 0；1940~1944 年出生的 CEO 视为成年早期经历三年困难时期，变量 $EarExp4$ 取 1，否则为 0。

4. 其他控制变量

考虑到企业的创新投入还受到企业的投资机会、盈利能力、企业规模等因素的影响，我们加入了一系列的控制变量，主要参考大卫等（David et al.，2012）的研究，控制变量主要包括内部现金流、资产收益率、销售收入、销售收入增长率、资产密集度、托宾 Q 值和资产负债率。同时，考虑到 CEO 在做创新投入决策时同样也受到年龄和任职时间的影响，因此我们也控制了任职时间和年龄。具体变量定义如表 3.16 所示。

表 3.16　　　　　　　　　　研究变量的定义

变量类型	含义	变量名	变量定义
因变量	研发投入	RD	研发费用/年初总资产
自变量 1	CEO 过度自信	OC	表示 CEO 过度自信变量在模型（3.4）所得的残差，减去行业中位值残差，大于 0 取 1，否则取 0
自变量 2	经历三年困难时期	$EarExp0$	1959 年之前出生则视为经历过三年困难时期，变量 $EarExp0$ 取 1，否则为 0
自变量 3	婴幼儿经历三年困难时期	$EarExp1$	1954～1958 年出生的 CEO 视为婴幼儿时期经历过三年困难时期，变量 $EarExp1$ 取 1，否则为 0
自变量 4	童年经历三年困难时期	$EarExp2$	1949～1953 年出生的 CEO 视为童年时期经历过三年困难时期，变量 $EarExp2$ 取 1，否则为 0
自变量 5	青少年经历三年困难时期	$EarExp3$	1945～1948 年出生的 CEO 视为青少年时期经历过三年困难时期，变量 $EarExp3$ 取 1，否则为 0
自变量 6	成年早期经历三年困难时期	$EarExp4$	1940～1944 年出生的 CEO 视为成年早期经历过三年困难时期，变量 $EarExp4$ 取 1，否则为 0
控制变量	现金流	CF	经营性现金流量净额
	净销售收入	$Sales$	营业净利润

变量类型	含义	变量名	变量定义
控制变量	销售增长率	*Sales Growth*	营业收入增长率
	资产收益率	*ROA*	净利润/资产总额
	资产负债率	*Book Leverage*	长期债务与短期债务之和/资产总额
	资产密集度	*PPE/Emp*	固定资产净额/员工数
	托宾 Q 值	*Q*	市场价值/资产重置成本
	任期	*Tenure*	CEO 在其职位任职的时间
	年龄	*Age*	公司数据年份－CEO 出生年份

3.2.2.4 研究模型的构建

为了验证 CEO 过度自信的品质和早年三年困难时期经历分别对企业创新投入的影响，在已有研究的基础之上，控制了所有可能影响企业创新投入的变量，同时考虑到企业研发投入存在滞后性，所有的解释变量都滞后了一期，主要参考大卫等（David et al.，2012）的研究，提出如下模型：

$$
\begin{aligned}
RD_{i,t} = {} & \alpha + \beta_0 OC_{i,t-1} + \beta_1 CF_{i,t-1} + \beta_2 LogSales_{i,t-1} + \\
& \beta_3 Sales\ Growth_{i,t-1} + \beta_4 ROA_{i,t-1} + \\
& \beta_5 Book\ Leverage_{i,t-1} + \beta_6 Log(PPE/Emp)_{i,t-1} + \\
& \beta_7 Q_{i,t-1} + \beta_8 Log(1+Age)_{i,t-1} + \\
& \beta_9 Log(1+Tenure)_{i,t-1} + d_t + v_i + \varepsilon_{i,t}
\end{aligned} \tag{3.5}
$$

$$
\begin{aligned}
RD_{i,t} = {} & \alpha + \beta_0 EarExp(i)_{i,t-1} + \beta_1 CF_{i,t-1} + \beta_2 LogSales_{i,t-1} + \\
& \beta_3 Sales\ Growth_{i,t-1} + \beta_4 ROA_{i,t-1} + \beta_5 Book\ Leverage_{i,t-1} + \\
& \beta_6 Log(PPE/Emp)_{i,t-1} + \beta_7 Q_{i,t-1} + \beta_8 Log(1+Age)_{i,t-1} + \\
& \beta_9 Log(1+Tenure)_{i,t-1} + d_t + v_i + \varepsilon_{i,t}
\end{aligned} \tag{3.6}
$$

模型（3.5）和模型（3.6）在控制了一系列变量的基础之上主要通过观察系数 β_0 的显著性来验证我们的假设，其中模型（3.6）中 $EarExp(i)$ 变量中的 i 分别取 0，1，2，3，4 来具体分析不同年龄段经历三年困难时期对企业创新投入的影响。

3.2.3　实证分析

3.2.3.1　描述性统计和差异分析

表 3.17 分别对 CEO 过度自信和适度自信样本、CEO 有三年困难时期经历和无三年困难时期经历样本的变量做了描述性统计。由表中显示结果可见，CEO 过度自信的企业研发投入强度均值为 0.025，高于 CEO 适度自信的企业；而 CEO 有三年困难时期经历的企业研发投入强度均值为 0.014，明显低于 CEO 无三年困难时期经历的企业，这与我们的预测相符。此外，相对于 CEO 适度自信的企业，CEO 过度自信的企业 ROA、销售收入和资产密集度要明显高些，而资产负债率要相对低些，同时任期时间也较长。这可能因为过度自信的 CEO 由于对自己公司的经营能力充分自信，因此敢于投入大量固定资产，导致资产密度偏高，而过度信赖公司盈利能力导致并不愿意进行外部债务融资，导致负债率偏低。相比 CEO 无三年困难时期经历的企业，CEO 有三年困难时期经历的企业内部现金流要高些，而资产负债率和托宾 Q 值明显偏低，同时年龄较大，任职时间也较长。这可能因为有三年困难时期经历的 CEO 由于过去经历造成决策行为相对谨慎，不愿意进行外部举债或者风险投资。

表 3.17　　　　　　　　　描述性统计

变量和统计		CEO 适度自信	CEO 过度自信	Difference（p-value）	CEO 无三年困难时期经历	CEO 有三年困难时期经历	Difference（p-value）
RD	Mean	0.013	0.025	0.004	0.023	0.014	0.000
	Variance	0.004	0.002		0.004	0.003	
CF	Mean	0.044	0.077	0.221	0.039	0.050	0.002
	Variance	0.028	0.019		0.011	0.005	
Sales	Mean	7.861	7.985	0.000	7.913	7.916	0.920
	Variance	0.380	0.453		0.413	0.422	

续表

变量和统计		CEO 适度自信	CEO 过度自信	Difference (p-value)	CEO 无三年困难时期经历	CEO 有三年困难时期经历	Difference (p-value)
Sales Growth	Mean	0.953	0.367	0.104	0.154	0.142	0.533
	Variance	0.108	0.105		0.180	0.139	
ROA	Mean	0.033	0.046	0.000	0.037	0.039	0.605
	Variance	0.013	0.004		0.011	0.006	
Book Leverage	Mean	0.422	0.478	0.003	0.449	0.435	0.055
	Variance	0.063	0.036		0.059	0.036	
PPE/Emp	Mean	5.361	5.407	0.000	5.387	5.362	0.274
	Variance	0.299	0.264		0.059	0.036	
Q	Mean	2.093	1.863	0.163	2.041	1.887	0.046
	Variance	3.851	4.650		4.794	2.614	
Age	Mean	1.037	1.637	0.124	1.101	1.652	0.000
	Variance	0.657	0.057		0.610	0.099	
Tenure	Mean	0.482	0.791	0.000	0.521	0.775	0.000
	Variance	0.171	0.057		0.162	0.074	

3.2.3.2 CEO 过度自信和早年三年困难时期经历对企业创新投入的回归结果分析

表 3.18 第 2 列和第 4 列分别是 CEO 过度自信和早年三年困难时期经历对企业创新投入的回归结果，由表可见，现金流（*CF*）、资产密度（*PPE/Emp*）、投资机会（*Q*）与创新投入都存在非常显著的正相关关系，这说明内部现金流是企业创新投入的主要融资渠道，增加投资机会和内部的固定资产密度有利于提升企业创新投入。而销售收入和资产负债率与创新投入存在着显著的负相关关系。这与布朗等（Brown et al.）的研究基本一致，这是因为企业的销售收入高导致企业更侧重于对已有产品的短期销售而忽略了产品的长期投资。负债本身并不适合企业创新融资，而且可能与研发投入存在负相关关系，这是因为负债融资需要提供担保物，这对创

新这种无形资产投资方式显然不适合。对于我们重点关注的两个自变量，可见 CEO 过度自信变量与企业创新投入在 1% 的显著水平下存在显著的正相关关系，系数为 0.005，这说明 CEO 过度自信可以平均增加 0.50% 的创新投入。此外三年困难时期经历与创新投入在 1% 的显著性水平下存在显著的负相关关系，系数为 -0.010，这说明 CEO 三年困难时期经历会造成企业创新投入减少 1%，这就验证了假设 H3.4。

表 3.18　CEO 过度自信和三年困难时期经历对企业创新投入的回归结果

变量	(1)	变量	(2)
OC	0.005 ** (2.47)	$EarExp0$	-0.010 *** (-4.13)
CF	0.107 *** (11.45)	CF	0.131 *** (13.69)
ROA	-0.048 (-1.37)	ROA	0.003 (0.19)
$Sale\ Growth$	0.001 (0.44)	$Sale\ Growth$	-0.001 (-0.04)
$LogPPE/Emp$	0.008 *** (3.41)	$LogPPE/Emp$	0.001 (0.83)
$LogSales$	-0.001 *** (-3.91)	$LogSales$	-0.028 *** (-3.68)
$Book\ Leverage$	-0.024 *** (-3.45)	$Book\ Leverage$	-0.014 ** (-2.38)
Q	0.001 ** (2.49)	Q	0.001 (1.40)
$Log(1+Age)$	0.004 (0.75)	$Log(1+Age)$	0.009 * (1.87)
$Log(1+Tenure)$	-0.002 (-0.47)	$Log(1+Tenure)$	-0.006 (-1.26)
R^2	0.094	R^2	0.106
$Observations$	1906	$Observations$	2187

3.2.3.3 CEO 不同阶段经历三年困难时期的影响差异分析

在一个人的性格形成时期，由于世界观、价值观和人生观形成的时间存在差异，因此不同年龄阶段经历大事件对今后的决策影响程度可能也存在差异。所以我们将 CEO 经历三年困难时期的时间分为四个阶段，分别为婴幼儿时期、童年时期、青少年时期和成年早期，来检验不同阶段影响的差异。表 3.19 为回归结果，由表可见，同样在 5% 的显著性水平下，童年时期和青少年时期的影响系数要显著大于婴幼儿和成年早期，同时，童年时期的影响系数为 −0.011，这要高于青少年时期，因此，CEO 在童年时期和青少年时期经历过三年困难时期对今后的决策影响会更加明显，能更加明显抑制今后企业的创新投入，这与我们的假设 H3.5 相符。

表 3.19   CEO 不同年龄阶段经历三年困难时期对企业创新投入的影响结果

变量	婴幼儿时期	童年时期	青少年时期	成年早期
$EarExp1$	−0.006 ** (−1.99)			
$EarExp2$		−0.011 ** (−2.54)		
$EarExp3$			−0.008 ** (−2.04)	
$EarExp4$				−0.003 ** (−2.03)
CF	0.122 *** (12.54)	0.123 *** (12.65)	0.123 *** (12.67)	0.124 *** (12.68)
ROA	−0.001 (−0.03)	0.001 (0.08)	−0.001 (−0.06)	−0.001 (−0.03)
$Sale\ Growth$	0.001 (0.18)	0.001 (0.17)	0.001 (0.21)	0.001 (0.21)
$LogPPE/Emp$	0.006 ** (2.57)	0.006 *** (2.59)	0.006 *** (2.70)	0.006 *** (2.74)

续表

变量	婴幼儿时期	童年时期	青少年时期	成年早期
LogSales	− 0. 026 *** （− 3. 42）	− 0. 024 *** （− 3. 44）	− 0. 016 *** （− 3. 09）	− 0. 023 *** （− 3. 21）
Book Leverage	− 0. 015 ** （− 2. 41）	− 0. 013 ** （− 2. 14）	− 0. 015 ** （− 2. 45）	− 0. 014 ** （− 2. 34）
Q	0. 001 * （1. 79）	0. 001 * （1. 78）	0. 003 * （1. 71）	0. 002 * （1. 78）
Log(1 + *Age*)	0. 002 （0. 15）	0. 004 （0. 32）	0. 002 （0. 17）	0. 001 （0. 02）
Log(1 + *Tenure*)	− 0. 006 （− 1. 17）	− 0. 006 （− 1. 14）	− 0. 006 （− 1. 22）	− 0. 006 （− 1. 22）
R^2	0. 088	0. 087	0. 087	0. 086
Observations	2117	2114	2116	2116

3. 2. 3. 4　企业异质性检验结果

我们考虑到不同企业的股权结构、行业特点和公司治理约束机制都存在差异，这样就会导致 CEO 过度自信品质和早年三年困难时期经历对不同企业创新投入的影响存在差异，因此我们将企业进行了分类，研发强度根据企业研发投入费用占总资产的比例度量，研发强度前 1/3 为研发强度大企业，后 1/3 为研发强度小企业；股权结构根据企业实际控制人性质分为国有企业和非国有企业；公司治理约束机制根据第一大股东持股比例度量，当第一大股东持股比例大于 34% ，则大股东处于相对控制地位，那么该企业为约束机制强企业，否则为约束机制弱企业。我们分别考察研发强度不同、股权性质不同和约束机制不同企业的不同影响，具体回归结果如表 3. 20 所示。可见，相对研发强度小的企业，研发强度大的企业的 CEO 过度自信和早年三年困难时期经历对企业研发投入的影响都比较显著；相对公司治理约束机制强的企业，约束机制弱的企业的 CEO 过度自信和早年三年困难时期经历对企业研发投入的影响比较显著；而相对非国有企业，国有企业的 CEO 过度自信和早年三年困难时期经历对企业研发投入的影响都比较显著，因此验证了我们的假设 H3. 7、H3. 8 和 H3. 9。

表 3.20

企业异质性检验

变量	研发强度大样本	研发强度小样本	Difference (p-value)	约束机制强样本	约束机制弱样本	Difference (p-value)	国企样本	非国企样本	Difference (p-value)
EarExp0	-0.021*** (-3.17)	-0.001* (-1.95)	0.010	-0.004** (-2.28)	-0.020*** (-3.64)	0.066	-0.013*** (-3.11)	-0.006** (-2.00)	0.027
OC	0.008** (2.88)	-0.001 (-0.04)	0.017	0.002 (0.55)	0.008** (2.74)	0.045	0.005** (2.04)	-0.002 (-0.82)	0.055
CF	0.238*** (7.11)	0.001 (0.54)		0.032* (2.58)	0.167*** (8.04)		0.153*** (10.30)	0.151*** (9.28)	
ROA	-0.094 (-1.27)	-0.010*** (-0.76)		0.041 (0.72)	-0.136* (-1.71)		-0.127** (-2.25)	-0.140** (-2.30)	
Sale Growth	0.001 (0.26)	-0.001 (-0.72)		-0.001 (-0.07)	0.001 (0.13)		-0.001 (-0.60)	-0.004 (-0.98)	
Log PPE/Emp	0.012 (1.04)	-0.005* (-1.92)		0.008** (2.35)	-0.001 (-0.19)		0.001 (0.26)	0.005 (1.09)	
LogSales	-0.008 (-1.02)	0.001*** (3.02)		0.001 (0.28)	0.010* (1.95)		0.006 (1.48)	0.011*** (2.93)	
BL	-0.013*** (-3.44)	-0.02** (-2.18)		-0.009 (-0.82)	-0.061 (-4.40)		-0.052*** (-4.98)	-0.058*** (-4.78)	
Q	0.002 (0.910)	0.001 (1.67)		0.002** (2.56)	0.003* (1.66)		0.002* (1.76)	0.003* (1.79)	
Log(1+Age)	-0.004 (-0.13)	0.001 (0.38)		0.009 (1.19)	0.016 (1.38)		0.016 (1.58)	0.007 (1.10)	

续表

变量	研发强度大样本	研发强度小样本	Difference (p-value)	约束机制强样本	约束机制弱样本	Difference (p-value)	国企样本	非国企样本	Difference (p-value)
Log (1 + Tenure)	0.001 (0.03) 0.017 (0.62)	-0.001 (-0.18) 0.001 (0.32)		-0.006 (-0.83) -0.003 (-0.38)	-0.012 (-1.01) -0.003 (-0.26)		-0.007 (-0.88) 0.001 (0.02)	-0.003 (-0.53) 0.008 (0.84)	
R^2	0.176 0.146	0.011 0.016		0.043 0.046	0.177 0.198		0.159 0.037	0.027 0.163	
Observations	449 331	1622 1575		714 678	640 593		950 1036	1047 872	

3.2.3.5 基于 CEO 变更事件的 DID 模型分析

前面基于面板回归整体分析了 CEO 过度自信和早年三年困难时期经历对企业创新投入的影响，然而这种静态分析很难将管理者固定效应和企业的固定效应区分开来，难以有效辨别企业创新投入的增加到底是由于管理者的心理偏差造成的还是企业本身造成的，为了解决这种内生性问题，我们根据 CEO 变更事件，考察同一家公司在由理性 CEO 变更为过度自信 CEO 或者由无三年困难时期经历的 CEO 变为有三年困难时期经历的 CEO 之后公司创新投入的变化情况，因此我们借鉴双重差分模型（difference-in-Difference）的思想，建立了基于 CEO 变更事件的模型：

$$RD_{i,t} = \alpha + \beta_1 OC_{i,t-1} + \beta_2 After_{i,t-1} + \beta_3 OC_{i,t-1} \times$$
$$After_{i,t-1} + \beta_4 X_{i,t-1} + \varepsilon_{i,t-1} \tag{3.7}$$

$$RD_{i,t} = \alpha + \beta_1 EarExp_{i,t-1} + \beta_2 After_{i,t-1} + \beta_3 EarExp_{i,t-1} \times$$
$$After_{i,t-1} + \beta_4 X_{i,t-1} + \varepsilon_{i,t-1} \tag{3.8}$$

模型中 $RD_{i,t}$ 表示企业 i 在 t 年的研发投入额，$OC_{i,t-1}$ 和 $EarExp_{i,t-1}$ 为虚拟变量，对于处理组来说，即一个企业 CEO 由理性变为过度自信，则 $OC_{i,t-1}$ 取 1，一个企业 CEO 由无三年困难时期经历变为有三年困难时期经历，则 $EarExp_{i,t-1}$ 取 1；对于控制组来说，即一个企业 CEO 变更前后都为理性 CEO，则 $OC_{i,t-1}$ 取 0，一个企业 CEO 变更前后都为无三年困难时期经历者，则 $EarExp_{i,t-1}$ 取 0。$After_{i,t-1}$ 表示企业的 CEO 在 $t-1$ 年时发生变更，则取 1，否则取 0。$X_{i,t-1}$ 表示模型（3.4）和模型（3.5）中所有的控制变量。模型（3.7）和模型（3.8）中的交叉项系数 β_3 是我们要关注的主要系数，它分别表示了过度自信 CEO 相对理性 CEO 对企业研发投入的净影响，或者有过三年困难时期经历的 CEO 相对没有三年困难时期经历的 CEO 对企业研发投入的净影响。另外，我们选择 CEO 变更前后三年为研究窗口期，考虑到企业研发投入存在滞后性，CEO 变更后时间太短的话，CEO 的决策难以有效体现出来，变更后时间太长的话受到外界影响可能增加。根据我们所提出的假设，我们预计模型（3.7）中的 β_3 显著为正，而模型（3.8）中的 β_3 显著为负。结果如表 3.21 所示，对于模型（3.7）中 OC 与 $After$ 的交叉项系数显著为正，这说明企业的 CEO 由理性 CEO 变更为过度自信的 CEO 会导致企业研发投入存在大约 0.004 的净增加；对于模型（3.8）中 *EarExp* 与 *After* 的交叉项系数显著为负，这说明企业的 CEO 由无三年困难时期经历者变更为有三年困难时期经历者会导致企业的研发投入存在大约 0.005 的净减少，因此，这就从动态角度再次验证了我们的假设。

表 3.21　　　　　CEO 过度自信和早年三年困难时期经历对企业

创新投入的 DID 分析结果

变量	模型（3.7）	模型（3.8）
After × OC	0.004 *** (3.01)	
After × EarExp		−0.005 *** (−3.87)
After	−0.005 * (−1.95)	−0.007 *** (−3.05)
OC	0.003 * (1.85)	
EarExp		−0.005 ** (−2.07)
CF	0.101 *** (10.17)	0.099 *** (10.34)
ROA	−0.058 * (−1.70)	−0.070 ** (−2.05)
Sale Growth	0.002 (0.28)	0.001 (0.26)
LogPPE/Emp	0.004 * (1.75)	0.006 *** (2.65)
LogSales	0.001 (0.40)	0.002 (1.03)
Book Leverage	−0.015 ** (−2.15)	−0.035 *** (−5.01)
Q	0.002 ** (2.05)	0.001 ** (2.13)

变量	模型（3.7）	模型（3.8）
$\text{Log}(1+Age)$	0.009 * (1.72)	0.010 * (1.81)
$\text{Log}(1+Tenure)$	-0.002 * (-1.78)	-0.013 ** (-2.34)
R^2	0.168	0.086
Observations	1906	2025

3.2.3.6 品质抑或经历，孰重孰轻

由以上分析可知，CEO 过度自信会促进企业创新投入，而早年经历三年困难时期又会抑制企业创新投入，那么到底是个人品质还是个人经历对企业创新影响更加明显？通过以上静态面板回归分析可知 CEO 过度自信的影响系数为 0.005，而早年三年困难时期经历的影响系数则为 -0.01，动态 DID 模型结果表明 CEO 过度自信对企业创新投入造成 0.004 的净增加，而 CEO 早年经历导致企业创新投入有大约 0.005 的净减少，因此这说明早年经历三年困难时期对企业创新的负向作用要大于过度自信品质对企业创新的正向作用。

此外，我们将所有样本进行分类，在所有样本中我们提取出所有的 CEO 过度自信样本，分析这些企业中 CEO 经历三年困难时期的影响力，表 3.22 为检验结果，可见过度自信样本中三年困难时期经历对创新投入的影响在 5% 的显著性水平下显著，影响系数为 -0.015。同时，我们也提取出了 CEO 经历过三年困难时期的样本，表 3.22 结果显示，这些样本中，CEO 过度自信对企业创新的影响并不明显。这就说明 CEO 的三年困难时期经历对企业创新投入的影响要明显大于其过度自信品质的影响，而且三年困难时期经历会制约着 CEO 过度自信品质对企业创新投入的促进作用。所以相对个人品质而言，个人经历对今后的决策影响更加显著，这就验证了我们的假设 H3.6b。

表 3.22　　CEO 过度自信和三年困难时期经历对企业创新投入的影响对比

变量	过度自信样本	经历三年困难时期样本
$EarExp0$	−0.015 ** (−2.38)	
OC		0.001 (0.38)
CF	0.124 *** (3.09)	0.075 *** (5.09)
ROA	−0.015 (−1.58)	−0.007 * (−1.76)
$Sale\ Growth$	0.001 (0.85)	−0.001 (−0.44)
$LogPPE/Emp$	0.007 ** (2.39)	0.006 ** (2.08)
$LogSales$	0.004 (1.49)	0.004 (1.34)
$Book\ Leverage$	−0.013 * (−1.90)	0.003 (0.46)
Q	0.002 (1.44)	0.001 * (1.81)
$Log(1+Age)$	0.010 (1.60)	−0.015 (−0.57)
$Log(1+Tenure)$	−0.002 * (−1.96)	−0.005 (−0.82)
R^2	0.129	0.075
$Observations$	976	557

3.2.3.7　稳健性检验

1. 变量的替换

过度自信变量的度量在国内外研究中一直存在争议，能合理客观地度量过度自信是做此方面研究的关键，为了保证我们研究的稳健性，我们分别通过 CEO 持股情况及个人特征来重新度量过度自信。首先参照郝颖等人的方法，通过 CEO 持有本公司股票数量是否变化来衡量管理者过度自信。将持股增加且增加原因为非红股和业绩股的高管人员视为过度自信；将持股数量不变或者减少的高管人员视为适度自信。其次通过手工收集 CEO 的年龄和任职时间等个人特征，将 CEO 年龄和任职时间作为 CEO 过度自信的代理变量。CEO 年龄小于每年年龄中位值则属于过度自信，CEO 过度自信变量取 1，否则为 0；CEO 任职时间小于每年任职时间中位值则属于过度自信，CEO 过度自信变量取 1，否则为 0。在其他的变量保持不变情况下，通过这两种度量方法来衡量过度自信变量，对以上假设重新检验，发现结果类似。（限于篇幅回归结果未列示）。

2. 安慰剂检验（placebo test）

我们怀疑经历三年困难时期对企业创新投入的影响具有随机性，即不仅仅 CEO 经历 1959~1961 年对创新有影响，经历那个年代任何一个阶段都会造成创新投入的减少。因此，为了排除这种怀疑，我们进行了安慰剂检验，我们将三年自然灾害发生之前的三年（1956~1958 年）设为伪饥荒年，而这三年对当时的中国来说可谓是风起云涌的三年，三大改造完成后，中国进入全面建设社会主义的历史阶段，国内形势一片大好。理论上经历这个时期的 CEO 对今后的创新投入决策并不会有负面的影响，如果存在显著的负影响，那就说明我们验证的早年三年困难时期经历的负面效应存在随机性。安慰剂检验结果表明经历 1956~1958 年的伪饥荒年对企业创新投入并不存在显著的负影响，这就进一步验证了早年经历三年困难时期对企业创新投入的影响。

3. 是否受离职时间的影响

考虑到距离离职的时间可能会影响到 CEO 进行重大决策的态度，尤其对创新决策而言更为明显。企业创新投入具有长期性和高风险性等特点，创新投入短期内并不能获得收益，鉴于存在重视短期效益的可能性，所以，距离离职时间的长短可能也会影响 CEO 做出合理的创新决策。一方面，如果过度自信的 CEO 不受离职时间的影响，即使在将近离休的阶段还是会加大创新投入，那么就进一步证明的确是 CEO 过度自信品质导致企业创新投入的增加。另一方面，考虑到经历过三年困难时期年代的

CEO 大部分为一些年长的 CEO，他们距离离职的时间比较近，那么可能是这个原因导致他们减少了创新投入，而不是因为经历所引起的。为了解决这两方面的质疑，我们在模型（3.5）和模型（3.6）的基础上又控制了 CEO 距离离职的时间，即样本期内 CEO 所任职年份距离下一届 CEO 上任的时间。结果表明，控制了距离离职的时间之后，CEO 过度自信还是会促进企业创新投入，经历三年困难时期也会抑制企业创新投入，这进一步验证了我们的假设。

4. 是否两职合一

如果一个 CEO 在一个企业中拥有越多的决策权，那么 CEO 个人品质或个人经历对企业创新决策的影响将更加显著，为了保证我们的结果更加具有说服力，我们将样本进一步分为 CEO 决策权大和决策权小的样本。如果 CEO 同时兼任董事长为两职合一则为决策权大样本，否则为决策权小样本。结果表明，CEO 决策权大的样本中，CEO 过度自信和三年困难时期经历对企业创新投入的影响更加明显，这进一步验证了我们的假设。

3.2.4　实证结果与讨论

本书从管理者非理性和心理学角度出发来解释企业的创新投入问题，以中国 A 股上市的信息技术业和制造业为研究样本，通过对创新模型进行面板回归发现：（1）CEO 过度自信有利于促进企业创新投入，而三年困难时期经历降低了企业的创新投入，并且这种影响力在研发强度高的企业更加明显。（2）与 CEO 过度自信相比，CEO 经历三年困难时期对企业创新投入的影响更加显著，并且会制约着 CEO 过度自信对创新的影响，尤其在童年和青少年时期经历三年困难时期会更加明显。这就说明个人经历对未来决策的影响比个人品质更加重要，这是一个非常有趣的发现。在一个人的成长阶段，尤其在性格和信念形成的童年和青少年阶段，外部重大事件的发生对今后的影响十分严重。尽管经历和性格的形成密不可分，但是即使对于过度乐观、过度自信的 CEO 来说早年的饥饿和贫穷经历也会使其本来较激进的行为转为较保守的行为。因此，企业在选聘高管过程中不仅要重视其能力，更要进一步了解其性格及重大经历，这才能更好地识别高管给企业未来发展所带来的风险及益处，从而发挥其最大优势促进企业创新。

3.3　企业家早年灾难经历强度对企业创新决策的影响

　　企业家的决策行为受到其早年重要经历的影响。这些经历会通过形成习惯、嗜好和传统来潜移默化地影响其偏好和选择。苹果公司企业家库克曾提到："据我所知，任何取得重大成就的人，在他的一生中都会经历苦难、挫折和悔恨。"① 例如，曾荣膺华人首富并且蝉联亚洲首富的著名企业家李嘉诚，人们了解到的往往只是他所创造的商界神话，但是其屡遭挫折的少时经历却鲜为人知，战乱频发的童年带给他的只有贫穷和饥饿，其父亲又因染肺病而不幸辞世，雪上加霜的打击并没有使其向生活低头，他靠着超群的智慧还有惊人的毅力最终建成属于自己的罗马城。无独有偶，中国治沙企业家王文彪的人生经历也是如此，饥饿和沙尘暴构成了他的童年标签，恶劣的生存环境以及每天填不饱肚子的窘迫促使其想要改变现状，这个曾经的自然灾害遭受者凭借着数十年的努力和对自然环境的科学治理，最终成为了如今的联合国环境规划署颁发的地球卫士奖"终身成就奖"获得者。可见，这绝非个别现象，正如库克所言，大部分企业家都有过类似的苦难经历，这类非人为控制且冲击力较大的经历对其影响更明显。那么不同强度的灾难经历又将如何影响以及通过何种渠道影响其今后的决策呢？考虑到创新决策的高风险性和高挑战性特性，本部分将探究有过不同强度苦难经历的企业家在创新决策中会越挫越勇还是会越挫越退缩。

　　本部分以企业家为研究对象，旨在分析企业家早年灾难经历强度如何影响企业创新投入，并剖析其中间影响渠道，进而探究其是否通过企业创新投入影响其创新产出及产出特性，且考虑外在因素对其的调节作用。研

---

　　①　资料来源于新浪财经。

究价值在于：

理论上，本书深化到经历的强度，关注其非单调关系，且探究其影响渠道，这拓展了管理者特质与财务决策方面的研究；本书从管理者早年灾难经历强度这一新视角出发，通过心理学理论探究对其风险偏好的影响，进而分析对企业创新投入决策的影响，这丰富了企业创新理论。

实践上，对企业创新决策而言，从管理者的早年灾难经历强度这一新视角来解释企业创新，有助于认可企业家在创新中的关键地位，制定科学、客观、合理的创新投资决策，从而提高企业创新投资效率。

对企业选聘高管而言，在选聘高管时，企业不仅要关注其能力、学历、教育背景等还要考察其早年重要经历，这有助于企业客观评析备选高管对其创新的作用。

对灾难事件本身而言，不同于已有从历史或政治学角度的研究，本书从心理学、管理学角度探析了其影响，这对重新审视灾难性事件的社会影响具有重要的现实指导意义。

3.3.1　企业家早年灾害经历强度影响企业创新决策的经验证据

3.3.1.1　研究假设的提出

1. 灾难经历对微观个体的影响

行为心理学方面研究认为，外部环境将会影响个体的偏好和信念，进而影响到其成年后的选择和决策（Becker，1992）。而外部不良事件的冲击力影响更为明显，已有神经科学和表观遗传学研究表明，不良经历在一定程度上将通过大脑的永久生理和生物变化影响随后的行为（Lyoo et al.，2011）。自然灾难事件无论对宏观经济还是微观个体都具有重要影响，考虑到自然灾害的减值性和风险性（邓金钱和何爱平，2017），自然灾害对微观个体行为影响的研究已成为管理学和心理学交叉研究的热点问题，但目前并未形成统一的观点。

一方面，由于自然灾害的严重破坏性导致个体对未来不确定性的感知逐渐加强，更容易形成规避风险的心理状态。已有文献分别探究加利福尼亚州洛马普列塔地震和 2008 年四川汶川地震对幸存者的心理损伤，发现自然灾害导致幸存者形成偏好储蓄、厌恶消费等较保守的行为反应（Nolen et al.，1991；Kun et al.，2013）。此外，考虑到未来可能存在重大损失，为了保证未来生活质量的持续，个体也会形成"预防性"动机，进而减少高风险性活动（姚东旻和许艺煊，2018）。

另一方面，存在相反的观点，也有研究认为自然灾害事件导致微观个体认为自己处于危险的环境中，他们已经"没有什么是能够再失去的"（Harris et al.，2013；Hill et al.，1997），因此他们更倾向于一些较激进的行为。例如，哈纳欧卡等（Hanaoka et al.，2015）通过分析日本东部大地震对个体行为的影响后发现，地震强度越高，男性亲历者越会进行赌博和酗酒。菲利普斯基等（Filipski et al.，2015）以四川地震为研究对象，研究发现接近震中的农村家庭减少了当期储蓄行为，增加了酒和香烟等消费活动。可见，早年的灾害事件反而提高了微观个体的风险偏好。

综上所述，灾难事件对微观个体的影响并未形成一致的结论。医学方面文献表明，除了是否接受治疗，其剂量的强度也会影响治疗结果（Yerkes et al.，1908）。心理学相关文献认为，激励（压力）和表现之间存在非单调关系，表现会随着激励（压力）的增加而提高，但是当激励（压力）太高时，表现就会降低（Kleim et al.，2009）。因此，灾难事件的影响可能是非线性的，灾难经历的强度将会导致灾难事件对个体行为的不同影响效应。

2. 有灾难经历企业家对创新决策的影响

熊彼特认为，企业的创新依赖于企业家的"创造性破坏"活动。该理论里程碑式地赋予企业家崭新的定义，并肯定了企业家在创新活动中的核心地位。那么企业家在企业创新活动中如何发挥作用？以有限理性为前提的高层梯队理论（Hambrick and Mason，1984）把企业家的特质纳入研究框架，该理论认为他们的特质会影响其战略选择进而影响企业的行为决策。而高管是企业创新决策的核心制定者和执行者，因此高管的行为决策对创新活动是否成功至关重要。

灾难经历可以影响个体的行为决策，拥有灾难经历的管理者会进而影响到企业的财务决策。已有研究表明灾难经历不仅影响个体融资选择且影响到企业的短期融资决策，导致企业更加倾向于较保守的融资策略（Ramirez and Altay，2011；Dessaint and Matray，2017）。布乔尔和扎里（Bucciol and Zarri，2013）通过实证分析得出，自然灾难经历对公司的投资组合选择具有长期持久的影响。伯尼等（Bernile et al.，2017）通过细分灾难经历的类别后发现，拥有未造成负面影响的灾难经历的高管所在公司倾向于债务融资、并购活动等激进行为；而拥有造成重大负面影响的灾难经历的高管所在公司会规避债务融资、企业并购等高风险活动。因此，灾难发生的强度会对高管的财务决策造成不同的影响。

反观企业创新活动，不同于一般生产活动，企业创新是一项高风险、高投入、时期长的活动。创新活动的高风险和不确定性导致其决策者应拥有对失败的高度容忍力。一方面，拥有低强度灾难经历的高管，由于灾难对其的心理创伤影响并不大，且这类高管往往会增加应对风险的经验，增强其风险性投资的自信心，从而会提高创新投资；另一方面，高强度的灾难经历会对亲历高管身体或心理造成双重伤害，这类高管往往担心不确定性事件的发生，且会为了规避未来风险不断提高自身的"预防"动机，这样会减少类似创新等高风险活动。

基于此，本书提出假设：

H3.10：拥有低强度灾难经历的企业家会提高企业创新投入；拥有高强度灾难经历的企业家会降低企业创新投入。

3. 风险承担影响机制研究

根据高层梯队理论，高管作为高层管理团队的核心，其对风险偏好的心理认知和思维方式将直接作用于公司战略选择和风险决策。尤其对于高风险性的企业创新活动而言，高管的风险承担意愿对企业创新决策将至关重要。已有研究表明，高管早年的重要经历会影响其风险承担意愿（Efraim et al.，2015；Bernile et al.，2017；Islam et al.，2020）。从行为心理学视角出发，高管早年经历过自然灾害，身心俱受折磨，这些磨难的记忆可能会长期保存在他们的意识，并对他们成年后的行为产生深远的影响。一方面，自然灾害尤其高伤亡人数、波及范围广、持续时间长的高强度灾难可能促使高管久而久之形成胆怯不前的性格特征，且会对高风险项目过于敏感，往往会放大冒险失败的负面后果，对风险产生抵触心理，降低了个人风险承担意愿，进而抑制企业创新投入。另一方面，未造成严重负面后果的自然灾害经历反而会提高管理者的风险承担能力（Bernile et al.，2017）。这是因为早年低强度的灾难经历并不会对高管心理造成严重的负面影响，反而会增加高管应对风险的经验和信心，良好的心理素质和应对风险技能促使他们更敢于承担风险，从而大胆制定可行的创新决策，提高企业的创新投入。基于此，本书提出假设：

H3.11：拥有低强度灾难经历的企业家通过提高其风险承担意愿进而提升创新投入；拥有高强度灾难经历的企业家通过降低其风险承担意愿进而抑制创新投入。

4. 调节机制研究

若上述假设成立，基于以上理论分析，进一步探索其调节机制。本书研究的核心在于高管早年灾难经历强度对企业创新投入的影响，灾难强度的强弱之分势必带来不同的影响，那么距离经历灾难的时间间隔是否会影响二者之间的关系？另外，自然灾害作为自然界不可控因素，带给社会的影响广泛且持久，有过灾难经历的人对此段遭遇往往感受相似，如此从高管个体层面出发，考察高管个体因素对二者之间关系的作用，一个人的家庭和谐与否往往可以在个体状态上找到答案，"亲人不睦家必败"，作为企业高管，家庭因素对其的影响是否会在灾难经历基础上波及对企业创新投入的影响？同时从公司层面考虑，在两权分离的现代企业制度下，我国上市公司"一股独大"的现象尤为明显。在此背景下，高管的决策权在实际工作中就会受限，因此，公司治理机制成为考察企业创新决策中不得不考虑的因素。综上，本书将从高管经历灾害时间间距、家庭灾难以及公司治理三种机制检验其对高管早年灾难经历强度对企业创新决策的调节作用。

（1）灾难时间间距。

如果早年灾难经历会潜移默化地影响高管风险偏好选择进而制约企业创新决策，那么距离灾难发生的时间间隔也会造成不同影响吗？灾害心理学认为灾害心理是一种普遍存在的心理现象，受灾者会通过大脑对客观事件的感知形成对突发事件的记忆，由此产生强烈的负面情绪，并在很长一段时间内难以消除。但是，俗话说，时间是解决问题的良药。心理学中衰退理论认为，人们在大脑中的记忆会随着时间的推移而逐渐衰退。维林格等（Willinger et al.，2013）分析泥石流灾难对灾民的影响，结果表明灾后灾民的偏好将随时间的推移而发生变化。因此，距离灾难发生的时间间隔不同，灾难经历对个体的影响效应也不同。对企业高管而言，相对灾难间隔较长时间段，在灾难发生后的近几年内灾难经历对其风险承担意愿进而对创新决策的影响会更为明显。因此，本书提出假设：

H3.12：灾难时间间距在企业家灾难经历强度对企业创新决策影响中起到调节作用。

（2）家庭灾难。

自然灾害事件作为一种不可逆的外生宏观事件将对发生地的亲历者均造成类似的影响，与自然灾害事件不同，家庭灾难事件具有异质性，并不是所有人都会经历家庭灾难。以高管婚姻状态为例，如果高管的婚姻状态出现问题则意味着其个人生活状态不稳定，这将会影响其对风险承担的态度。已有研究表明，对稳定的生物学婚姻生活的规范承诺是在家庭成员中灌输和培养社会价值观、偏好和行为的有力保障（Hegde et al.，2019）。高管婚变事件将导致其财富减少，从而降低其风险承受力（Neyland，2011）。同时，高管是企业形象的重要缩影，其一言一行无不影响着外界对企业的印象。徐莉萍等（2015）以发生高管婚变的 13 家上市公司为研究对象进行研究，发现高管婚变直接降低了公司的股权集中度、公司盈利能力，引起市场对高管婚变的短期负面效应。可见，高管离婚事件本身不仅对高管心理造成重大创伤且增加了企业的风险。因此，当拥有灾难经历的高管再次遭受家庭灾难时，双重叠加效应会导致对其风险承担态度的影响更显著，从而对创新决策的影响更明显。基于此，本书提出假设：

H3.13：家庭灾难的发生会加剧企业家早年灾难经历强度对企业创新决策的影响。

（3）公司治理。

公司治理机制的建立能够很好解决控制权和所有权两权分离引起的代

理问题，从而起到监督和激励作用。已有研究表明，公司治理将会制约经理人的行为。当股权高度集中时，因为受到大股东的监督和约束较强，这会在一定程度上限制总经理的自由裁量权，因此，约束机制较强的公司治理体系下，高管的个人特质对企业决策的影响力就十分有限（Cronqvist et al.，2012）。姜付秀等（2013）通过第一大股东持股比例来衡量公司治理情况后发现，只有当大股东持股比例较低时，有财务经历高管才对企业资本结构决策产生显著影响，且对企业创新决策影响明显，龙子午等（2020）研究发现，当股权高度集中时，股东出于规避风险会考虑高管的创新决策。因此，基于以上分析，本书提出假设：

H3.14：公司治理约束机制在企业家早年灾难经历强度对企业创新决策的影响中起调节作用。

3.3.1.2 样本选择、数据来源及模型设计

1. 样本选择

考虑到信息技术业和制造业在研发创新活动中具有行业代表性，且研发信息和数据易获得，本书以 2001～2017 年在沪、深 A 股上市且研发创新具有代表性的信息技术业和制造业企业为研究样本。同时，为了保证研究数据的客观性，进行了以下处理方式：（1）为了保证研发支出的持续性，本书剔除了未连续 3 年披露研发费用的企业；（2）剔除高管出生地、早年灾难经历等背景资料缺失或异常的企业；（3）剔除财务数据异常的企业。最后，经过 Winsorize 处理之后，得到 189 家样本的 1407 个有早年灾难经历的高管观测值。

2. 数据来源

本书所涉及研发投入数据主要通过手工搜索年报、查询 CSMAR 数据库来获得。由于 2007 年开始强制要求企业披露研发数据，2007 年之后的研发数据均来自国泰安数据库的研发支出本期增加数项目，包括资本化支出和费用化支出的总和。但是 2007 年之前的研发数据主要通过手工搜索公司年报，采用输入"研发""创新""研究""开发"等关键词获得，为了使数据口径统一，均选取财务报告附注"支付的其他与经营活动有关

的现金流量"一栏的研发费用、研发支出、科研开发费、技术开发费等项目。

自然灾害数据通过手工搜索《中国民政统计年鉴》、中国地震台网、中国天气台风网等官方网页整理后获得。高管简历信息通过 Wind 资讯金融终端、新浪财经等媒体报道获得。其他财务数据均来自 CSMAR 数据库，本书所使用的数据处理软件为 Stata 15.0。

3. 变量定义

（1）企业创新投入（RD）。企业创新投入通过研发强度来刻画，已有研究通常用研发支出占比总资产或营业收入来度量创新投入，而投资的欧拉方程将企业成长机会和资本调整成本视为资本存量的函数。本书通过研发支出比年初总资产存量来度量。

（2）高管早年灾难经历强度（EarExp）。该变量设为虚拟变量，根据高管所经历的灾难事件严重程度分类。这类事件包括 1959～1961 年三年困难时期、地震、洪涝及台风等。其中，对于在三年困难时期，当高管出生地为安徽、四川和贵州时，则认为高管该灾难经历强度较大，这是因为曹树基（2005）认为这些地区所受三年困难时期冲击最严重。此外，对于地震、海啸、洪涝及台风灾难事件，参考伯尼等（Bernile et al.，2017）的研究，当该事件造成高管出生地的平均死亡率位于前 10% 时，则认为高管的灾难经历强度较大。另外，并不是高管所有阶段经历的灾难事件都纳入刻画范围。相关医学研究表明，童年记忆的形成开始于 5 岁左右，结束于 15 岁左右（Nelson，1993），只有童年和青少年时期是认识和理解世界、保存永久性记忆和性格形成的最关键阶段（程令国和张晔，2011）。因此，只有当高管在 5～15 岁经历过以上高强度灾难事件时，认为高管早年灾难经历强度较强，$EarExp_{High}$ 取 1，否则取 0；高管出生地不在安徽、四川和贵州或未在 5～15 岁经历过三年困难时期，且在 5～15 岁经历过的其他灾难事件造成其所在地平均死亡率位于后 10% 时，视为其灾难经历强度较低，$EarExp_{Low}$ 取 1，否则为 0。

（3）其他控制变量。考虑到托宾 Q 值和现金流是影响企业创新投资的核心变量，因此本研究将其纳入控制变量，且参考大卫等（David et al.，2012）的研究，控制变量还包括资产负债率、销售收入增长率、资产密集度等。此外，高管的个人特质对企业创新的影响已得到很多学者的一致认可，为了有效区分是高管灾难经历还是其他特质影响到企业创新决策，我们还控制了高管的年龄、任期、能力、高管过度自信及研发工作经历等个人特征变量。其中，高管过度自信变量（OC）的度量参考郝颖等（2005）、郝盼盼等（2019）的方法，通过高管持股数量的变化来衡量，当非红股或业绩股原因增加持股数量则视为过度自信，否则为非过度自信。同时，需满足条件是过度自信的高管在整个任职期都不能出现持股减少的情况。高管能力变量（$Ability$）的衡量参考已有研究，当高管学历为硕士及以上时，高管视为高能力者，变量 $Ability$ 取 1；否则取 0。高管研发工作经历（$CEOR\&Dexperience$）变量的刻画参考郝盼盼等（2019），若高管从事过研发工作，该变量取 1，否则取 0。且严格区分为研发职业背景而非生产、设计背景的高管。具体变量定义见表 3.23。

表 3.23   变量定义

变量	含义	变量名		变量定义
因变量	创新投入	RD		研发费用/年初总资产
自变量	灾难经历强度	$EarExp$	$EarExp_{High}$	当高管在 5~15 岁期间经历过高强度的自然灾害事件，则 $EarExp_{High}$ 取 1，否则取 0（具体刻画方法见上文）
			$EarExp_{Low}$	当高管在 5~15 岁期间经历过低强度的自然灾害事件，则 $EarExp_{Low}$ 取 1，否则取 0（具体刻画方法见上文）
控制变量	现金流	CF		经营性现金流量净额
	销售收入	$Sales$		营业收入/资产总额
	销售增长率	$Sales\ Growth$		营业收入增长率
	资产收益率	ROA		净利润/资产总额
	资产负债率	$Book\ Leverage$		长期债务与短期债务之和/资产总额
	资产密集度	PPE/Emp		固定资产净额/员工数

续表

变量	含义	变量名	变量定义
控制变量	托宾 Q 值	Q	市场价值/资产重置成本
	高管能力	$Ability$	当高管学历为硕士及以上时，高管视为高能力者，变量 $Ability$ 取 1；否则取 0
	高管过度自信	OC	当非红股或业绩股原因增加持股数量则视为过度自信，OC 取 1；否则取 0（具体刻画方法见上文）
	高管研发经历	$CEOR\&Dexperience$	当高管从事过研发工作时，变量取 1；否则取 0
	年龄	Age	高管年龄
	任期	$Tenure$	高管在其职位任职的时间

4. 模型构建

为了验证高管早年灾难经历强度对企业创新投入的影响，考虑到研发活动具有滞后性，除了高管灾难经历强度变量外将其他控制变量均滞后一期，本书参照大卫等（David et al.，2012）的研究，构建如下模型：

$$
\begin{aligned}
RD_{i,t} = &\alpha + \beta_0 EarExp_{High} + \beta_1 CF_{i,t-1} + \beta_2 LogSales_{i,t-1} + \\
&\beta_3 Sales\,Growth_{i,t-1} + \beta_4 ROA_{i,t-1} + \beta_5 Book\,Leverage_{i,t-1} + \\
&\beta_6 LogPPE/Emp_{i,t-1} + \beta_7 Q_{i,t-1} + \beta_8 Ability_{i,t-1} + \\
&\beta_9 OC_{i,t-1} + \beta_{10} CEOR\&Dexperience_{i,t-1} + \\
&\beta_{11} Log(1+Age)_{i,t-1} + \beta_{12} Log(1+Tenure)_{i,t-1} + \\
&d_t + v_i + \varepsilon_{i,t}
\end{aligned}
\tag{3.9}
$$

$$
\begin{aligned}
RD_{i,t} = &\alpha + \beta_0 EarExp_{Low} + \beta_1 CF_{i,t-1} + \beta_2 LogSales_{i,t-1} + \\
&\beta_3 Sales\,Growth_{i,t-1} + \beta_4 ROA_{i,t-1} + \beta_5 Book\,Leverage_{i,t-1} + \\
&\beta_6 LogPPE/Emp_{i,t-1} + \beta_7 Q_{i,t-1} + \beta_8 Ability_{i,t-1} + \\
&\beta_9 OC_{i,t-1} + \beta_{10} CEOR\&Dexperience_{i,t-1} + \\
&\beta_{11} Log(1+Age)_{i,t-1} + \beta_{12} Log(1+Tenure)_{i,t-1} + \\
&d_t + v_i + \varepsilon_{i,t}
\end{aligned}
\tag{3.10}
$$

模型中，d_t 表示时间的固定效应，反映企业共同面对随时间变化的扰动量，v_i 表示个体效应，用来处理公司特征的内生性问题，该模型控制了时间和个体的固定效应。我们通过观察 β_0 的显著性来检验假设。

3.3.1.3 实证分析

1. 描述性统计和差异分析

表 3.24 为高管经历灾难事件的情况统计表，由于样本期开始时间是 2001 年，且考虑到高管经历的年龄段是 5 ~ 15 岁，因此统计了 1945 ~ 2001 年的灾难事件情况。由表 3.24 可见，经历洪涝和干旱灾害的高管人数较多，分别为 1142 人和 1083 人，因为这两类自然灾难比较常见。如果高管经历的自然灾难导致平均死亡率位于前 10%，我们则将这类高管列为经历过严重自然灾难的高管。可见，在四类自然灾难事件中，同样是干旱和洪涝灾害带给人类严重的创伤。特别地，我们对 5 ~ 15 岁经历过三年困难时期的高管人数也进行了统计，其中出生地为安徽省、四川省和贵州省的视为经历严重灾难者，可见经历严重灾难的高管人数并不多，这可能因为大部分高管出生地并不在此范围或者年龄偏年轻。

表 3.24　　　　高管经历灾难事件情况统计表（1945 ~ 2001 年）　　　单位：人

人数	台风	地震	干旱	洪涝	三年困难时期
经历人数	371	183	1083	1142	238
严重灾害经历人数	68	44	136	136	4

表 3.25 为主要变量的描述性统计结果，由表可见，我国制造业和信息技术业企业的研发强度平均比例为 2.14%，美国高新技术企业的研发强度已高达 17%，所以，我国高新技术类企业的创新投入力度有待改善。另外，在全样本中有约 10.7% 的高管早年经历过高强度灾难，26.3% 的高管经历过低强度灾难。

表 3.25   主要变量描述性统计

变量和统计		Mean	Median	Std. Dev.
RD		0.214	0.000	0.064
EarExp	High	0.107	0.000	0.310
	Low	0.263	0.000	0.441

表 3.26 将样本根据高管灾难经历强度分为高强度和低强度两组子样本，对子样本给出描述性统计结果并进行了差异化检验。可见，拥有低强度灾难经历的高管所在企业的研发投入强度均值为 0.025，要明显高于高强度灾难经历高管所在企业，这说明有低强度灾难经历的高管会更加偏好研发创新这类高风险投资，而有过高强度灾难经历的高管则会相对保守些，这与我们的预期基本相符。同时，相对于高强度灾难经历高管的企业，低强度灾难经历高管企业的现金流、销售收入和资产负债率要明显高一些，这可能因为低强度灾难经历的高管由于拥有丰富的应对风险经验，更倾向于研发创造类活动，这类活动对制造业和信息技术业尤其重要，因此会带来更多收益。同时这类高管也会倾向于债务融资等高风险性融资活动。此外，一个更有趣的发现是，拥有低强度灾难经历的高管往往会更加过度自信，这可能是因为低强度灾难经历对其的创伤并不明显，反而让其增加了更多经验和技能，从而对自身的经营能力更为自信，从而更偏重于风险高的活动。最后，相比高强度灾难经历的高管，有低强度灾难经历的高管年龄要明显小一些，这可能由于随着时间推移，自然和社会环境逐渐改善，从而灾难损害概率逐年降低，这与现实基本相符。

表 3.26   分类样本差异化检验结果

变量和统计		高强度灾难经历	低强度灾难经历	Difference（p-value）
RD	Mean	0.009	0.025	0.026 **
	Median	0.000	0.000	0.375

变量和统计		高强度灾难经历	低强度灾难经历	Difference（p-value）
CF	Mean	0.063	0.083	0.047 **
	Median	0.053	0.062	0.348
LogSales	Mean	8.996	9.432	0.000 ***
	Median	9.135	9.374	0.004 ***
Sales Growth	Mean	0.127	0.194	0.069 *
	Median	0.117	0.143	0.754
ROA	Mean	0.042	0.051	0.203
	Median	0.037	0.041	0.465
Book Leverage	Mean	0.469	0.484	0.446
	Median	0.456	0.530	0.076 *
Log（PPE/Emp）	Mean	5.489	5.623	0.008 ***
	Median	5.539	5.567	0.388
Q	Mean	2.288	1.850	0.057 *
	Median	1.289	1.434	0.465
Ability	Mean	0.377	0.612	0.000 ***
	Median	0.000	1.000	0.345
OC	Mean	0.158	0.278	0.004 ***
	Median	0.000	0.000	0.004 ***
CEOR&Dexperience	Mean	0.066	0.043	0.307
	Median	0.000	0.000	0.306
LogAge	Mean	1.697	1.687	0.091 *
	Median	1.708	1.690	0.012 **
LogTenure	Mean	0.812	0.855	0.225
	Median	0.845	0.845	0.781

2. 高管早年灾难经历强度对企业创新投入的影响研究

表 3.27 列示了模型（3.9）中高管早年灾难经历强度对企业创新投入

影响的回归结果。其中列（1）分别为不同强度灾难经历在控制公司层面不同变量后的检验结果，可见，现金流 CF、托宾 Q 值、销售收入 $Sales$ 与创新投入都存在显著的正相关关系，说明内部现金流和托宾 Q 是影响创新投入的关键变量，与已有研究结论一致，且内部现金流是企业创新投入的主要融资渠道，销售收入的增加有利于提升企业创新投入。而资产收益率 ROA 与创新投入存在显著的负相关关系，这是因为企业的资产盈利能力强会导致企业更侧重于对已有产品的销售，而忽略了长期研发投入。此外，考虑到企业的创新决策同样受到高管其他特质的影响，在列（2）加入高管能力、过度自信及研发工作经历等控制变量，可见高管这些特质也会影响企业创新投入，这与郝盼盼等（2019）研究结论一致。最后，考虑到企业创新水平受行业特性及该地区科技发展水平等宏观因素的影响，在列（3）、列（4）分别控制地区科技发展水平及行业固定效应，对于我们重点关注的自变量 $EarExp$ 而言，拥有高强度灾难经历的高管在 1% 显著性水平下负向影响创新投入，而拥有低强度灾难经历的高管在 1% 显著性水平下正向影响创新投入。因此，假设 H3.10 得以验证。

表 3.27　　　高管早年灾难经历强度对企业创新投入的回归结果

变量	(1)		(2)		(3)		(4)	
$EarExp_{high}$	−0.017 *** (−3.272)		−0.019 *** (−2.769)		−0.020 *** (−2.877)		−0.047 *** (−2.863)	
$EarExp_{low}$		0.010 *** (3.010)		0.010 ** (2.286)		0.012 ** (2.539)		0.076 *** (7.486)
CF	0.394 *** (23.670)	0.390 *** (23.365)	0.407 *** (18.592)	0.402 *** (18.341)	0.407 *** (18.598)	0.402 *** (18.332)	0.352 *** (14.894)	0.334 *** (14.553)
$LogSales$	0.008 *** (3.471)	0.009 *** (3.614)	0.011 *** (3.395)	0.012 *** (3.702)	0.011 *** (3.452)	0.013 *** (3.817)	0.002 *** (3.233)	0.002 *** (3.382)
$Sales$ $Growth$	0.003 (1.058)	0.004 (1.159)	0.009 ** (2.055)	0.010 ** (2.094)	0.009 ** (2.015)	0.009 ** (2.044)	0.003 (0.646)	0.003 (0.735)
ROA	−0.128 *** (−4.728)	−0.123 *** (−4.526)	−0.114 *** (−3.279)	−0.109 *** (−3.124)	−0.116 *** (−3.331)	−0.111 *** (−3.181)	−0.095 ** (−2.073)	−0.076 * (−1.704)
$Book$ $Leverage$	−0.005 (−0.503)	−0.004 (−0.382)	−0.006 (−0.450)	−0.003 (−0.270)	−0.004 (−0.312)	−0.001 (−0.060)	−0.031 (−1.420)	−0.034 (−1.610)

变量	(1)		(2)		(3)		(4)	
LogPPE/ Emp	0.008 *** (3.123)	0.008 *** (2.846)	0.004 (0.869)	0.004 (0.866)	0.004 (0.856)	0.004 (0.831)	0.005 (0.674)	0.004 (0.509)
Q	0.001 ** (2.005)	0.001 *** (3.532)	0.001 *** (2.739)	0.001 *** (2.944)	0.001 *** (3.016)	0.001 *** (3.045)	0.004 ** (2.217)	0.003 * (1.843)
Ability			0.007 * (1.649)	0.008 * (1.952)	0.007 * (1.674)	0.008 ** (2.013)	− 0.013 (− 1.101)	0.013 (1.093)
OC			− 0.006 (− 1.131)	− 0.007 (− 1.327)	− 0.005 (− 0.944)	− 0.006 (− 1.095)	− 0.012 (− 1.061)	− 0.015 (− 1.369)
CEOR&D experience			0.004 (0.427)	0.002 (0.260)	0.004 (0.458)	0.003 (0.294)	0.026 * (1.880)	− 0.018 (− 1.330)
Log (1 + Age)			0.028 (0.728)	0.011 (0.277)	0.024 (0.606)	0.003 (0.089)	− 0.044 (− 0.530)	0.016 (0.201)
Log (1 + Tenure)			0.003 (0.596)	0.005 (0.857)	0.003 (0.551)	0.005 (0.816)	− 0.007 (− 0.576)	− 0.016 (− 1.312)
地区科技发展水平					0.005 (0.979)	0.007 (1.249)	0.021 (1.477)	0.026 * (1.877)
年份固定效应	No	No	No	No	No	No	Yes	Yes
公司固定效应	No	No	No	No	No	No	Yes	Yes
行业固定效应	No	No	No	No	No	No	Yes	Yes
R^2	0.332	0.331	0.333	0.331	0.333	0.332	0.621	0.646
Observations	1247	1247	815	815	815	815	814	815

3. 内生性检验

（1）DID 检验。

以上研究表明高管早年灾难经历强度与创新投入之间存在显著的相关性，但也存在高强度灾难经历的高管大多数属于创新水平较低的企业，而创新水平较高的企业正好聘用了低强度灾难经历的高管这种可能性，这种内生性问题不可忽视。为解决这一问题，本书从动态角度出发，根据高管更替事件通过 DID（Difference – in – Difference）方法验证高管灾难经历强度对创新投入的净效应。模型如下：

$$RD_{i,t} = \alpha + \beta_0 EarExp + \beta_1 After_{i,t-1} + \beta_2 After \times$$
$$EarExp_{i,t-1} + \beta_3 X_{i,t-1} + \varepsilon_{i,t} \tag{3.11}$$

其中，变量 $EarExp$ 和 RD 与上述一致，企业当年有过高管变更情况，变量 $After$ 取 1，否则取 0。这里将重点关注 β_2 的显著性，结果见表 3.28。从表可见，无论对高管高强度灾难经历还是低强度灾难经历，在增加控制变量前后交叉变量均与创新投入在 1% 的显著性水平下呈显著相关性，这说明由低强度灾难经历高管变为高强度灾难经历高管后，研发投资明显减少；而由高强度灾难经历高管变为低强度灾难经历高管后，结果正好相反，这从动态角度再次检验了本书结论。

表 3.28　　　　　　　　基于 DID 分析的内生性检验结果

变量	（1）高强度灾难经历		（2）低强度灾难经历	
	RD	RD	RD	RD
EarExp	− 0.006 *** (− 40.355)	− 0.006 *** (− 38.767)	0.002 ** (2.451)	0.002 ** (2.334)
After	0.000 (0.896)	0.000 (0.889)	0.001 (0.976)	0.001 (0.713)
After ∗ Earexp	− 0.080 *** (− 274.483)	− 0.080 *** (− 258.065)	0.005 *** (2.867)	0.006 *** (3.115)
CF	0.000 (0.570)	0.000 (0.309)	− 0.001 (− 0.228)	− 0.001 (− 0.369)
LogSales	0.000 *** (4.817)	0.000 *** (4.762)	− 0.001 (− 1.211)	− 0.001 (− 1.311)
Sales Growth	0.000 (0.092)	0.000 (0.062)	0.000 (0.175)	0.000 (0.205)
ROA	0.000 (0.486)	0.000 (0.595)	0.001 (0.191)	0.001 (0.170)
Book Leverage	0.000 (1.171)	0.000 (0.975)	− 0.001 (− 0.294)	0.000 (0.239)

续表

变量	(1) 高强度灾难经历		(2) 低强度灾难经历	
	RD	RD	RD	RD
LogPPE/Emp	0.000 (0.503)	0.000 (0.604)	0.000 (0.167)	0.000 (0.184)
Q	0.000 (0.018)	0.000 (0.255)	0.000 (0.069)	0.000 (0.274)
Ability	0.000 ** (2.222)	0.000 ** (2.333)	0.000 (0.350)	0.000 (0.476)
OC	0.000 (0.219)	0.000 (0.305)	−0.001 (−1.132)	−0.001 (−1.016)
CEOR&Dexperience	0.000 (0.222)	0.000 (0.634)	0.000 (0.082)	0.000 (0.174)
Log(1 + Age)		0.000 (0.466)		0.004 (0.561)
Log(1 + Tenure)		0.000 (1.091)		0.001 (1.395)
R^2	0.993	0.993	0.143	0.149
Observations	870	817	870	817

（2）2SLS 检验。

为了进一步消除内生性，本书根据卢贝尔（Lewbel，1997）选取工具变量的方法，采用外生工具变量法处理内生性问题，从而构建如下工具变量：

$$Instrumental\ Variable = (RD - RD\ 均值) \times (EarExp - EarExp\ 均值)$$

该方法具有不需要借助外部变量就可以构建有效工具变量的优势。本书通过对不同强度灾难经历进行分组两阶段回归（2SLS）继而对工具变量进行估计，结果见表 3.29。可见，在高管早年高（低）强度灾难经历组中，第一阶段回归中的工具变量与 EarExp 存在显著负（正）相关关系，这与工具变量理论逻辑相吻合；在第二阶段高管早年灾难经历强度仍与企业创新投入保持显著负（正）相关关系，说明在消除内生性后，高管早年灾难经历强度依旧显著影响企业创新投入，本书结论再次得到有效验证。

表 3. 29　　　　　　　　　　　工具变量回归结果

变量	高强度灾难经历		低强度灾难经历	
	（1）EarExp	（2）RD	（1）EarExp	（2）RD
Instrumental Variable	-7.531* (-1.930)		0.255* (1.917)	
EarExp		-0.027*** (-6.734)		0.093** (2.278)
CF	-0.153 (-0.696)	-0.001 (-0.505)	0.006 (0.410)	0.365*** (2.664)
LogSales	0.005 (0.318)	0.000 (1.265)	0.007*** (2.645)	0.054 (1.501)
Sales Growth	-0.011 (-0.748)	0.000 (0.049)	0.000 (0.024)	0.008 (0.347)
ROA	-0.007 (-0.047)	0.002 (0.387)	-0.038 (-1.485)	-0.440 (-1.512)
Book Leverage	-0.006 (-0.110)	0.001 (0.689)	-0.028*** (-3.041)	-0.283* (-1.887)
LogPPE/Emp	-0.051*** (-2.701)	0.000 (0.005)	0.008*** (2.880)	0.075* (1.877)
Q	0.005 (0.688)	0.000 (0.397)	-0.001 (-0.900)	-0.009 (-0.849)
Ability	-0.038** (-2.000)	0.000 (0.657)	-0.003 (-1.059)	-0.020 (-0.645)
OC	0.054** (2.053)	0.000 (0.365)	0.000 (0.038)	-0.009 (-0.216)
CEOR&Dexperience	0.094** (2.011)	-0.002* (-1.814)	-0.002 (-0.296)	-0.021 (-0.332)
Log(1+Age)	0.855*** (3.533)	0.003 (0.448)	0.014 (0.542)	0.135 (0.558)
Log(1+Tenure)	-0.076*** (-2.656)	0.000 (0.183)	-0.003 (-0.702)	-0.023 (-0.551)
F 统计量	3.50		2.72	
Observations	817	815	817	815

4. 稳健性检验

（1）样本外再检验。

本研究样本来源于信息技术业和制造业上市公司，由于高管背景数据缺失严重，导致样本量有限，为了进一步验证研究结果的稳健性，确保样本的说服力且有效剥离行业的影响，按照上文的样本筛选方式和变量定义，本部分采用2008~2019年在沪、深 A 股上市的 417 家民营企业为研究样本，再次对模型（3.9）和模型（3.10）进行检验，回归结果如表3.30，通过逐步控制公司层面、高管特质层面、宏观层面变量及时间、行业固定效应后可以看出，早年有高强度灾难经历的高管会显著抑制企业的创新投入，而有低强度灾难经历的高管在 1% 的显著性水平下促进企业创新投入，本书结论得到再次验证。

表 3.30　　　　　　　　　　　　样本外再检验结果

变量	(1)		(2)		(3)		(4)	
$EarExp_{high}$	-0.592 *** (-2.838)		-0.387 * (-1.826)		-0.485 ** (-2.288)		-0.402 * (-1.873)	
$EarExp_{low}$		1.255 *** (5.217)		1.344 *** (5.568)		1.485 *** (6.147)		1.502 *** (6.223)
CF	0.098 *** (10.364)	0.096 *** (10.207)	0.094 *** (9.911)	0.092 *** (9.744)	0.094 *** (9.982)	0.092 *** (9.807)	0.090 *** (9.383)	0.087 *** (9.145)
$LogSales$	0.052 *** (36.646)	0.051 *** (35.621)	0.052 *** (36.684)	0.051 *** (35.574)	0.051 *** (35.978)	0.049 *** (34.690)	0.051 *** (35.978)	0.050 *** (34.797)
$Sales\ Growth$	0.149 (1.186)	0.113 (0.901)	0.123 (0.982)	0.087 (0.704)	0.154 (1.239)	0.118 (0.954)	0.136 (1.091)	0.100 (0.808)
ROA	-1.375 (-1.263)	-1.431 (-1.321)	-1.087 (-0.995)	-1.191 (-1.098)	-1.223 (-1.125)	-1.345 (-1.245)	-0.843 (-0.768)	-0.943 (-0.867)
$Book\ Leverage$	1.745 *** (3.673)	1.788 *** (3.781)	1.612 *** (3.392)	1.625 *** (3.441)	1.538 *** (3.248)	1.549 *** (3.297)	1.653 *** (3.438)	1.642 *** (3.441)
$LogPPE/ Emp$	0.212 *** (3.049)	0.184 *** (2.665)	0.188 *** (2.719)	0.164 ** (2.375)	0.171 ** (2.478)	0.141 ** (2.055)	0.177 ** (2.552)	0.148 ** (2.150)
Q	0.120 ** (2.357)	0.123 ** (2.417)	0.072 ** (2.399)	0.071 ** (2.379)	0.062 ** (2.201)	0.059 ** (2.146)	0.087 *** (2.546)	0.084 *** (2.594)

续表

变量	(1)		(2)		(3)		(4)	
Ability			0.642 *** (4.205)	0.715 *** (4.758)	0.562 *** (3.673)	0.642 *** (4.273)	0.584 *** (3.816)	0.657 *** (4.375)
Log (1+*Age*)			0.053 (0.042)	−1.030 (−0.826)	−0.601 (−0.479)	−1.905 (−1.521)	−1.444 (−1.138)	−2.541 ** (−2.010)
Log (1+*Tenure*)			1.135 *** (3.438)	1.259 *** (3.858)	1.252 *** (3.798)	1.413 *** (4.334)	0.772 ** (2.066)	0.723 * (1.941)
地区科技发展水平					−0.942 *** (−4.633)	−1.038 *** (−5.129)	−0.903 *** (−4.435)	−1.005 *** (−4.971)
年份固定效应	No	No	No	No	No	No	Yes	Yes
公司固定效应	No	No	No	No	No	No	Yes	Yes
行业固定效应	No	No	No	No	No	No	Yes	Yes
R^2	0.558	0.561	0.564	0.569	0.568	0.574	0.571	0.577
Observations	2373	2373	2371	2371	2371	2371	2373	2371

（2）是否为公司创始人。

公司创始人，即公司初期的发起者、创办者或创立团队。随着企业的发展，由于创始人的有限理性，其财务目标更偏向股东利益最大化，这就有可能牺牲了企业其他股东的利益（Anderson R.，2003），从而代理问题日益突出。同时由于很多创始人企业家越来越注重企业规范管理的情况，选择放弃兼任高管，因此非创始人高管的出现在职业经理人市场不断完善的过程中具有必然性。梅琳（2012）研究发现，相对于激进式退出方式而言，创始人的渐进式退出会对企业绩效有积极作用。许楠等（2019）通过实证研究发现，相比创始人管理的企业，非创始人管理的企业投入的 RD费用显著增加。如此，高管是否为公司创始人是否会影响本书结论？为解决这一疑问，我们在模型（3.9）中控制创始人这一虚拟变量（Founder），当高管是创始人时取 1，否则取 0。回归结果见表 3.31，可见，控制了高管是否为创始人变量后，高管早年灾害经历强度仍然在 1% 的显著性水平下影响企业创新投入，所以再次验证了本书结论。

表 3.31 是否为创始人回归结果

变量	（1）高强度灾难经历	（2）低强度灾难经历
EarExp	−0.021 *** (−3.048)	0.012 *** (2.646)
Founder	−0.020 *** (−4.050)	−0.016 *** (−3.326)
CF	0.270 *** (9.776)	0.174 *** (6.236)
LogSales	−0.006 * (−1.862)	−0.006 * (−1.658)
Sales Growth	0.002 (0.306)	0.003 (0.535)
ROA	0.042 (0.743)	−0.047 (−1.342)
Book Leverage	−0.024 * (−1.735)	−0.023 * (−1.735)
LogPPE/Emp	−0.024 *** (−3.447)	−0.005 (−0.896)
Q	0.001 ** (2.400)	0.001 (0.411)
Ability	−0.004 (−0.778)	0.002 (0.419)
OC	0.005 * (1.824)	−0.006 (−0.896)
CEOR&Dexperience	−0.007 (−0.753)	−0.005 (−0.549)
Log(1+Age)	0.011 (0.885)	0.062 (1.497)
Log(1+Tenure)	0.007 (0.973)	0.007 (1.044)
R^2	0.200	0.130
Observations	563	575

（3）灾难经历强度变量的重新度量。

由于高管灾难经历强度变量是本研究的核心变量，该变量的测度将影响结论的稳健性，为了确保本书结论的说服力，我们将重新度量灾难经历强度。本部分将界定高低灾难经历强度的平均死亡率门槛值重新更换为 5% 和 15%，当灾难造成平均死亡率高于前 5%（$Earexp_{high1}$）和前 15%（$Earexp_{high2}$）时，为高管高强度灾难经历；当灾难造成平均死亡率低于后 5%（$Earexp_{low1}$）和 15%（$Earexp_{low2}$）时，为高管低强度灾难经历。重新对模型（3.9）进行检验，回归结果见表 3.32。由此可见，无论界定范围缩小还是扩大，结果均表示高管早年灾难经历强度显著影响企业创新投入，再次验证本书结论的稳健性。

表 3.32　　　　　　自变量重新度量的检验结果（一）

变量	（1）高强度灾难经历		（2）低强度灾难经历	
$Earexp_{high1}$	-0.017 * (-1.790)			
$Earexp_{high2}$		-0.016 ** (-2.355)		
$Earexp_{low1}$			0.010 ** (2.301)	
$Earexp_{low2}$				0.008 * (1.788)
CF	0.406 *** (18.515)	0.406 *** (18.546)	0.403 *** (18.435)	0.405 *** (18.502)
LogSales	-0.012 *** (-3.631)	-0.011 *** (-3.437)	-0.012 *** (-3.771)	-0.012 *** (-3.726)
Sales Growth	0.009 ** (2.071)	0.009 ** (2.063)	0.010 ** (2.101)	0.010 ** (2.139)
ROA	-0.112 *** (-3.237)	-0.114 *** (-3.284)	-0.112 *** (-3.227)	-0.114 *** (-3.287)
Book Leverage	-0.005 (-0.386)	-0.005 (-0.406)	-0.003 (-0.205)	-0.004 (-0.314)
LogPPE/Emp	0.005 (1.041)	0.004 (0.841)	0.003 (0.756)	0.004 (0.930)

续表

变量	(1) 高强度灾难经历		(2) 低强度灾难经历	
Q	0.001 ** (2.010)	0.001 (0.047)	0.003 * (1.725)	0.001 (0.103)
$Ability$	0.008 * (1.818)	0.007 (1.612)	0.008 * (1.914)	0.008 * (1.916)
OC	−0.008 (−1.395)	−0.006 (−1.200)	−0.007 (−1.261)	0.007 * (1.818)
$CEOR\&Dexperience$	−0.000 (−0.023)	0.001 (0.094)	0.000 (0.014)	0.000 (0.021)
$Log(1+Age)$	0.013 (0.343)	0.028 (0.727)	0.014 (0.360)	0.010 (0.259)
$Log(1+Tenure)$	0.003 (0.543)	0.002 (0.403)	0.004 (0.620)	0.004 (0.650)
R^2	0.330	0.332	0.332	0.330
$Observations$	815	815	815	815

其次，我们还将使用灾难造成损失来再次度量灾难经历强度，灾难损失通过受灾面积刻画，当高管所在地受灾面积大于样本中位值时，表示高管高强度灾害经历，$Earexp_{high}$ 取 1，否则取 0；当高管所在地受灾面积小于样本中位值时，表示高管低强度灾难经历，$Earexp_{low}$ 取 1，否则取 0；回归结果见表 3.33，结果显示高管早年灾难经历强度均在 5% 的显著性水平下影响企业创新投入，因此再次验证了本书结论。

表 3.33　　　　　　　　自变量重新度量的检验结果（二）

变量	(1) 高强度灾难经历	(2) 低强度灾难经历
$Earexp_{high}$	−0.014 ** (−2.552)	
$Earexp_{low}$		0.013 ** (2.201)
CF	0.418 *** (17.099)	0.431 *** (16.820)

续表

变量	（1）高强度灾难经历	（2）低强度灾难经历
LogSales	−0.006 （−1.475）	−0.005 （−1.063）
Sales Growth	0.012 ** （2.434）	0.013 ** （2.450）
ROA	−0.102 *** （−2.627）	−0.101 ** （−2.531）
Book Leverage	−0.015 （−1.028）	−0.013 （−0.905）
LogPPE/Emp	0.005 （1.008）	0.004 （0.734）
Q	0.001 * （1.802）	0.001 （0.251）
Ability	0.007 （1.573）	0.007 （1.442）
OC	0.016 ** （2.429）	0.015 ** （2.066）
CEOR&Dexperience	−0.002 （−0.185）	−0.004 （−0.388）
Log(1 + Age)	0.013 （0.309）	0.010 （0.218）
Log(1 + Tenure)	0.003 （0.421）	0.004 （0.610）
R^2	0.345	0.355
Observations	669	630

（4）倾向得分匹配法（PSM）的再检验。

为降低样本选择的偏误，解决由于混杂因素造成的内生性等问题，本书通过 PSM 方法找到与处理组（高灾难经历高管）尽可能类似的控制组（低灾难经历高管）进行配对分析。本书进行匹配之后各变量的标准偏差均较小，结果见表 3.34。PSM 检验结果见表 3.35，从表 3.35 可见，匹配后处理组的创新投入均值为 0.012，控制组为 0.025，ATT 平均处理效应为

-0.013，在5%的显著性水平下通过检验，这确保了本书研究结论的可靠性。

表 3.34　　　　　　　　　　变量均衡性检验

| 变量 | 匹配前/匹配后 | 均值 | | | % reduct \|bias\| | t 检验 | | V(T)/V(C) |
		处理组	控制组	% bias		t 值	p 值	
CF	匹配前	0.080	0.067	15.3		1.14	0.254	0.51*
	匹配后	0.080	0.078	2.0	86.9	0.12	0.903	0.47*
LogSales	匹配前	9.217	9.210	0.9		0.08	0.934	1.56
	匹配后	9.217	9.176	5.2	-485.6	0.33	0.741	1.68*
Sales Growth	匹配前	0.145	0.180	-9.6		-0.67	0.505	0.27*
	匹配后	0.145	0.168	-6.3	34.1	-0.41	0.680	0.31*
ROA	匹配前	0.511	0.049	3.8		0.31	0.760	0.80
	匹配后	0.511	0.051	-0.4	90.7	-0.02	0.983	0.78
Book Leverage	匹配前	0.454	0.450	2.2		0.19	0.847	1.34
	匹配后	0.454	0.451	1.6	25.0	0.10	0.920	1.34
LogPPE/Emp	匹配前	5.503	5.532	-6.1		-0.48	0.629	0.77
	匹配后	5.503	5.507	-0.8	86.4	-0.05	0.963	0.54*
Q	匹配前	2.004	1.97	1.8		0.17	0.868	1.45
	匹配后	2.004	1.94	3.5	-91.5	0.22	0.826	1.47
Ability	匹配前	0.372	0.572	-40.9		-3.41	0.001	—
	匹配后	0.372	0.391	-3.8	90.6	-0.24	0.810	
OC	匹配前	0.282	0.165	28.2		2.59	0.010	—
	匹配后	0.282	0.275	1.7	94.0	0.10	0.923	
CEOR&D experience	匹配前	0.103	0.049	20.4		2.01	0.045	—
	匹配后	0.103	0.093	3.7	81.8	0.20	0.838	
Log(1 + Age)	匹配前	1.705	1.677	46.1		4.12	0.000	1.35
	匹配后	1.705	1.707	-4.8	89.6	-0.26	0.796	0.77
Log(1 + Tenure)	匹配前	0.808	0.880	-20.2		-1.65	0.100	0.85
	匹配后	0.808	0.827	-5.3	74.0	-0.33	0.739	0.92

表 3.35　　　　　　　　PSM 检验的 ATT 效应结果

变量	样本	处理组	控制组	ATT	标准差	T 值
RD	匹配前	0.012	0.027	−0.015	0.007	−2.00**
	匹配后	0.012	0.025	−0.013	0.006	−2.22**

3.3.2　企业家早年灾难经历强度影响企业创新决策的机制检验

3.3.2.1　风险承担影响机制研究

以上研究已表明拥有高强度灾难经历的高管将会抑制企业创新投入，而拥有低强度灾难经历的高管会提升企业创新投入，那么其中间影响机制是什么呢？通过以上理论分析可知，高管早年灾难经历强度通过影响高管的风险承担意愿进而影响其创新决策，该部分将验证高管风险承担意愿这一中间影响机制。高管的风险承担意愿参考伯尼等（Bernile et al.，2017）的研究，通过高管所在公司的风险性决策［并购决策（*Merge*）、股票波动率（*Volatility*）、现金持有（*Cash holdings*）］间接刻画其风险承担意愿。

1. 并购决策视角的检验

变量 *Merge* 为企业并购决策，当年公司有并购活动时取 1，否则为 0。高管风险承担意愿的中介效应检验结果见表 3.36。为了保证结果的稳健性，我们分别对高、低强度灾难经历高管的风险承担意愿影响机制进行检验。参照温忠麟（2004）的中介效应检验方法，分别进行三个步骤的检验工作。步骤一，首先对不同强度灾难经历的高管与创新投入进行回归，如表 3.36 列（1）和列（4）所示，回归结果与上述分析一致；步骤二，检验拥有不同强度灾难经历高管的风险态度，如列（2）和列（5）所示，高强度灾难经历的高管往往会降低类似企业并购这类风险性活动，而低强度灾难经历高管则会倾向于这类风险性活动；步骤三，同时加入 *Merge* 和 *EarExp* 变量进行检验，可见两个变量均和创新投入存在显著的相关性，其中高管高强度灾难经历与企业创新投入存在显著负相关关系，高管低强度灾难经历与企业创新投入存在显著正相关关系。根据中介效应检验原理，说明高管风险承担意愿起到部分中介作用，*Merge* 的两组 Sobel 检验 Z 值分别为 -7.73 和 6.609，在 1% 的水平上显著，再次验证了企业并购决策存在显著的中介效应，且高管风险承担意愿在高、低强度灾难经历两组样本中的中介效应占比分别为 6.78% 和 6%。这就验证了假设 H3.11。

表 3.36　　　　　高管风险承担意愿 (*Merge*) 的中介效应检验结果

变量	高强度灾难经历			低强度灾难经历		
	(1) *RD*	(2) *Merge*	(3) *RD*	(4) *RD*	(5) *Merge*	(6) *RD*
EarExp	-0.019 *** (-2.769)	-0.455 *** (-11.328)	-0.027 *** (-47.532)	0.010 ** (2.286)	0.479 *** (13.414)	0.025 *** (45.060)
Merge			0.004 *** (10.575)			0.003 *** (7.595)
CF	0.407 *** (18.592)	-0.507 *** (-3.358)	-0.003 * (-1.651)	0.402 *** (18.341)	-0.387 *** (-2.607)	0.001 (0.558)
LogSales	-0.011 *** (-3.395)	0.020 (0.961)	0.001 * (1.909)	-0.012 *** (-3.702)	0.014 (0.672)	0.000 (0.163)
Sales Growth	0.009 ** (2.055)	-0.023 (-0.792)	0.000 (0.345)	0.010 ** (2.094)	-0.016 (-0.569)	0.000 (0.999)
ROA	-0.114 *** (-3.279)	0.488 ** (2.026)	-0.005 (-1.584)	-0.109 *** (-3.124)	0.615 *** (2.609)	0.002 (0.616)
Book Leverage	-0.006 (-0.450)	0.237 *** (2.830)	-0.002 (-1.570)	-0.003 (-0.270)	0.286 *** (3.487)	0.001 (1.195)
LogPPE/ Emp	0.004 (0.869)	-0.048 * (-1.727)	0.001 * (1.809)	0.004 (0.866)	-0.037 (-1.376)	0.001 *** (3.596)
Q	0.003 *** (2.703)	0.028 *** (3.026)	0.001 *** (2.799)	0.001 *** (3.033)	0.028 *** (3.082)	0.001 *** (3.691)
Ability	0.007 * (1.649)	-0.037 (-0.553)	-0.038 *** (-41.999)	0.008 * (1.952)	-0.034 (-0.546)	-0.041 *** (-46.044)
OC	-0.006 (-1.131)	0.068 * (1.791)	-0.001 * (-1.781)	-0.007 (-1.327)	0.067 * (1.815)	-0.001 ** (-2.485)

续表

变量	高强度灾难经历			低强度灾难经历		
	（1）RD	（2）Merge	（3）RD	（4）RD	（5）Merge	（6）RD
CEOR&D experience	0.004 (0.427)	0.082 (1.409)	−0.002 ** (−2.067)	0.002 (0.260)	0.097 * (1.701)	−0.001 (−1.183)
Log (1 + Age)	0.028 (0.728)	−0.625 *** (−2.664)	0.003 (0.926)	0.011 (0.277)	−0.567 ** (−2.469)	0.007 ** (1.988)
Log (1 + Tenure)	0.003 (0.596)	−0.163 *** (−4.280)	−0.002 *** (−3.536)	0.005 (0.857)	−0.156 *** (−4.188)	−0.002 *** (−3.676)
R^2	0.333	0.220	0.908	0.331	0.252	0.901
Observations	815	726	726	815	726	726
中介效应 Sobel 检验 Z 统计量			−7.73 ***			6.609 ***
中介效应占比			6.78%			6%

2. 股票波动率视角的检验

变量 Volatility 为企业的股票波动率，我们再次使用该变量间接刻画高管的风险承担意愿，利用该变量进行中介效应检验结果见表 3.37。与上面分析基本一致，采用分步骤中介效应检验结果如下：步骤一，高管早年灾难经历强度与企业创新投入的回归结果与上述一致；步骤二，检验拥有不同强度灾难经历高管的风险态度，如列（2）和列（5）所示，高强度灾难经历的高管往往会降低企业的股票波动率，这说明这类高管将减少高风险活动；而低强度灾难经历高管则会提高企业的股票波动率，说明这类高管往往会从事高风险性活动；步骤三，同时加入变量 EarExp 和 Volatility，回归结果发现高管早年灾难经历强度与股票波动率均与创新投入存在显著的相关性，这同样说明高管风险承担意愿起到部分中介作用，Volatility 的两组 Sobel 检验 Z 值分别为 −1.687 和 1.655，在 10% 的水平上显著，再次验证了高管风险承担意愿存在显著的中介效应，且在高、低强度灾难经历两组样本中的中介效应占比分别为 4.58% 和 4.54%，以上再次验证假设 H3.11 成立。

表 3.37 高管风险承担意愿（*Volatility*）的中介效应检验结果

变量	高强度灾难经历			低强度灾难经历		
	(1) RD	(2) Volatility	(3) RD	(4) RD	(5) Volatility	(6) RD
EarExp	-0.019 *** (-2.769)	-0.068 *** (-4.170)	-0.031 *** (-6.752)	0.010 ** (2.286)	0.003 *** (10.426)	0.010 *** (68.643)
Volatility			-0.020 * (-1.844)			-0.020 * (-1.806)
CF	0.407 *** (18.592)	-0.043 (-0.784)	-0.008 (-0.525)	0.402 *** (18.341)	-0.040 (-0.721)	-0.007 (-0.430)
LogSales	-0.011 *** (-3.395)	0.002 (0.311)	0.003 (1.228)	-0.012 *** (-3.702)	0.002 (0.237)	0.002 (1.101)
Sales Growth	0.009 ** (2.055)	0.067 *** (6.827)	0.002 (0.599)	0.010 ** (2.094)	0.067 *** (6.801)	0.002 (0.551)
ROA	-0.114 *** (-3.279)	-0.183 * (-1.831)	-0.071 ** (-2.529)	-0.109 *** (-3.124)	-0.160 (-1.600)	-0.060 ** (-2.148)
Book Leverage	-0.006 (-0.450)	0.001 (0.033)	0.006 (0.668)	-0.003 (-0.270)	0.011 (0.331)	0.010 (1.155)
LogPPE/ Emp	0.004 (0.869)	-0.041 *** (-3.896)	-0.004 (-1.429)	0.004 (0.866)	-0.040 *** (-3.749)	-0.003 (-1.170)
Q	0.001 (0.013)	0.005 (1.499)	0.001 (1.111)	0.001 (0.033)	0.005 (1.515)	0.001 (1.088)
Ability	0.007 * (1.649)	0.058 ** (2.541)	-0.102 *** (-15.965)	0.008 * (1.952)	0.052 ** (2.350)	-0.105 *** (-17.031)
OC	-0.006 (-1.131)	0.007 (0.526)	0.002 (0.454)	-0.007 (-1.327)	0.007 (0.515)	0.002 (0.428)
CEOR&D experience	0.004 (0.427)	0.010 (0.482)	-0.003 (-0.516)	0.002 (0.260)	0.010 (0.503)	-0.003 (-0.485)
Log (1 + *Age*)	0.028 (0.728)	-0.172 * (-1.820)	0.011 (0.436)	0.011 (0.277)	-0.171 * (-1.805)	0.012 (0.464)

续表

变量	高强度灾难经历			低强度灾难经历		
	（1） *RD*	（2） *Volatility*	（3） *RD*	（4） *RD*	（5） *Volatility*	（6） *RD*
Log（1 + *Tenure*）	0. 003 (0. 596)	− 0. 007 (− 0. 536)	− 0. 002 (− 0. 616)	0. 005 (0. 857)	− 0. 006 (− 0. 478)	− 0. 002 (− 0. 525)
R^2	0. 333	0. 129	0. 542	0. 331	0. 128	0. 541
Observations	815	676	675	815	676	675
中介效应 Sobel 检验 Z 统计量			− 1. 687 *			1. 655 *
中介效应占比			4. 58%			4. 54%

3. 现金持有视角的检验

变量 *Cash holdings* 为现金持有变量，通过公司的现金持有与总资产之比来衡量，我们通过该变量再检验高管的风险承担意愿的中介效应。与上述检验方法基本一致，结果见表 3.38。步骤一，对高管早年灾难经历强度与企业创新投入进行回归，结果与上述一致；步骤二，对高管早年灾难经历强度与现金持有进行回归，得出高强度灾难经历的高管所在公司现金持有较多，而低强度灾难经历的高管所在公司现金持有较少，这主要由于为了应对风险，高强度灾难经历高管为了规避风险倾向于持有现金，低强度灾难经历高管属于风险偏好型，并不会持有太多现金，因此验证了不同强度灾难经历高管的风险态度；步骤三，同时加入变量 *EarExp* 和 *Cash holdings*，可见，高管早年灾难经历强度与现金持有均与创新投入存在显著的相关性，所以高管风险承担意愿起到部分中介作用，*Cash holdings* 的两组 Sobel 检验 Z 值分别为 − 5. 195 和 5. 68，在 1% 的水平上显著，再次验证了高管风险承担意愿存在显著的中介效应，且在高、低强度灾难经历两组样本中的中介效应占比分别为 27. 4% 和 32. 19%，这再次验证了假设 H3. 11 的稳健性。

表 3. 38   高管风险承担意愿 (*Cash holdings*) 的中介效应检验结果

变量	高强度灾难经历			低强度灾难经历		
	(1) *RD*	(2) *Cash holdings*	(3) *RD*	(4) *RD*	(5) *Cash holdings*	(6) *RD*
EarExp	− 0.019 *** (− 2.769)	3.358 *** (5.822)	− 0.021 *** (− 4.698)	0.010 ** (2.286)	− 3.460 *** (− 6.638)	0.017 *** (4.201)
Cash holdings			− 0.002 *** (− 10.000)			− 0.002 *** (− 9.916)
CF	0.407 *** (18.592)	4.794 ** (2.281)	− 0.006 (− 0.360)	0.402 *** (18.341)	4.002 * (1.904)	− 0.003 (− 0.184)
LogSales	− 0.011 *** (− 3.395)	− 0.151 (− 0.517)	0.001 (0.567)	− 0.012 *** (− 3.702)	− 0.105 (− 0.362)	0.001 (0.381)
Sales Growth	0.009 ** (2.055)	0.338 (0.831)	− 0.006 * (− 1.835)	0.010 ** (2.094)	0.296 (0.729)	− 0.005 * (− 1.783)
ROA	− 0.114 *** (− 3.279)	− 7.384 ** (− 2.211)	− 0.057 ** (− 2.280)	− 0.109 *** (− 3.124)	− 8.257 ** (− 2.481)	− 0.053 ** (− 2.097)
Book Leverage	− 0.006 (− 0.450)	− 5.309 *** (− 4.627)	0.016 * (1.790)	− 0.003 (− 0.270)	− 5.661 *** (− 4.961)	0.018 ** (2.034)
LogPPE/Emp	0.004 (0.869)	0.500 (1.307)	− 0.003 (− 1.137)	0.004 (0.866)	0.426 (1.121)	− 0.003 (− 0.936)
Q	0.001 (0.013)	0.210 (1.633)	0.001 (0.808)	0.001 (0.033)	0.209 (1.636)	0.001 (0.773)
Ability	0.007 * (1.649)	5.648 *** (7.300)	− 0.108 *** (− 18.216)	0.008 * (1.952)	5.723 *** (7.884)	− 0.112 *** (− 19.961)
OC	− 0.006 (− 1.131)	− 0.178 (− 0.337)	0.002 (0.523)	− 0.007 (− 1.327)	− 0.169 (− 0.323)	0.002 (0.403)
CEOR&D experience	0.004 (0.427)	− 0.138 (− 0.165)	− 0.003 (− 0.510)	0.002 (0.260)	− 0.244 (− 0.293)	− 0.003 (− 0.459)
Log (1 + *Age*)	0.028 (0.728)	3.903 (1.195)	− 0.025 (− 1.004)	0.011 (0.277)	3.472 (1.069)	− 0.021 (− 0.871)
Log (1 + *Tenure*)	0.003 (0.596)	0.270 (0.499)	− 0.004 (− 0.892)	0.005 (0.857)	0.229 (0.423)	− 0.004 (− 0.920)
R^2	0.333	0.226	0.543	0.331	0.233	0.542
Observations	815	788	786	815	788	786
中介效应 Sobel 检验 Z 统计量	− 5.195 ***					5.68 ***
中介效应占比	27.4%					32.19%

3.3.2.2　调节机制研究

为了进一步检验前文结论，我们考察潜在的调节机制是否会影响高管早年灾难经历强度与企业创新投入两者之间的关系？通过对高、低强度灾难经历的划分，将样本分为高强度灾难经历与低强度灾难经历两组进行分组检验。

1. 灾害时间间距的调节作用分析

如果早年灾难经历会潜移默化地影响高管风险偏好选择进而制约企业创新决策，那么距离灾难发生的时间间隔不同也会造成不同影响吗？灾害心理学认为灾害心理是一种普遍存在的心理现象，受灾者会通过大脑对客观事件的感知形成对突发事件的记忆，由此产生强烈的负面情绪，并在很长一段时间内难以消除。但是，俗话说，时间是解决问题的良药。心理学中衰退理论认为，人们在大脑中的记忆会随着时间的推移而逐渐衰退。维林格等（Willinger et al.，2013）分析了泥石流灾难对灾民的影响，结果表明灾后灾民的偏好将随时间的推移而发生变化。因此，距离灾难发生的时间间隔不同，灾难经历对个体的影响效应也不同。对企业高管而言，相对灾难间隔较长时间段，在灾难发生后的近几年内灾难经历对其风险承担意愿进而对创新决策的影响会更为明显。因此，当灾难时间间距较小时，高管早年灾难经历强度对企业创新决策影响更显著。为了检验这一结果，本书根据高管灾难经历时间间距进行分组检验，当样本当年距离灾难发生的时间小于中位值，则为灾难间距小组，否则为灾难间距大组。考虑到企业创新决策在一定程度上本身会受随时间变化的宏观因素影响，此处控制了年份和公司个体固定效应。表 3.39 列出不同强度灾难经历高管在不同组别对企业创新投入的回归结果，由此可见，在灾难间距小组，高强度灾难经历高管对企业创新投入的负向影响更显著，且低强度的灾难经历对企业创新投入的正向影响更显著，这说明灾难时间间距在高管灾难经历强度和企业创新投入之间起到明显的调节作用。

表 3.39　　　　　　　　　　灾难时间间距的调节作用

变量	高强度灾难经历		低强度灾难经历	
	灾难间距小组	灾难间距大组	灾难间距小组	灾难间距大组
EarExp	−0.020 ** (−2.220)	−0.009 (−0.929)	0.027 *** (3.626)	0.012 * (1.759)
CF	0.126 *** (3.151)	0.061 ** (2.296)	0.127 *** (3.196)	0.052 * (1.927)
LogSales	0.002 (0.584)	0.000 (0.021)	0.002 (0.492)	0.000 (0.102)
Sales Growth	−0.001 (−0.792)	0.017 ** (2.000)	−0.001 (−0.629)	0.016 ** (1.967)
ROA	−0.182 (−1.411)	−0.050 (−0.407)	−0.128 (−1.001)	−0.054 (−0.440)
Book Leverage	−0.017 (−0.873)	0.003 (0.171)	−0.015 (−0.804)	−0.001 (−0.079)
LogPPE/Emp	0.000 (0.047)	0.007 (0.670)	−0.007 (−0.650)	0.008 (0.806)
Q	0.001 * (1.737)	0.001 ** (2.174)	0.001 ** (2.262)	0.001 * (1.724)
Ability	0.010 (1.580)	0.003 (0.544)	0.007 (1.126)	0.004 (0.676)
OC	−0.004 (−0.493)	0.004 (0.500)	−0.003 (−0.343)	0.005 (0.685)
CEOR&Dexperience	−0.024 (−1.520)	−0.006 (−0.590)	−0.025 (−1.646)	−0.005 (−0.498)
Log(1 + Age)	0.010 (0.298)	−0.022 (−1.623)	−0.002 (−0.071)	−0.023 * (−1.706)
Log(1 + Tenure)	−0.002 (−0.184)	−0.008 (−0.670)	0.003 (0.296)	−0.010 (−0.819)
年份固定效应	Yes	Yes	Yes	Yes
公司固定效应	Yes	Yes	Yes	Yes
R^2	0.082	0.114	0.100	0.119
Observations	438	372	438	372

2. 家庭灾难的调节作用分析

除了灾难时间间距的影响，高管的家庭灾难是否也会影响不同强度灾难经历高管的创新决策呢？本书尝试用离婚率来刻画家庭灾难情况，由于无法获取高管婚姻状况数据，拟通过其出生地年均离婚率来替代，年均离婚率高于样本中位值时，则为高离婚率组，否则为低离婚率组。在不同组别高管早年灾难经历强度对企业创新投入的回归结果如表 3.40 所示。由表可见，在两个不同组别里，在相同的显著性水平下高管灾难经历强度显著影响企业创新投入，但是，在高离婚率组高强度灾难经历高管对创新投入的影响系数为 -0.087，这要高于低离婚率组高强度灾难经历的影响系数 -0.014；在高离婚率组低强度灾难经历高管对创新投入的影响系数为 0.066，这要高于低离婚率组低强度灾难经历的影响系数 0.011。这充分说明在高离婚率组中，高管灾难经历强度对企业创新投入的影响更明显，因此证明了家庭灾难在二者关系中的调节作用，验证了假设 H3.13。

表 3.40　　　　　　　　　　家庭灾难的调节作用

变量	高强度灾难经历		低强度灾难经历	
	高离婚率组	低离婚率组	高离婚率组	低离婚率组
EarExp	-0.087 ** (-2.392)	-0.014 ** (-2.066)	0.066 * (1.732)	0.011 * (1.743)
CF	0.501 *** (4.960)	0.102 *** (4.494)	0.515 *** (5.018)	0.561 *** (5.656)
LogSales	0.001 (0.031)	-0.002 (-0.906)	0.004 (0.181)	0.020 (1.057)
Sales Growth	0.054 (0.992)	0.003 (0.731)	0.056 (1.015)	0.046 (0.823)
ROA	-0.317 (-0.708)	-0.144 * (-1.738)	-0.351 (-0.770)	-0.674 (-1.453)
Book Leverage	0.108 (1.361)	-0.019 (-1.530)	0.103 (1.262)	0.132 (1.639)
LogPPE/Emp	-0.015 (-0.298)	0.010 (1.387)	-0.014 (-0.267)	0.008 (0.149)

变量	高强度灾难经历		低强度灾难经历	
	高离婚率组	低离婚率组	高离婚率组	低离婚率组
Q	0.002 (0.372)	0.002* (1.843)	0.001 (0.102)	0.005 (0.757)
Ability	0.035 (1.120)	−0.007* (−1.753)	0.032 (1.000)	0.039 (1.235)
OC	−0.073 (−1.560)	0.017*** (3.252)	−0.079 (−1.661)	−0.102** (−2.176)
CEOR&Dexperience	−0.003 (−0.051)	0.055*** (8.701)	−0.010 (−0.153)	−0.057 (−0.978)
$Log(1+Age)$	−0.787** (−2.391)	−0.111*** (−2.854)	−0.819** (−2.457)	−0.929*** (−2.789)
$Log(1+Tenure)$	0.046 (1.115)	0.015*** (3.309)	0.051 (1.213)	0.041 (0.981)
年份固定效应	Yes	Yes	Yes	Yes
公司固定效应	Yes	Yes	Yes	Yes
R^2	0.563	0.435	0.547	0.432
Observations	148	287	148	287

3. 公司治理的调节作用分析

公司治理机制的建立能够很好解决控制权和所有权两权分离引起的代理问题，从而起到监督和激励作用。已有研究表明，公司治理将会制约经理人的行为。当股权高度集中时，因为受到大股东的监督和约束较强，这会在一定程度上限制总经理的自由裁量权，因此，约束机制较强的公司治理体系下，高管的个人特质对企业决策的影响力就十分有限（Cronqvist et al.，2012）。姜付秀等（2013）通过第一大股东持股比例来衡量公司治理情况后发现，只有当大股东持股比例较低时，有财务经历高管才对企业资本结构决策产生显著影响。对于企业创新决策尤为明显，龙子午等

（2020）研究得出，当股权高度集中时，股东出于规避风险会考虑高管的创新决策。因此，当公司治理约束机制较弱时，高管早年灾难经历强度对企业创新决策的影响更明显。为了检验这一结果，参照姜付秀等（2013）研究，根据第一大股东的持股比例刻画公司治理的约束机制，当第一大股东持股比例高于34%，则为公司治理约束机制强组，否则为公司治理约束机制弱组。表3.41列示出不同约束机制组合下高管灾难经历强度对创新投入的回归结果，可见，只有在公司治理约束机制弱的组合下，高、低强度灾难经历高管将会显著负向、正向影响企业创新投入。所以，企业的公司治理约束机制起到明显的调节作用。

表3.41　　　　　　　　　公司治理约束机制的调节作用

变量	高强度灾难经历		低强度灾难经历	
	第一大股东持股比例低组	第一大股东持股比例高组	第一大股东持股比例低组	第一大股东持股比例高组
EarExp	-0.019 *** (-3.288)	-0.016 (-0.219)	0.010 ** (2.357)	0.003 (0.073)
CF	0.397 *** (21.194)	0.503 *** (2.713)	0.389 *** (20.555)	0.507 *** (2.740)
LogSales	-0.012 *** (-4.189)	-0.011 (-0.508)	-0.011 *** (-3.977)	-0.011 (-0.526)
Sales Growth	0.009 ** (2.327)	0.042 (0.598)	0.009 ** (2.466)	0.040 (0.571)
ROA	-0.122 *** (-4.226)	0.495 (0.896)	-0.119 *** (-4.117)	0.509 (0.923)
Book Leverage	0.002 (0.156)	-0.104 (-0.982)	0.002 (0.177)	-0.101 (-0.959)
LogPPE/Emp	0.002 (0.398)	0.001 (0.039)	0.003 (0.719)	0.001 (0.035)
Q	0.001 (0.740)	0.017 (1.441)	0.001 * (1.615)	0.017 (1.449)
Ability	0.011 *** (2.967)	-0.024 (-0.704)	0.010 *** (2.894)	-0.022 (-0.653)

变量	高强度灾难经历		低强度灾难经历	
	第一大股东 持股比例低组	第一大股东 持股比例高组	第一大股东 持股比例低组	第一大股东 持股比例高组
OC	0.003 * (1.740)	0.007 (0.121)	-0.005 (-0.984)	-0.006 (-0.104)
$CEOR\&Dexperience$	0.008 (0.867)	-0.022 (-0.473)	0.005 (0.561)	-0.022 (-0.474)
$Log(1+Age)$	0.032 (0.928)	0.014 (0.042)	0.011 (0.326)	-0.008 (-0.027)
$Log(1+Tenure)$	-0.009 * (-1.743)	0.041 (1.381)	-0.009 (-1.575)	0.043 (1.483)
年份固定效应	Yes	Yes	Yes	Yes
公司固定效应	Yes	Yes	Yes	Yes
R^2	0.419	0.277	0.415	0.276
$Observations$	750	65	750	65

3.3.3 企业家早年灾难经历强度影响企业创新决策的经济后果

3.3.3.1 企业家早年灾难经历强度、创新投入与创新产出研究

以上分析已表明拥有高强度灾难经历的高管将会抑制企业创新投入，而拥有低强度灾难经历的高管会提升企业创新投入，但是创新活动从投入到产出需要经历漫长的过程，且投入未必导致产出。因此，有必要考察高管早年灾难经历强度在对企业创新投入有显著影响后，是否会进一步影响企业创新产出。所以构建以下模型：

$$LogPantent_{i,t} = \alpha + \beta_0 EarExp_{i,t-1} + \beta_1 RD_{i,t-1} + \beta_2 EarExp_{i,t-1} \times$$
$$RD_{i,t-1} + \beta_3 X_{i,t-1} + \varepsilon_{i,t} \quad (3.12)$$

其中，因变量 $LogPantent_{i,t}$ 为企业 i 在 t 年的专利申请量取对数值，其

他与上述一致，引入 $EarExp \times RD$ 交叉变量。考虑到创新活动漫长的过程，本书对滞后一年、两年的专利产出进行回归检验，表 3.42 列示了这一结果。结果显示，在引入 $EarExp \times RD$ 后，无论是高强度还是低强度灾难经历的高管对滞后一年专利产出均不存在显著影响，但与滞后两年的专利产出存在显著关系。这说明有高强度灾难经历的高管在整个创新投入到产出的过程中起到了明显的抑制作用，而有低强度灾难经历的高管在整个过程中起到了显著的提升作用。

表 3.42　高管灾难经历强度对企业研发产出的回归结果（一）

变量	高强度灾难经历		低强度灾难经历	
	滞后一年	滞后两年	滞后一年	滞后两年
$EarExp$	-0.029 (-0.288)	-0.016* (-1.719)	0.010 (1.257)	0.003** (2.233)
RD	0.019** (2.288)	0.016* (1.823)	0.021* (1.757)	0.017* (1.833)
$EarExp \times RD$	-0.008 (-1.312)	-0.016* (-1.771)	0.017 (1.453)	0.013* (1.948)
CF	0.397*** (21.194)	0.503*** (2.713)	0.389*** (20.555)	0.507*** (2.740)
$LogSales$	-0.012*** (-4.189)	-0.011 (-0.508)	-0.011*** (-3.977)	-0.011 (-0.526)
$Sales\ Growth$	0.009** (2.327)	0.042 (0.598)	0.009** (2.466)	0.040 (0.571)
ROA	-0.122*** (-4.226)	0.495 (0.896)	-0.119*** (-4.117)	0.509 (0.923)
$Book\ Leverage$	0.002 (0.156)	-0.104 (-0.982)	0.002 (0.177)	-0.101 (-0.959)
$LogPPE/Emp$	0.002 (0.398)	0.001 (0.039)	0.003 (0.719)	0.001 (0.035)
Q	0.001 (0.740)	0.017 (1.441)	0.001* (1.615)	0.017 (1.449)

续表

变量	高强度灾难经历		低强度灾难经历	
	滞后一年	滞后两年	滞后一年	滞后两年
Ability	0.011 *** (2.967)	−0.024 (−0.704)	0.010 *** (2.894)	−0.022 (−0.653)
OC	0.003 * (1.740)	0.007 (0.121)	−0.005 (−0.984)	−0.006 (−0.104)
CEOR&Dexperience	0.008 (0.867)	−0.022 (−0.473)	0.005 (0.561)	−0.022 (−0.474)
$Log(1+Age)$	0.032 (0.928)	0.014 (0.042)	0.011 (0.326)	−0.008 (−0.027)
$Log(1+Tenure)$	−0.009 * (−1.743)	0.041 (1.381)	−0.009 (−1.575)	0.043 (1.483)
年份固定效应	Yes	Yes	Yes	Yes
公司固定效应	Yes	Yes	Yes	Yes
R^2	0.131	0.122	0.107	0.152
Observations	125	324	125	324

专利产出申请按原创性高低分类分为发明专利、实用新型和外观设计。由表 3.43 对有高、低两种灾难经历强度的高管滞后两年三种类别专利产出的回归结果可见，在高（低）灾难经历组别中，$EarExp \times RD$ 与滞后两年的发明专利存在显著负（正）相关关系。这说明与外观设计和实用新型专利相比，有高强度灾难经历高管通过减少研发投入来阻碍原创性高的创新产出，而有低强度灾难经历高管更倾向于通过创新投入提升发明专利的申请量，因此这类高管有利于提高创新活动的原创性。

表 3.43   高管灾难经历强度对企业研发产出的回归结果（二）

变量	高强度灾难经历			低强度灾难经历		
	发明专利	实用新型	外观设计	发明专利	实用新型	外观设计
EarExp	−0.005 * (−1.984)	−0.006 (−0.104)	−0.104 (−0.022)	0.010 ** (2.357)	0.003 (0.073)	−0.005 (−0.984)

续表

变量	高强度灾难经历			低强度灾难经历		
	发明专利	实用新型	外观设计	发明专利	实用新型	外观设计
RD	0.031 * (2.028)	0.014 * (1.742)	0.011 (0.326)	0.008 * (1.927)	0.031 (1.028)	0.014 (0.342)
EarExp × RD	−0.017 * (−2.008)	−0.144 (−0.738)	−0.351 (−0.770)	0.003 * (1.731)	0.056 (0.015)	−0.046 (−0.823)
CF	0.397 *** (21.194)	0.503 *** (2.713)	0.102 *** (4.494)	0.389 *** (20.555)	0.507 *** (2.740)	0.003 ** (2.084)
LogSales	−0.012 *** (−4.189)	−0.011 (−0.508)	−0.002 (−0.906)	−0.011 *** (−3.977)	−0.011 (−0.526)	0.001 (0.381)
Sales Growth	0.009 ** (2.327)	0.042 (0.598)	0.003 (0.731)	0.009 ** (2.466)	0.040 (0.571)	0.005 * (1.783)
ROA	−0.122 *** (−4.226)	0.495 (0.896)	−0.144 * (−1.738)	−0.119 *** (−4.117)	0.509 (0.923)	−0.053 ** (−2.097)
Book Leverage	0.002 (0.156)	−0.104 (−0.982)	−0.019 (−1.530)	0.002 (0.177)	−0.101 (−0.959)	0.018 (0.034)
LogPPE/Emp	0.002 (0.398)	0.001 (0.039)	0.010 (1.387)	0.003 (0.719)	0.001 (0.035)	−0.003 (−0.936)
Q	0.001 (0.740)	0.017 (1.441)	0.002 * (1.843)	0.001 * (1.615)	0.017 (1.449)	0.001 (0.773)
Ability	0.011 *** (2.967)	−0.024 (−0.704)	−0.007 * (−1.753)	0.010 *** (2.894)	−0.022 (−0.653)	−0.112 (−0.961)
OC	0.003 * (1.740)	0.007 (0.121)	0.017 (0.252)	−0.005 (−0.984)	−0.006 (−0.104)	0.002 (0.403)
CEOR&D experience	0.008 (0.867)	−0.022 (−0.473)	0.055 (0.701)	0.005 (0.561)	−0.022 (−0.474)	−0.003 (−0.459)
Log (1 + Age)	0.032 (0.928)	0.014 (0.042)	−0.111 (−0.854)	0.011 (0.326)	−0.008 (−0.027)	−0.021 (−0.871)
Log (1 + Tenure)	−0.009 * (−1.743)	0.041 (1.381)	0.015 (1.309)	−0.009 (−1.575)	0.043 (1.483)	−0.004 (−0.920)
年份固定效应	Yes	Yes	Yes	Yes	Yes	Yes
公司固定效应	Yes	Yes	Yes	Yes	Yes	Yes
R^2	0.119	0.177	0.135	0.114	0.105	0.128
Observations	214	145	90	214	145	90

3.3.3.2 企业家早年灾难经历强度、创新投入与经济高质量发展研究

前面我们已经证实高管早年灾难经历强度会通过影响企业创新投入进而影响企业创新产出。那么，高管早年灾难经历强度是否会通过影响企业技术创新进而影响社会经济高质量增长？已有研究表明创新可以通过促进生产力来提高经济增长（Kogan et al.，2017；Chang et al.，2018），那么，技术创新是否可以作为一种潜在的机制来帮助解释经济的高质量增长？本书接下来将探讨该问题。

党的十九大报告提出我国已进入高质量发展阶段，而"全要素生产率"首次出现在党的十九大报告中正是体现了我国追求高质量发展的国家治理理念，全要素生产率的提升关键是技术的进步和管理效率的提升（陈明，2020）。学术界目前关于全要素生产率的计算主要包括参数法、非参数法和半参数法等方法，OP 法和 LP 法等半参数法由于可以避免内生性和选择性偏误等问题（鲁晓东和连玉君，2012）被学者们广泛采用，因此，本书分别采用 OP 法和 LP 法计算全要素生产率（TFP）。表 3.44 报告了高管早年灾难经历强度对全要素生产率的回归结果。

表 3.44　　高管早年灾难经历强度对全要素生产率的回归结果

变量	高强度灾难经历		低强度灾难经历	
	(1) TFP_OP	(2) TFP_LP	(3) TFP_OP	(4) TFP_LP
$EarExp$	-0.010^{*} (-1.727)	-0.031^{*} (-1.830)	0.008^{*} (1.889)	0.032^{**} (2.210)
RD	0.200^{*} (1.887)	0.270^{**} (2.258)	0.220^{*} (1.938)	0.283^{*} (2.054)
$EarExp \times RD$	-0.025^{*} (-1.730)	-0.002^{*} (-1.905)	0.015^{*} (1.695)	0.121^{**} (2.202)
CF	0.010^{***} (3.184)	0.030^{***} (5.184)	0.010^{***} (3.244)	0.030^{***} (5.204)
$LogSales$	0.267^{***} (2.867)	0.600^{***} (2.798)	0.267^{***} (2.816)	0.600^{***} (2.714)

续表

变量	高强度灾难经历		低强度灾难经历	
	(1) TFP_OP	(2) TFP_LP	(3) TFP_OP	(4) TFP_LP
Sales Growth	0.060 *** (4.059)	0.161 *** (5.701)	0.061 *** (4.103)	0.161 *** (5.723)
ROA	−0.181 (−1.001)	1.759 *** (5.136)	−0.156 (−0.858)	1.798 *** (5.206)
Book Leverage	0.398 *** (9.648)	0.342 *** (4.370)	0.396 *** (9.596)	0.339 *** (4.336)
LogPPE/Emp	−1.106 *** (−32.916)	−1.459 *** (−22.893)	−1.104 *** (−32.842)	−1.458 *** (−22.842)
Q	−0.088 * (−1.825)	−0.160 * (−1.665)	−0.088 * (−1.823)	−0.162 * (−1.746)
Ability	0.011 *** (2.967)	−0.024 (−0.704)	0.010 *** (2.894)	−0.022 (−0.653)
OC	0.003 * (1.740)	0.007 (0.121)	−0.005 (−0.984)	−0.006 (−0.104)
CEOR&Dexperience	0.008 (0.867)	−0.022 (−0.473)	0.005 (0.561)	−0.022 (−0.474)
Log(1+Tenure)			0.021 (0.777)	0.036 (0.699)
Log(1+Age)			−0.428 *** (−4.355)	−0.518 *** (−2.775)
年份固定效应	Yes	Yes	Yes	Yes
公司固定效应	Yes	Yes	Yes	Yes
R^2	0.129	0.133	0.125	0.132
Observations	975	975	975	975

列（1）和列（3）为不同灾难经历强度按照 OP 法计算的全要素生产率，可见，对于我们重点关注的交叉变量 $EarExp \times RD$，高强度灾难经历对全要素生产率起到明显的抑制作用，而低强度灾难经历对全要素生产率有明显的促进作用，这表明高管早年灾难经历强度通过影响创新投入进而影响全要素生产率的提升。列（2）和列（4）为不同灾难经历强度采用

LP 法计算全要素生产率，结论依然成立。以上分析表明，企业创新可以作为一种经济机制，高管早年灾难经历强度通过影响企业创新进而影响经济高质量增长。

3.3.4　实证结果与讨论

灾难除了会造成家园毁损，还会对人类心理及经济社会造成怎样的影响呢？本书以高管为研究对象，以企业创新决策为切入口，将灾难事件纳入分析体系，探究不同强度灾难经历对高管创新决策的影响，并进一步剖析其影响机制和调节作用。以 2001～2017 年制造业和信息技术业上市公司为研究样本，通过静态面板回归、2SLS 检验、PSM 再检验、中介效应检验得出以下结论：（1）拥有低强度灾难经历的高管会促进企业创新投入，而拥有高强度灾难经历高管却会抑制创新投入。（2）高管早年灾难经历强度通过对其风险承担意愿的影响进而影响企业创新投入。（3）当距离灾难时间间距越小，高管灾难经历强度对企业创新决策影响越明显。（4）家庭灾难会加剧高管灾难经历强度对企业创新决策的影响。（5）当公司治理约束机制较弱时，高管早年灾难经历强度对企业创新决策影响更显著。（6）有低强度灾难经历的高管通过增加研发投入对滞后两年的专利产出具有显著提升作用，尤其对发明专利影响更明显，说明这类高管更倾向原创性高的研发活动，并且最终会推动经济高质量发展。

理论上，本书深化到高管灾难经历的强度，关注其与企业创新决策非单调关系，且探究其影响渠道，这拓展了高层梯队理论决定因素和路径解释研究。本书从管理者早年灾难经历强度这一新视角出发，通过心理学理论探究对其风险偏好的影响，进而为影响企业创新提出新要素，这丰富了企业创新理论。

实践上，为企业创新提供新的助推力。以管理者早年灾难经历强度为新切入点，激发企业家创新精神，有助于认可企业家在创新中的关键地位，制定科学、客观、合理的创新投资决策，从而提高企业创新决策效率。

从现实意义角度出发，不同于已有从历史或政治学角度的研究，本书从心理学、管理学角度探析灾难事件的影响，这对重新审视灾难性事件的社会影响具有重要的理论启示。

3.4　本章小结

　　本章通过选取具有时代特征且不具有自选择性的特殊经历，包括企业家早年三年困难时期经历、改革开放经历以及灾难经历强度。通过手工搜集数据进行实证检验得出有改革开放经历的企业家将会促进企业创新投资，这是因为改革开放成长起来的企业家更倾向于承担风险增加创新投资，且他们一般拥有更多元的职业路径，这会在一定程度上抵御外部不确定性风险，进而敢于进行创新投资。有过三年困难时期经历的企业家会降低未来的企业创新投资，拥有低强度的灾难经历的企业家会促进企业创新投资，而拥有高强度的灾难经历企业家会抑制企业创新投资，这主要是通过改变企业家的风险承担意愿进而影响创新决策。此外，拥有这些特殊经历的企业家不仅影响企业创新决策而且进一步会影响企业的创新产出及高质量发展。

　　本书研究结论无论对高管还是企业自身都有重要的启示意义。

　　（1）党和国家始终高度重视弘扬企业家精神，习近平总书记强调，"市场活力来自于人，特别是来自于企业家，来自于企业家精神"。党的十九大报告指出，"激发和保护企业家精神，鼓励更多社会主体投身创新创业"。在此背景下，本书从管理者早年经历层面为培育企业家创新精神提供有效路径，为激活企业家创新精神，高管应在困难中努力战胜自我，越挫越勇，从而增强其风险和创新意识，真正发挥创新精神的作用。

　　（2）对企业而言，可以帮助企业丰富高管聘任标准，并提高企业综合评估备选高管能力。企业在选聘高管过程中不仅要注重高管的学历背景和专业能力，其早年经历也应纳入考察范围，尤其要鼓励高管丰富自身的挫折历练，在挫折和困难中增强解决难题及应对风险的能力，从而提高创新决策效率，为提高企业创新能力保驾护航。

第 4 章

企业家能力特质对企业创新决策的影响

已有研究大多从管理者学历、年龄等简单的指标来间接代表管理者的能力，与已有研究不同，本章尝试探索能表征企业家能力的更具体、更客观的代理指标，分别从企业家晋升频率、职业路径及研发经验三个新维度下开展研究。

4.1 企业家晋升频率对企业创新决策的影响 *

"创新"作为一个永恒的话题，在党的十九大报告中再次被提到新高度。而企业是科技创新的主体，企业决策中起关键作用的是企业家。2017年 9 月，中共中央、国务院发布《关于营造企业家健康成长环境弘扬优秀企业家精神更好发挥企业家作用的意见》，以专门文件首次明确企业家精神的价值和地位。可见，企业家的特质及决策行为在提升企业创新能力，进而通过创新驱动发展战略实现科技强国进程中起着举足轻重的作用。

关于管理者特质的研究主要集中于管理者过度自信（Malmendier & Tate，2005a，2005b；Galasso et al.，2011；David et al.，2012；易靖韬等，2015；孟祥展等，2015；张信东等，2017）、管理者技能问题（Custo-dio et al.，2015）、管理者的职业适应能力（顾倩妮和苏勇，2016）、管理

---

* 该部分成果发表于《当代财经》2018 年第 12 期，郝盼盼，张信东，贺亚楠. 晋升越快越好吗——CEO 早年晋升经历与企业创新投资［J］. 当代财经，2018（12）：71 – 82.

者的学术背景（沈艺峰，2016）、管理者的爱好特征（Sunder & Zhang，2017）等。近几年学者们聚焦管理者早年经历的研究，例如迪尔等（Malmendier et al.，2011）认为经历过大萧条时期的管理者对资本市场失去信心将减少债务融资。姜付秀等（2013）发现由于精通财务知识，拥有财务经历的 CEO 将优化资本结构决策。埃弗莱姆等（Efraim et al.，2015）发现军人 CEO 降低了公司投资，很少涉及欺诈行为，且在行业低迷期表现良好。埃米（Amy，2016）得出有财务危机经历的 CEO 会节约现金流，持有较少的短期债务和更低债务比例。周楷唐等（2017）认为高管学术经历通过降低企业信息风险和债务代理风险来减少债务融资成本。格纳罗等（Gennaro et al.，2017）实证检验得出 CEO 经历过未产生极端负面后果的灾难事件时，公司表现激进；反之公司表现保守。张信东和郝盼盼（2017）研究认为 CEO 早年经历对企业创新的影响大于过度自信。可见，管理者早年经历对财务决策影响已成为学者们追逐的热点。然而，管理者早年晋升经历是否也影响其今后决策呢？这一重要特质却很少被关注到。

举例说明，员工 A 和 B 同时入职，A 平均每年晋升一次，而 B 每三年晋升一次，这样 A 将很快晋升到较高职位。假设 A 和 B 最终为不同公司的 CEO，那二者未来做决策是否存在差异？当员工 A 的晋升速度不断加快，容易引起自我膨胀，并习惯于高估自身能力，认为成功的原因是能力强，而失败的原因是外界环境因素，从而形成自我归因偏差。歌尔等（Goel et al.，2008）认为管理者晋升较快，其自我归因偏差将提高，从而会造成过度自信心理倾向，导致倾向于风险性较大的决策，而企业创新投资就是一项高风险、高不确定性的投资活动。所以，基于这一逻辑，我们有必要进一步探究不同晋升经历的管理者对企业创新投资的影响。由于 CEO 是企业重要的决策者，决定着企业的运营和发展，本书以企业 CEO 为研究对象，不仅分析 CEO 早年晋升经历对企业创新投资的影响，进而探究不同阶段晋升对其的影响差异，并剖析其影响渠道，而且检验了企业异质性差异。

本书的贡献在于：第一，不同于已有研究向前探讨高管晋升的影响因素，本书尝试向后研究高管晋升经历对创新决策的影响，这补充了管理者特质和企业创新相关研究；第二，不同于仅对管理者特质与财务决策二者关系的探讨，本书进一步剖析其中间的影响机制，这深化了已有研究；第三，从管理者晋升经历这一新视角再次解释了管理者过度自信之谜。

4.1.1　研究假设的提出

4.1.1.1　企业家晋升频率与企业创新投资

贝克尔（Becker，1992）认为，一个人的信念和偏好及成年后的选择都受外部环境的影响。埃尔德（Elder，2013）提出人早年的重要经历会通过习惯、爱好和传统等潜移默化地影响其选择和偏好。可见，人们早年经历的重要性，所以管理者成为 CEO 前的晋升经历也将影响今后决策。已有研究多聚焦于向前探讨高管晋升的影响因素，认为除了国企高管晋升中的政治关系、社会关系等，个人能力是影响晋升的关键要素（李莉等，2018）。那么向后延伸到创新决策将会产生什么影响？高管早年晋升较快一定程度上说明其个人能力较强，随着晋升频率的逐渐加快，高管可能会出现"优于他人幻觉"，认为成功的原因是自己的能力，失败的原因归为运气不好等（Nisbett and Ross，1980），造成自我归因偏差。而自我归因偏差将会导致过度自信。已有研究已证实管理者晋升过快对过度自信的影响，例如歌尔等（2008）发现管理者早期晋升过快会容易高估自己所发挥的作用，导致自我归因偏差较高，引起过度自信的心理倾向。科奇勒和马切约夫斯基（Kirchler and Maciejovsky，2002）也指出，若管理者位高权重缺少监管或拥有很多成功经验，会形成过度自信心理。因此，早年晋升速度较快的管理者更容易过度自信。而企业创新投资是一项高风险、高不确定的活动，这种过度自信的特质将会提升企业的创新投资，这一观点已经得到一系列学者的支持（Galasso et al.，2011；David et al.，2012；易靖韬等，2015；张信东等，2017）。所以，早年晋升过快会高估自身能力导致自我归因偏差进而造成过度自信，从而将提升企业创新投资。基于这一理论逻辑，我们提出假设：

H4.1：CEO 早年晋升较快将导致其过度自信从而会促进企业创新投资。

4.1.1.2　不同阶段的晋升经历与企业创新投资

基于以上分析，晋升速度较快的 CEO 会促进企业创新投资，那么在年轻和年长不同阶段的晋升经历会造成不同影响吗？首先，在年轻阶段往往缺少经验，无法客观判断自身优缺点，因而晋升速度过快更会造成自我归因偏差。其次，程令国等（2011）认为年轻阶段是性格形成和记忆保存的关键时期。已有研究表明年少时期经历重大事件对其信念和偏好的影响更持久。因此，晋升经历在年轻阶段较快，更容易形成过度自信的心理。下面以图4.1进一步解释这种现象，横轴代表 CEO 年龄，纵轴代表 CEO 升职职位。假定 A 和 B 参加工作的年龄均为 20 岁，且在 50 岁成为 CEO。因此，相对 B，A 具有较快的升职频率，尤其在年轻时期更快，这样 A 更容易形成过度自信的心理，从而在创新投资决策中表现得更激进。所以，我们提出假设：

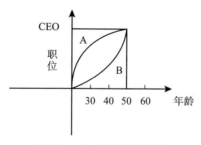

图4.1　A、B 升职情况图

H4.2：相对年长阶段，在年轻阶段晋升较快的 CEO 对企业创新投资的促进作用更明显。

4.1.2　样本选择、数据来源及模型设计

4.1.2.1　样本选择

本书的创新投资通过企业研发投入占总资产之比（研发强度）来衡

量。考虑到信息的获取和数据的可行性，本书研究样本选取研发创新具有代表性的沪、深上市制造业和信息技术业企业。由于我国上市公司在 2002 年开始在年报中披露研发投入数据，且数据库里披露的研发数据目前截止到 2015 年，样本期为 2002～2015 年。由于研发投入活动的滞后性，主要解释变量的数据向前递延一年。同时，数据进行以下处理：（1）为了保证研发支出的持续性，剔除未能连续 3 年披露研发费用的企业；（2）剔除CEO 相关信息异常的企业；（3）剔除财务数据异常的企业。且通过 Winsorize 处理后得到 3674 个观测值。

4.1.2.2　数据来源

本书的研发投入数据通过手工搜索公司年报和 CSMAR 数据库两种方式获取。其中 2007 年之前的研发数据通过手工搜索年报以"研发""研究""开发""技术""创新"等关键词来获取，为了保证口径的一致，数据来自财务报告附注"支付的其他与经营活动有关的现金流量"一栏的研发费用、技术开发费、研发支出、科研开发费等项目。在国泰安数据库的研发支出本期增加数项目获得 2007 年之后数据，包括资本化支出和费用化支出的总和。CEO 早年晋升情况的数据通过新浪财经等新闻媒体报道或手工查阅高管简历获得。财务数据来自 CSMAR 数据库。

4.1.2.3　主要变量

1. 企业创新投资

本书的企业创新投资通过企业研发强度来衡量。国内外学者一般用研发支出占比总资产或营业收入来度量研发强度。而投资的欧拉方程将企业成长机会和资本调整成本视为资本存量的函数。所以，本书的企业创新投资用研发支出比年初总资产存量来度量。

2. 企业家早年晋升频率

本书的晋升经历是指 CEO 在担任该职务前的一系列晋升过程，通过测算 CEO 晋升频率指数来获得。为保证研究的统一，假定 20～60 岁为入职到成为 CEO 的年龄区间，则晋升频率指数为：$PF_{CEO} = S_{20\sim60}/t_{20\sim60}$，

$S_{20\sim60}$ 指 CEO 从入职到成为 CEO 晋升的次数，$t_{20\sim60}$ 指 CEO 入职到成为 CEO 所花费的时间。考虑到升职次数少但职位高的情况，为了控制职位的高低，这里 $t_{20\sim60}$ 使用 CEO 从入职到成为 CEO 的实际时间。

为进一步分析不同阶段晋升经历对企业创新投资的影响，将 CEO 的年龄区间细分为 $t_{20\sim30}$、$t_{30\sim40}$、$t_{40\sim50}$、$t_{50\sim60}$ 四个阶段，进而分别测算这四个阶段的晋升频率指数 $PF_{(20\sim30)CEO} = S_{20\sim30}/t_{20\sim30}$、$PF_{(30\sim40)CEO} = S_{30\sim40}/t_{30\sim40}$、$PF_{(40\sim50)CEO} = S_{40\sim50}/t_{40\sim50}$、$PF_{(50\sim60)CEO} = S_{50\sim60}/t_{50\sim60}$。

3. 其他控制变量

参考大卫等（David et al.，2012）的研究，本书的控制变量包括托宾 Q 值、现金流、销售收入增长率、资产负债率、资产收益率、销售收入等。同时，考虑到 CEO 的年龄和任期等也会制约创新投资决策，将其纳入控制变量。具体如表 4.1 所示。

表 4.1　　　　　　　　　　　　　变量定义

变量类型	含义	变量名	变量定义
因变量	创新投资	*RD*	研发费用/年初总资产
自变量 1	CEO 早年晋升经历	*ProExp*	表示 CEO 早年晋升经历变量，通过测算 20 ~ 60 岁 CEO 的晋升频率指数获得，即 $PF_{CEO} = S_{20\sim60}/t_{20\sim60}$
自变量 2	在 20 ~ 30 岁 CEO 晋升经历	*ProExp*$_{20\sim30}$	表示 CEO 在 20 ~ 30 岁的晋升经历变量，通过测算 20 ~ 30 岁 CEO 的晋升频率指数获得，即 $PF_{CEO} = S_{20\sim30}/t_{20\sim30}$
自变量 3	在 30 ~ 40 岁 CEO 晋升经历	*ProExp*$_{30\sim40}$	表示 CEO 在 30 ~ 40 岁的晋升经历变量，通过测算 30 ~ 40 岁 CEO 的晋升频率指数获得，即 $PF_{CEO} = S_{30\sim40}/t_{30\sim40}$
自变量 4	在 40 ~ 50 岁 CEO 晋升经历	*ProExp*$_{40\sim50}$	表示 CEO 在 40 ~ 50 岁的晋升经历变量，通过测算 40 ~ 50 岁 CEO 的晋升频率指数获得，即 $PF_{CEO} = S_{40\sim50}/t_{40\sim50}$
自变量 5	在 50 ~ 60 岁 CEO 晋升经历	*ProExp*$_{50\sim60}$	表示 CEO 在 50 ~ 60 岁的晋升经历变量，通过测算 50 ~ 60 岁 CEO 的晋升频率指数获得，即 $PF_{CEO} = S_{50\sim60}/t_{50\sim60}$

变量类型	含义	变量名	变量定义
控制变量	资产收益率	*ROA*	净利润/资产总额
	托宾 Q 值	*Q*	市场价值/资产重置成本
	净销售收入	*Sales*	营业净利润
	销售增长率	*Sales Growth*	营业收入增长率
	现金流	*CF*	经营性现金流量净额
	资产密集度	*PPE/Emp*	固定资产净额/员工数
	资产负债率	*Book Leverage*	长期债务与短期债务之和/资产总额
	任期	*Tenure*	CEO 在其职位任职的时间
	年龄	*Age*	公司数据年份 – CEO 出生年份
	学历	*Degree*	CEO 学历为硕士及以上,取 1;否则取 0
	研发工作背景	*Background*	CEO 早年曾从事研发工作,取 1;否则取 0

4.1.2.4 模型构建

本书参考大卫等(David et al.,2012)的研究,检验 CEO 早年晋升经历对企业创新投资的影响,且控制了其他影响企业创新投入的变量。同时,由于研发活动存在滞后性,解释变量都滞后一期。具体研究模型如下:

$$
\begin{aligned}
RD_{i,t} = {} & \alpha + \beta_0 ProExp_{i,t-1} + \beta_1 CF_{i,t-1} + \beta_2 \text{Log}Sales_{i,t-1} + \beta_3 Sales\ Growth_{i,t-1} + \\
& \beta_4 ROA_{i,t-1} + \beta_5 Book\ Leverage_{i,t-1} + \beta_6 \text{Log}(PPE/Emp)_{i,t-1} + \\
& \beta_7 Q_{i,t-1} + \beta_8 \text{Log}(1+Age)_{i,t-1} + \beta_9 \text{Log}(1+Tenure)_{i,t-1} + \\
& d_t + v_i + \varepsilon_{i,t}
\end{aligned}
\tag{4.1}
$$

为进一步验证 CEO 不同阶段晋升经历对企业创新投资的影响,在模型(4.1)的基础上将主要解释变量变为不同阶段的晋升经历即 $ProExp_{20\sim30}$、$ProExp_{30\sim40}$、$ProExp_{40\sim50}$、$ProExp_{50\sim60}$,因此模型如下:

$$
\begin{aligned}
RD_{i,t} = {} & \alpha + \beta_0 ProExp(j)_{i,t-1} + \beta_1 CF_{i,t-1} + \beta_2 \text{Log}Sales_{i,t-1} + \\
& \beta_3 Sales\ Growth_{i,t-1} + \beta_4 ROA_{i,t-1} + \beta_5 Book\ Leverage_{i,t-1} + \\
& \beta_6 \text{Log}(PPE/Emp)_{i,t-1} + \beta_7 Q_{i,t-1} + \beta_8 \text{Log}(1+Age)_{i,t-1} + \\
& \beta_9 \text{Log}(1+Tenure)_{i,t-1} + d_t + v_i + \varepsilon_{i,t}
\end{aligned}
\tag{4.2}
$$

其中，模型（4.2）中变量 $ProExp(j)_{i,t-1}$ 中的 j 分别为 20~30、30~40、40~50、50~60。我们主要通过观察两个模型中 β_0 的显著性情况来分析二者之间的关系。

4.1.3　实证分析

4.1.3.1　描述性统计

根据以上方法测算 CEO 早年晋升频率指数，且进行排序，排列于前三分之一为晋升较快样本，否则为晋升较慢样本。表4.2报告了两个子样本的描述性统计结果，可见，在 CEO 晋升较快样本中研发强度均值为0.028，明显高于晋升较慢样本（0.026），这与预测相符。同时，相对CEO 晋升较慢的企业，晋升较快的 CEO 所在企业的 ROA 和销售收入都明显高些，这可能由于晋升较快的 CEO 对自己能力充分自信，会敢于投入生产创造更多的收益，这与张信东和郝盼盼（2017）的研究结果一致。同时，晋升较快子样本企业的资产负债率中位值为 0.449，这也明显高于晋升较慢的样本（0.432），这说明早年晋升较快的 CEO 会敢于去冒险，在内源融资无法满足自身需求的情况下会大量举债，充分相信公司的还债能力。然而，CEO 晋升较快的企业托宾 Q 值的均值和中位值却明显小于晋升较慢样本。在年龄和任期方面，CEO 晋升较快样本中，CEO 的平均年龄明显较小且任期较长，这基本符合理论，由于晋升较快导致 CEO 会普遍年轻，这样在岗位任职的时间就会相对长些。

表4.2　　　　　　　　　　描述性统计结果

变量		CEO 晋升较快	CEO 晋升较慢	Difference（p-value）
RD	Mean	0.028	0.026	0.002***
	Median	0.001	0.001	0.602
	Variance	0.005	0.008	

变量		CEO 晋升较快	CEO 晋升较慢	Difference (p-value)
ROA	Mean	0.041	0.035	0.052 *
	Median	0.039	0.036	0.055 *
	Variance	0.005	0.010	
Sales Growth	Mean	0.191	0.676	0.880
	Median	0.130	0.108	0.043 **
	Variance	0.637	0.146	
Sales	Mean	8.017	7.964	0.026 **
	Median	7.997	7.934	0.047 **
	Variance	0.491	0.432	
Q	Mean	1.960	2.263	0.001 ***
	Median	1.477	1.671	0.002 ***
	Variance	3.143	6.067	
Book Leverage	Mean	0.447	0.439	0.154
	Median	0.449	0.432	0.014 **
	Variance	0.039	0.056	
CF	Mean	0.043	0.040	0.830
	Median	0.040	0.038	0.652
	Variance	0.006	0.010	
PPE/Emp	Mean	5.440	5.461	0.168
	Median	5.477	5.471	0.705
	Variance	0.227	0.359	
Age	Mean	1.636	1.676	0.000 ***
	Median	1.633	1.672	0.000 ***
	Variance	0.003	0.003	
Tenure	Mean	0.720	0.683	0.001 ***
	Median	0.699	0.699	0.083 *
	Variance	0.068	0.072	

注：***、**、*分别表示在1%、5%、10%的置信水平下显著。本章其他表格含义相同，不再重复注释。

4.1.3.2　企业家早年晋升频率对企业创新投资的回归分析

通过对模型（4.1）进行回归来分析 CEO 早年晋升经历对企业创新投资的影响，回归结果见表 4.3。其中，列（2）为 CEO 整个晋升过程的检验结果，可见，现金流和托宾 Q 都在 1% 的显著性水平下与企业创新投资存在显著正相关关系，系数分别为 0.229 和 0.008。所以，内源融资是企业创新资金来源的主要渠道，且投资机会也是影响企业创新投资的关键变量，这与其他学者的研究基本一致。然而，企业的 ROA、资产负债率却对企业创新投资具有显著的负向影响，与已有学者研究结果相符。主要由于 ROA 的增加激发企业侧重于短期效益却忽视长期的研发投资，而负债融资方式需要抵押担保，这样就与研发投资的属性不符。对于本书所关注的关键变量 CEO 晋升经历，PE 与企业创新投资在 5% 的显著性水平下正相关，回归系数为 0.023，说明 CEO 早年晋升较快有利于促进企业的创新投资，这验证了假设 H4.1。

表 4.3　　CEO 早年晋升经历对企业创新投资的回归结果

变量	PE	$PE_{(20\sim30)}$	$PE_{(30\sim40)}$	$PE_{(40\sim50)}$	$PE_{(50\sim60)}$
PE	0.023 ** (1.99)	0.030 ** (2.06)	0.023 * (1.79)	0.007 (0.59)	-0.009 (-0.41)
CF	0.229 *** (4.06)	0.194 *** (9.61)	0.194 *** (9.61)	0.194 *** (9.59)	0.194 *** (9.61)
ROA	-0.127 * (-1.87)	-0.184 *** (-2.78)	-0.183 *** (-2.76)	-0.184 *** (-2.78)	-0.184 *** (-2.77)
$Sale\ Growth$	0.001 (0.24)	0.001 (0.51)	0.001 (0.49)	0.001 (0.47)	0.001 (0.49)
$LogPPE/Emp$	0.013 ** (2.24)	0.015 ** (2.52)	0.017 *** (2.90)	0.017 *** (2.88)	0.017 *** (2.86)
$LogSales$	-0.002 (-0.35)	-0.005 (-0.92)	-0.005 (-0.93)	-0.005 (-0.92)	-0.005 (-0.92)
$Book\ Leverage$	-0.014 * (-1.78)	-0.008 (-0.44)	-0.008 (-0.43)	-0.008 (-0.46)	-0.008 (-0.45)
Q	0.008 *** (5.97)	0.007 *** (5.64)	0.007 *** (5.65)	0.007 *** (5.63)	0.007 *** (5.65)

变量	PE	$PE_{(20-30)}$	$PE_{(30-40)}$	$PE_{(40-50)}$	$PE_{(50-60)}$
$Log(1+Age)$	0.057 (1.27)	0.075 * (1.73)	0.043 (1.01)	0.039 (0.90)	0.052 (1.19)
$Log(1+Tenure)$	0.001 (0.14)	-0.002 (-0.25)	-0.001 (-0.46)	-0.001 (-0.03)	-0.001 (-0.11)
年固定效应	Yes	Yes	Yes	Yes	Yes
公司固定效应	Yes	Yes	Yes	Yes	Yes
R^2	0.025	0.074	0.072	0.072	0.072
$Observations$	2099	2090	2090	2090	2090

4.1.3.3 企业家不同阶段晋升经历的差异性分析

以上分析表明 CEO 早年的晋升频率会影响企业创新投资，那么不同阶段的晋升频率是否对企业创新投资的影响也不同呢？我们对模型（4.2）进行了回归，结果如表 4.3 列（3）、列（4）、列（5）和列（6）所示。可见，在各个阶段的现金流 CF 和托宾 Q 值都是影响企业创新投资的关键要素，其他与前面结论一致。对于 CEO 早年晋升经历变量，在 20~30岁、30~40 岁两阶段的晋升频率分别在 5%、10% 的显著性水平下与企业创新投资存在正相关关系；而在后两个阶段，二者之间并不存在显著的相关性。因此，通过对比得出，在 20~30 岁时 CEO 晋升频率较快对企业创新投资的促进作用更明显，由于年轻阶段的快速晋升更易引起 CEO 过度自信进而对创新投资的影响更显著，这与假设 H4.2 相符。

4.1.3.4 影响机制探究

通过以上研究可知，CEO 早年晋升较快会促进企业的创新投资，那么为什么会存在这种现象呢？晋升经历通过何种机制来影响企业创新投资？为了解决这一疑问，本部分将深入探究二者之间的影响机制。基于以上理论分析，CEO 早年晋升过快更容易引起自我膨胀从而会产生过度自信的心理状态，而管理者过度自信对企业创新的促进作用已经得到大部分学者的认同（Galasso et al.，2011；David et al.，2012；易靖韬等，2015；张信东等，2017）。根据这一理论逻辑，我们将验证 CEO 过度自信这个中间影响机制，通过中介效应检验方法进行检验。

其中，CEO 过度自信变量 OC 的度量参考郝颖等（2005）的方法，根据高管持股数量的变化，如果由于非红股或业绩股原因增加持股数量则视为过度自信，否则为非过度自信，同时，与张信东和郝盼盼（2017）的结论一致，限制要求过度自信的 CEO 在整个任职期都不能出现持股减少的情况。我们通过手工整理数据最终测算了样本企业 CEO 的过度自信情况。

中介效应检验结果如表 4.4 所示（由于篇幅限制，未列出控制变量的结果）。步骤一首先对 CEO 晋升经历与创新投资进行检验，结果与上述一致，回归系数显著为正。步骤二检验了 CEO 晋升经历对过度自信的影响，结果显示早年经历在 1% 的显著性水平下与过度自信显著正相关。步骤三在回归（1）基础上加入了 CEO 过度自信变量，晋升经历变量（PE）与过度自信（OC）的系数都显著为正，而且晋升经历的系数由 0.023 下降为 0.012，这说明 CEO 过度自信起到了部分中介效应。检验结果表明 CEO 早年晋升经历通过过度自信进而影响了企业创新投资，这再次验证了假设 H4.1。

表 4.4　CEO 晋升经历通过过度自信中介效应影响创新投资的检验结果

变量	（1） 步骤一 被解释变量 （RD）	（2） 步骤二 被解释变量 （OC）	（3） 步骤三 被解释变量 （RD）
PE	0.023 ** （1.99）	0.345 *** （2.61）	0.012 ** （2.03）
OC			0.002 * （1.92）
Controls	控制	控制	控制
R^2	0.072	0.017	0.033
Observations	2090	1328	1328

为了进一步检验前面的结论，我们进而探究不同阶段的晋升经历是否也会造成不同程度的过度自信从而导致对创新投资的影响不同？根据前面所划分的四个阶段（20～30、30～40、40～50、50～60），对每个阶段进

行影响机制检验，分组检验的回归模型在模型（4.2）的基础上引入了各阶段晋升经历与过度自信的交叉变量，具体如下：

$$RD_{i,t} = \alpha + \beta_0 ProExp(j)_{i,t-1} \times OC_{i,t-1} + \beta_1 ProExp(j)_{i,t-1} + \beta_2 OC_{i,t-1} +$$

$$\beta_3 CF_{i,t-1} + \beta_4 LogSales_{i,t-1} + \beta_5 Sales\ Growth_{i,t-1} + \beta_6 ROA_{i,t-1} +$$

$$\beta_7 Book\ Leverage_{i,t-1} + \beta_8 Log(PPE/Emp)_{i,t-1} + \beta_9 Q_{i,t-1} +$$

$$\beta_{10} Log(1+Age)_{i,t-1} + \beta_{11} Log(1+Tenure)_{i,t-1} + d_t + v_i + \varepsilon_{i,t}$$

$$(4.3)$$

分组检验结果见表 4.5，列（2）为 20~30 岁时晋升经历影响机制的实证结果，可见晋升频率与过度自信的交叉变量在 1% 的显著性水平下对企业创新投资具有正向促进作用，且回归系数为 0.072；列（3）为 30~40 岁时晋升经历影响机制的实证结果，该阶段的晋升频率与过度自信的交叉变量在 10% 的显著性水平下与企业创新投资之间存在正相关关系，系数为 0.030；列（4）和列（5）为 40~50 岁和 50~60 岁时晋升经历影响机制的实证结果，我们所关注的交叉变量与企业创新投资之间存在并不显著的负相关关系。基于以上结果可得出，在 20~30 岁时晋升频率与过度自信的交叉变量对企业创新投资的影响更为明显，这说明在年轻阶段 CEO 晋升较快更容易导致其过度自信从而促进企业创新投资，这不仅再次检验了假设 H4.2，而且进一步解释了年轻阶段晋升经历显著影响企业创新投资的原因，同时验证了年轻阶段经历对高管所做决策的重要性。

表 4.5   不同阶段晋升经历的影响机制检验结果

变量	$PE_{(20~30)}$	$PE_{(30~40)}$	$PE_{(40~50)}$	$PE_{(50~60)}$
$PE \times OC$	0.072 *** (2.71)	0.030 * (1.94)	−0.016 (−0.71)	−0.015 (−0.22)
PE	0.015 * (1.93)	0.004 ** (2.61)	0.017 * (1.75)	0.002 (0.13)
OC	0.016 (1.49)	0.014 (1.94)	0.009 (0.99)	0.005 (0.69)
Controls	控制	控制	控制	控制
R^2	0.033	0.026	0.027	0.025
Observations	1963	1963	1963	1963

4.1.3.5 企业异质性检验

以上研究表明 CEO 晋升频率越快越能促进创新投资，那么这种现象在不同企业是否存在差异？考虑到国有企业的领导提拔任命制及行政部门的干预可能会影响管理者晋升的自然规律，因此对本研究的适用性不强。而非国企管理者的晋升制度更符合本书的理论逻辑。其次，研发强度较大企业频繁进行研发投资，需要管理者反复做决策，因此管理者特质对其决策的影响更明显。此外，在约束机制较强的企业，管理者的自由决策权受到很好的监督和制约，因此其自身特质对企业创新决策的影响较弱。

为检验企业异质性的影响差异，本书将企业进行分组对比分析。根据企业实际控制人的性质分为国有企业和非国有企业；根据企业的研发强度情况分为研发强度大和研发强度小企业，其中研发强度排名位于前 1/3 为研发强度大企业，否则为研发强度小企业；参照姜付秀和黄继承（2013），第一大股东的持股比例高于 34% 则为约束机制强的企业，否则为约束机制弱企业。基于以上分组，回归结果见表 4.6。由表可见，相对国有企业、研发强度小及约束机制强的企业，在非国企、研发强度大、约束机制弱的企业中 CEO 晋升经历对企业创新投资的影响更明显，其系数分别为 0.023、0.034 和 0.048。

表 4.6　企业异质性检验

变量	研发强度大	研发强度小	Difference (p-value)	约束机制强	约束机制弱	Difference (p-value)	国企	非国企	Difference (p-value)
PE	0.034* (1.80)	-0.001 (-0.22)	0.026	-0.012 (-0.68)	0.048** (2.10)	0.051	0.016 (1.13)	0.023* (1.93)	0.033
Controls	控制	控制		控制	控制		控制	控制	
R^2	0.153	0.024		0.063	0.059		0.052	0.116	
Observations	941	1165		751	306		1093	1013	

4.1.3.6　内生性问题的解决——基于 CEO 变更事件的动态 DID 分析

前面从静态视角检验了 CEO 早年晋升经历对企业创新投资的影响，但到底是 CEO 晋升经历影响了其个人品质而促进创新投资，还是企业创新投资增加进而有利于 CEO 晋升，为解决这一内生性问题，本部分从动态视角出发，根据 CEO 变更事件探究同一家企业由晋升频率慢变更为晋升频率快的 CEO 后创新投资的净变化。因此建立 DID（difference-in-difference）模型，具体模型如下：

$$RD_{i,t} = \alpha + \beta_0 ProExp_{i,t-1} + \beta_1 After_{i,t-1} + \beta_2 ProExp_{i,t-1} \times After_{i,t-1} + \beta_3 X_{i,t-1} + \varepsilon_{i,t-1} \tag{4.4}$$

其中，$RD_{i,t}$ 的定义与前文相符，$ProExp_{i,t-1}$ 和 $After_{i,t-1}$ 为虚拟变量，当 CEO 由晋升频率慢变为晋升频率快 CEO 时，$ProExp_{i,t-1}$ 取 1，否则取 0；当企业当年发生 CEO 变更事件时，$After_{i,t-1}$ 取 1，否则取 0。$X_{i,t-1}$ 为模型（4.1）中的其他控制变量。这里晋升频率的快慢界定为晋升频率指数是否位于前三分之一。基于所提假设，我们将重点关注 $ProExp_{i,t-1} \times After_{i,t-1}$ 该交叉变量的系数 β_2 的符号，具体回归结果见表 4.7。由表 4.7 列（1）可见，该交叉变量在 1% 的显著性水平下与企业创新投资存在显著的正相关关系，系数为 0.004，这说明企业 CEO 由晋升经历较慢变为晋升经历较快时，企业的创新投资将会增加约 0.4%。为了使结果更具说服力，我们将重新界定 CEO 晋升频率的快慢为晋升频率指数是否大于中位值，结果见表 4.7 列（2）。可见，结果基本一致，这就从动态角度再次验证了本书的结论。

表 4.7　　　　　　　基于 CEO 变更事件的 DID 分析结果

变量	(1)	(2)
$After \times PE$	0.004 *** (2.83)	0.007 ** (2.07)
$After$	−0.005 (−0.68)	−0.006 (−1.27)
PE	0.021 * (1.87)	0.007 * (1.91)

续表

变量	(1)	(2)
Controls	控制	控制
R-sauared	0.075	0.078
Observations	2099	2243

4.1.3.7　稳健性检验

1. CEO 晋升经历变量的重新度量

为了让本书结论更具说服力，我们将重新度量 CEO 晋升经历。前面通过晋升频率指数来刻画晋升经历，这将晋升经历变量 $ProExp_{i,t-1}$ 视为虚拟变量，当早年晋升频率指数位于前 1/3 时，该变量取 1，否则取 0，具体结果见表 4.8。可见，列（1）中的晋升经历变量与企业创新投资之间在 10% 的显著性水平存在正相关关系，列（2）引入了过度自信变量，二者之间的交叉变量在 5% 的显著性水平下对企业创新投资具有正向影响，这就再次验证了 CEO 早年晋升经历通过其过度自信品质影响了企业的创新投资。

表 4.8　　　　　　　　稳健性检验（一、二）

变量	(1) PE 重新测度	(2) PE 重新测度	(3) OC 重新测度
PE	0.005 * (1.92)	0.001 ** (2.37)	0.001 * (1.94)
OC		0.002 * (1.95)	0.009 ** (2.37)
PE × OC		0.007 ** (2.64)	0.020 ** (2.27)
Controls	控制	控制	控制
R^2	0.078	0.031	0.037
Observations	2243	1652	1328

2. CEO 过度自信变量的重新度量

对过度自信的度量在学术界一直都未达成共识，为了更加客观地验证过度自信这一中间影响机制，本书重新刻画 CEO 的过度自信。考虑到马尔门迪尔和泰特（Malmendier and Tate，2005a，2005b）所提出的管理者行权行为和媒体评价的度量方法在国内并不适用，而国内学者所提的企业景气指数、企业盈利预测偏差等方法刻画 CEO 个人特征并不合理，本部分将探寻更合适的方法。易靖韬等（2015）提出了新的度量方法，基于过度自信的高管更容易进行投资和并购这一理论依据，通过模型（4.5）计算残差后减掉行业中位值残差，结果大于 0 则为过度自信，否则为非过度自信。本部分采用该方法通过引入交叉变量方法重新检验中间影响机制，结果见表4.8列（3）。可见，与本书结论一致，CEO 早年晋升经历与过度自信的交叉变量在5%的显著性水平下与企业创新投资呈现正相关关系，这再次验证了假设 H4.1。

$$y_{i,t} = \beta_0 + \beta_1 (Sales\ Growth)_{i,t} + \varepsilon_{i,t} \qquad (4.5)$$

其中，$y_{i,t}$ 表示企业 i 在第 t 年的总资产增长率，$Sales\ Growth_{i,t}$ 表示营业收入增长率。

3. 是否受 CEO 权力的影响

CEO 早年经历与创新决策之间的关系是否也受到其权力的影响？当 CEO 的权力越大，CEO 对所做决策越有主动权，那么 CEO 特质对创新决策的影响会更大。为进一步检验研究结论，当 CEO 兼任董事长时，划分为 CEO 权力大样本；否则为 CEO 权力小样本。分组后重新对模型（4.1）进行回归，结果见表4.9，可见，相对 CEO 权力小的样本，在 CEO 权力大的子样本中早年晋升经历对企业创新投资具有更显著的正向影响，且回归系数为0.06，这说明 CEO 权力较大时，其个人特质对决策的影响更明显，再次检验了本书的结论。

表 4.9　　　　　　　　　稳健性检验（三、四）

变量	CEO 权力大样本	CEO 权力小样本	CEO 能力
PE	0.060 * (1.84)	0.028 (1.14)	0.022 * (1.94)
Degree			0.001 (0.10)

续表

变量	CEO 权力大样本	CEO 权力小样本	CEO 能力
Background			0.023 *** （2.91）
Controls	控制	控制	控制
R^2	0.049	0.103	0.029
Observations	317	262	2099

4. 是否受 CEO 能力的影响

本书得出 CEO 早年晋升经历会影响企业创新投资，除了已有控制变量，可能也受到 CEO 能力的影响，为保证结果的稳健，我们将控制 CEO 能力。这里的 CEO 能力通过 CEO 的学历（*Degree*）和职业背景（*Background*）来刻画。在模型（4.1）基础上，控制了这两个变量重新回归，结果见表4.9列（4）。可见，晋升经历也在 10% 的显著性水平下正向影响企业创新投资，这验证了结论的稳健性。值得注意的是，CEO 从事研发工作的职业背景在1% 的显著性水平下对企业创新投资具有正影响，这说明 CEO 曾经从事研发工作这一背景对企业创新投资至关重要，有利于其更客观地制定创新决策，这也将成为今后所关注方向。

5. 样本外再检验

以上研究样本为制造业和信息技术业，该类样本研发强度较大，为避免样本因素对研究结果的制约，本书再次选取 2009 ~ 2015 年在创业板上市的 495 家企业为样本，该类样本中包含约 12% 的其他行业。同时为了剔除自我选择偏差问题，采用倾向得分匹配法（PSM）进行再检验，将晋升较快和较慢企业分别设为处理组和控制组，采用被处理单位的平均处理效应（ATT）来检验晋升经历对创新投资的净效应。结果如表 4.10 所示，可见样本匹配前两组样本的创新投入之差为 0.004，比匹配之后的 ATT 值（0.002）略高，这有效剔除了其他企业特征的影响，且 ATT 平均处理效应在 5% 的显著性水平下通过检验。因此，通过样本外的 PSM 再检验再次验证了本书研究结果。

表 4.10　　　　　　　样本总体的平均提升效果（ATT 效应）

变量	样本	处理组	控制组	ATT	标准差	T 值
RD	匹配前	0.036	0.032	0.004	0.003	1.94 *
	匹配后	0.034	0.033	0.002	0.003	2.05 **

4.1.4　实证结果与讨论

本书通过手工搜索样本企业 CEO 早年的晋升经历数据构建了 CEO 晋升频率指数，并探究 CEO 早年晋升经历对企业创新投资的影响，通过静态的面板回归和动态的 DID 检验后得出：（1）CEO 早年晋升越快越有利于促进企业创新投资，尤其年轻阶段的晋升经历对企业创新投资的影响更明显。（2）CEO 晋升经历通过对其过度自信品质的影响进而影响企业的创新投资，CEO 早年晋升过快容易导致其过度自信进而会促进创新投资。（3）CEO 晋升经历对创新投资的影响具有企业异质性，相对而言，在非国有企业、研发强度大、约束机制较弱的企业，这种正向影响更明显。

基于以上研究，一方面本书从晋升经历这一新视角论证了影响企业创新投资的重要因素，这为今后研究提供了新思路；另一方面通过深入探究其中间影响机制，再次验证管理者过度自信对企业创新的重要性，重新解释了管理者过度自信之谜。通过所得结论可见，企业在选聘高管过程中，除了需要关注其学历、能力、教育背景等等，还要了解其早年的一些重要经历尤其是晋升经历，因为从心理学角度出发，这些经历会影响其个人特质从而影响今后的重要决策。然而，值得注意的是，从企业创新投资角度而言，CEO 早年晋升越快越会过度自信从而提升创新投资，但是所造成的过度自信品质同样会带来过度投资、无效率并购等弊端。因此，需要企业全面衡量其利弊。此外，本书研究结果还得出，CEO 早年的工作经历尤其从事过研发工作的经历对企业创新投资具有明显的正向影响，所以为了提升企业的创新投资，企业可以倾向于选聘一些曾经有过研发工作经历的高管，这也将成为今后的研究问题。

总之，本研究结合心理学理论，从一个全新的视角解释了企业创新投资的影响因素，这丰富了企业创新理论。同时，通过对影响机制的探究，验证了晋升经历—过度自信—创新投资的理论逻辑，补充了管理者过度自信方面的研究。这不仅具有一定的理论贡献，且对企业选聘高管、提升创新投资具有重要的现实指导意义。

4.2　企业家多元化职业路径对企业创新决策的影响 *

众所周知，IBM 前总裁路易斯·郭士纳（Louis Gerstner）在很大程度上扭转了 IBM 的局面，并带领 IBM 公司冲出重围。然而，在加入 IBM 之前他还是个局外人，他曾经拥有丰富的职业经历，例如他一毕业便加入麦肯锡管理咨询公司、在美国运通公司担任执行副总裁、担任美国最大的食品烟草公司老板等，他的职业生涯经历了 11 个职位、10 家公司和 6 个行业。那么，郭士纳加入 IBM 之前的职业路径是否与 IBM 后来的创新突破息息相关呢？被称为"创新之神"的史蒂夫·乔布斯（Steve Jobs）曾经说过："创造力只不过是将事物联结起来……我们（IT）行业中的很多人尚缺少多元的经历，所以他们没有太多可以联结的'点'，面对问题时没有广阔的视野，只能提出单一而线性的解决方案，缺乏创造力。一个人的人生阅历越丰富，就会有越好的设计。"无论是郭士纳还是乔布斯，是否正由于他们早期多元的职业或生活经历，才凝聚了后来众多的"闪光点"，进而激发了被众人推崇的企业家创新精神？

在创新驱动转型发展的现实背景下，在极力弘扬优秀企业家精神、发挥企业家作用的政策导向下，企业家在提升企业创新能力中扮演着重要的角色。尤其随着行为金融的逐渐演进，管理者行为决策与企业创新之间的关系已成为学术界关注的焦点。加拉索等（Galasso et al.，2011）首次关注管理者过度自信对企业创新的影响，认为过度自信的管理者通过提升创

---

* 该部分成果发表于《科技进步与对策》2019 年第 18 期，郝盼盼，张信东，贺亚楠. 多元化还是专一性更好——高管早年职业路径与企业创新关系研究，科技进步与对策，2019（18）：129 – 138.

新能力来证明自己的价值。随后一系列学者开始检验管理者过度自信与企业创新的关系（David et al., 2012；Lüdtke and Lüthje, 2012；Herz et al., 2013；Chang et al., 2015；易靖韬等，2015；于长宏等，2015；张信东等，2017；郝盼盼等，2017）。除了过度自信，近期还有学者将目光转移到管理者的海归背景（张信东和吴静，2016）、学术背景（沈艺峰，2016）及爱好特征（Sunder and Zhang, 2017）等。关于管理者职业背景与企业创新的研究集中于高管是否从事过技术、研发和销售等特殊工作（Barker et al., 2002；康华等，2012；胡元木等，2012；韩忠雪等，2014；2015）。近期，郝盼盼等（2018）从高管早期晋升经历这一新视角出发，得出管理者早年晋升越快越能促进创新投资。可见，在企业创新领域关于管理者职业背景的研究已越来越多，然而针对高管具体的职业路径研究并不多见。一方面，多元化的职业经历会让高管综合多维度、多领域的知识，有助于激发创造力；另一方面，专一性的职业经历更容易使高管成为某一领域的专家，突破更多的技术难题。那么，高管早年职业路径多元化、专一性哪个更能够促进企业创新呢？这一问题有待进一步通过实证检验来回答。

为了弥补已有文献不足，探究高管早年职业路径对企业创新的影响，本书首先通过构建高管早年职业路径指数，对比分析高管多元化和专业性职业经历对创新投资的影响；为了深化已有研究，本书接着剖析二者之间的影响渠道，检验高管层面的失败容忍机制和信息学习机制；最后，本书进一步验证高管职业路径到创新投资再到创新产出整个过程的作用，这有助于客观评价企业家及企业家精神在创新活动中的真实作用。

4.2.1　研究假设的提出

4.2.1.1　企业家早年职业路径与企业创新

企业创新是一项高风险、高挑战性、高创造性的活动，而创新决策及预算往往落于高管（尤其 CEO）肩上，因此企业高管在创新活动中将面对极大的风险及挑战。同时，哈姆里克和梅森（Hambrick and Mason, 1984）所提出的高层梯队理论认为，高管的认知偏差会影响组织的绩效。

所以，高管不同的认知偏差将对企业创新造成不同影响。贝克尔（Becker，1992）、埃尔德（Elder，2013）均认为早年重要经历对其偏好和信念的形成至关重要。那么，高管早年的职业路径将对企业创新造成什么影响呢？方达斯和维尔斯马（Fondas and Wiersema，1997）提出高管的职业经历包括之前的职责、职位、从事行业和公司部门等，是指曾经任职组织和机构的类型和数量。基于此，高管的职业路径分为多元化和专一性两类，前者指高管从事过多种行业、职位及部门等，后者则是高管从事单一的部门及职位等。由于管理者的职业经历某种程度上会反映出其知识积累、个人偏好，从而会折射出其认知水平、心理状态、价值取向等，因此多元化和专一性职业路径会对企业创新决策造成不同影响。

一种观点认为，多元化职业经历的高管更可能开展创新项目。首先，创新活动从新观点和新概念的形成到最终形成新产品得到市场认可，这需要经历漫长的过程，而且很有可能半途而废以失败告终。因此，一个成功的创新项目往往建立于数次失败基础之上。已有研究表明，能够提高创新回报的最优机制是能够容忍失败（Lerner and Wulf，2007；Manso，2011；Tian and Wang，2014）。多元职业经历的高管由于拥有多样的知识经验，更容易在不同行业或不同企业之间游走，其在劳动力市场上的外部选择更多，因而在某一地方的偶尔失败并不能挫败其创新的决心。同时，其广阔的外部选择造就这类高管对失败的容忍力较强，因此他们会倾向于创新投资。其次，考虑到创新研发决策的高度私密性，能够获取最前沿的研发领域信息显得十分重要，而多元职业经历的高管是信息学习的最佳个体。因为多元的职业经历不仅开阔了其认知广度且带给他们丰富的社会人际网络，所以这类高管在获取和学习行业领导者的研发信息上具有得天独厚的优势，这样将有利于提高创新投资效率。

另一种观点也认为，专一性职业经历的高管由于拥有更专业的技术知识促使他们有效提高创新绩效。企业研发创新是一项技术知识含量较高的活动，且往往发生在类似生物技术、信息技术等高科技领域（Cláudia et al.，2017），因此更需要专业性较强的高管来客观地做出决策。当高管曾经从事与本企业行业类似的职业，那么他所拥有的丰富专业知识将有利于在创新活动中突破技术难题。例如，已有研究表明聘请有技术背景的董事或高管将会提高企业的技术效率（胡元木等，2012；韩忠雪等，2014；2015）。尤其当技术类高管在早年执着于仅从事这类行业时，这种提升效果可能会更明显。此外，专一职业经历的高管拥有专业的独到眼光，其在识别可能的研发机会时将更有利，他们拥有专业的知识结构及技能，能够从更专业的角度去辨别信息从而优化决策。

基于以上分析，高管多元化或专一性的职业经历都有可能促进企业的创新投资，为了揭开这一谜底，需要通过实证分析来解答。鉴于企业 CEO 是高管团队中的核心决策者，本书以企业 CEO 为研究对象，提出假设：

H4.3a：CEO 多元化职业路径会提高企业创新投资；

H4.3b：CEO 专一性职业路径会提高企业创新投资。

4.2.1.2 影响渠道

如果上述假设 H4.3a 成立，在前文理论分析基础上，本书将深入剖析其间的影响渠道，总结为以下两种渠道：

1. 失败容忍渠道

一方面，从行为心理角度出发，职业经历多元化的高管其抵抗风险能力较强，敢于面对失败。心理学及劳动经济学领域研究表明，人们职业的变更能反映出其潜在的性格差异，流动性较强的 CEO 往往更加开放且偏好风险；而钟情于特定领域的 CEO 一般会性情稳重更喜欢求稳。瑞安和王玲玲（Ryan and Wang，2012）研究发现，曾经任职多家的 CEO 会具有较强的风险承担性，从而喜欢从事风险高的活动。克罗斯兰等（Crossland et al.，2014）、孟祥展等（2018）也发现，多样性职业生涯的 CEO 会提高公司战略新颖性，促进战略变革。因此，多元化职业经历的高管更倾向于承担风险，容忍失败，而这是促进企业创新投资的关键机制。

另一方面，从业务能力角度出发，多元化职业经历增加了 CEO 的"认知库存"和"技能经验"，这样导致他们并不惧怕失败。费斯克和泰勒（Fiske and Taylor，1991）提出，职业变动将会塑造一个人的认知地图。而且管理者在决策中会参考之前的经验和规范（Schwenk，1988）。随着认知的不断丰富，其技能和经验不断扩充，这为高管职业转换提供有力的砝码，形成一种良性循环。当高管在某个公司研发失败时，其拥有的多样知识体系和技能导致其能够很轻松在劳动力市场找到新的机会。因此，"身怀绝技"促使这类高管对创新失败具有高度的容忍力。

基于这两方面的考虑，提出以下假设：

H4.4：多元化职业路径的 CEO 通过失败容忍渠道促进企业创新投资。

2. 信息学习渠道

比克昌丹尼等（Bikhchandani et al.，1998）认为当管理者仅参考自有信息进行决策时，这样既费时又费力，成本较高。所以他们往往会参考其他同行的信息。尤其会参考那些行业领导者的优质信息（Banerjee，1992）。鉴于研发创新信息的专业性和私密性，多元职业经历的 CEO 是获取这类信息的最佳人选。因为，一方面，多元职业经历的 CEO 往往拥有多方面的知识体系和多层面的认知水平，当他们捕捉到一些有用信息时，通过内在的转化和演变，更容易创造性提出新的观点和概念，从而有效学习和利用已有信息，最终转变为自有信息，提高研发投入。另一方面，以往多元的职业经历赋予 CEO 更丰富的社会关系网络资源，这种隐形资源同样是一种重要的财富。尤其在中国人情文化情景下，这种资源优势将会为 CEO 的信息获取提供便利条件，有利于他们第一时间获取最前沿、最有价值的研发信息，优化研发决策。

基于此，提出以下假设：

H4.5：多元化职业路径的 CEO 通过信息学习渠道促进企业创新投资。

4.2.2　样本选择、数据来源及模型设计

4.2.2.1　研究样本与数据来源

为了选取具有代表性的研发创新类企业，本书以 2002～2015 年在沪、深 A 股上市的制造业和信息技术业企业为样本。此外，进行如下的数据处理：第一，剔除掉财务数据和 CEO 信息异常的企业；第二，为了研究需要，保证研发滞后数据的完整性，剔除掉未连续三年披露数据的企业；第

三，对特殊的极端值进行了 Winsorize 处理。最终获得观测值 2400 个。本研究的研发数据通过两种方式获得，由于新会计准则出台之前企业研发信息披露不完整，2007 年之前的研发数据通过手工搜索公司年报获取，主要来自财务报告附注"支付的其他与经营活动有关的现金流量"项目。2007 年之后的研发数据通过 CSMAR 数据库获得。CEO 职业背景数据通过手工整理高管个人简历获得，其他财务数据均来自 CSMAR 数据库。此外，涉及到企业所在地失业率等数据来自各地统计年鉴。

4.2.2.2　研究变量与主要模型

1. 变量定义

（1）CEO 职业路径指数（career path index）。

该指数的构建主要参考库斯托迪奥等（Custodio et al.，2013）的研究，是指该公司 CEO 任职之前所从事过的不同组织、不同部门、不同行业以及不同职位等，从事的数量越多，说明该 CEO 的职业路径越多元化。具体测算模型如下：

$$CPI_{i,t} = 0.268X1_{i,t} + 0.312X2_{i,t} + 0.309X3_{i,t} + 0.218X4_{i,t} + 0.153X5_{i,t}$$

$$(4.6)$$

其中，$X1$ 是指在成为本公司 CEO 之前所从事的职位数量；$X2$ 是指 CEO 所服务过的公司数量；$X3$ 是指 CEO 所从事过的行业数量（具体行业划分依据 2012 年证监会发布的《上市公司行业分类指引》所规定的二级行业标准）；$X4$ 和 $X5$ 为虚拟变量，如果 CEO 之前曾经担任过别的公司 CEO，$X4$ 取 1；否则取 0；如果 CEO 曾经在多部门公司工作过（例如除了主营业务还有很多其他业务），$X5$ 取 1；否则取 0。CPI 指数的取值越大说明 CEO 的职业路径越多样化。

（2）创新投资（RD）。

企业的创新投资主要以研发支出为主，本书的创新投资通过企业的研发投入强度来刻画，具体是指研发费用与总资产之比。

（3）创新产出数量。

除了企业创新投资，为了更全面解决所提问题，我们还将进一步分析

CEO 职业路径对创新产出的影响，且从产出数量和质量两个层面刻画。其中，创新产出数量主要通过样本企业当年所申请的专利数量来度量。为了研究方便，对专利申请数取对数来刻画。

（4）创新产出质量。

为了刻画产出质量，本书将所申请专利进行进一步分类，分为发明专利、实用新型和外观设计，这三种专利分别从高到低反映出创新活动的原创性程度。类似于前面，三种专利申请数分别取对数。

（5）其他控制变量。

参考大卫等（David et al., 2012），在模型中我们还将控制可能影响企业创新的现金流变量、托宾 Q 值、资产负债率、销售收入等，以及CEO 年龄和任期等个人特征变量，具体变量定义见表 4.11。

表 4.11　　　　　　　　变量定义及说明

变量类型	含义	代码	说明
因变量	创新投资	RD	研发费用/年初总资产
	专利申请数	$LogPatent$	企业当年专利申请总数取对数
	发明专利申请数	$LogPatent_1$	企业当年发明专利申请总数取对数
	实用新型专利申请数	$LogPatent_2$	企业当年实用新型专利申请总数取对数
	外观设计专利申请数	$LogPatent_3$	企业当年外观设计专利申请总数取对数
自变量	CEO 职业路径指数	CPI	表示 CEO 早年职业路径指数，测算见模型（4.1）
控制变量	资产收益率	ROA	净利润/资产总额
	托宾 Q 值	Q	市场价值/资产重置成本
	净销售收入	$Sales$	营业净利润
	销售增长率	$Sales\ Growth$	营业收入增长率
	现金流	CF	经营性现金流量净额
	资产密集度	PPE/Emp	固定资产净额/员工数
	资产负债率	$Book\ Leverage$	长期债务与短期债务之和/资产总额
	任期	$Tenure$	CEO 在其职位任职的时间
	年龄	Age	公司数据年份 – CEO 出生年份
	学历	$Degree$	CEO 学历为硕士及以上，取 1；否则取 0

2. 研究模型

为了实证检验 CEO 早年职业路径对企业创新投资的影响，对比多元化和专一性路径的不同作用，参考大卫等（David et al.，2012），将控制变量纳入模型，且考虑到研发活动的滞后性将解释变量均滞后一期，模型如下：

$$RD_{i,t} = \alpha + \beta_0 CPI_{i,t-1} + \beta_1 CF_{i,t-1} + \beta_2 \text{Log} Sales_{i,t-1} + \beta_3 Sales\ Growth_{i,t-1} +$$
$$\beta_4 ROA_{i,t-1} + \beta_5 Book\ Leverage_{i,t-1} + \beta_6 \text{Log}\ (PPE/Emp)_{i,t-1} +$$
$$\beta_7 Q_{i,t-1} + \beta_8 \text{Log}\ (1 + Age)_{i,t-1} + \beta_9 \text{Log}(1 + Tenure)_{i,t-1} +$$
$$d_t + V_i + \varepsilon_{i,t} \tag{4.7}$$

本书主要通过检验 β_0 的显著性来验证主要假设。

4.2.3　实证分析

4.2.3.1　描述性统计

表 4.12 报告了创新相关变量、CEO 特征和公司特征变量的描述性统计结果，由表可见，本书所统计的制造业和信息技术业企业研发强度平均为 4.6%，这与国外发达国家之间还存在一定差距。布朗等（Brown et al.，2009）通过对美国高新技术企业研发情况统计得出，其研发投入与总资产之比已达到 17%。因此，我国高新技术类企业的创新投入还有待提高。此外，专利申请量均值为 1.581，令人欣喜的是发明专利申请平均值（1.168）均高于实用新型（0.959）和外观设计专利（0.744），这说明我国企业已经逐渐开始重视原创性高的创新投入。CEO 特征统计可见，CEO早年职业路径指数平均值为 1.55，CEO 学历均值为 0.413，这说明样本企业中有约 40% 的 CEO 具有硕士以上学历。

表 4.12 描述性统计结果

变量	创新变量				
	Mean	Median	Max	Min	Std
RD	0.046	0.014	0.500	0	0.120

续表

变量	创新变量				
	Mean	Median	Max	Min	Std
LogPatent	1.581	1.531	4.155	0	0.722
LogPatent$_1$	1.168	1.176	3.575	0	0.641
LogPatent$_2$	0.959	0.903	2.878	0	0.640
LogPatent$_3$	0.744	0.778	2.745	0	0.557
变量	CEO 特征变量				
	Mean	Median	Max	Min	Std
CPI	1.550	1.157	13.255	0	1.851
LogTenure	0.695	0.699	1.176	0	0.268
LogAge	1.663	1.663	1.857	1.462	0.060
Degree	0.413	0	1	0	0.492
变量	公司特征变量				
	Mean	Median	Max	Min	Std
ROA	0.037	0.038	0.980	−3.155	0.094
Sales Growth	0.588	0.118	4.409	−1	0.097
LogSales	7.958	7.934	11.006	4.422	0.660
Q	2.147	1.586	5.786	0.159	2.329
Book Leverage	0.442	0.437	3.362	0.017	0.226
CF	0.064	0.053	1.473	−3.076	0.119
Log(PPE/Emp)	5.430	5.452	8.393	1.031	0.561

4.2.3.2　企业家多元化和专一性职业路径的差异化检验

为了对比分析 CEO 不同职业路径对企业创新的影响差异，根据 CPI 指数计算结果对样本进行分类，大于中位值则为多元化职业路径样本；否则为专一性职业路径样本。然后对两类样本进行了差异化检验，结果见表 4.13。可见，与职业路径专一化 CEO 相比，路径多元化的 CEO 所在企业的研发投资均值（0.032）和中位值（0.001）均明显高些，这与本书的假设 H4.3a 预测一致。此外，多元化 CEO 所在企业的 ROA、销售收入、托宾 Q 及资产密集度都要显著高些，这与哈利和王玲玲（Harley and Lingling，2011）的观点一致，他们认为多样经历的 CEO 能够创造更高的生产绩效，提高股东价值。此外，多元化职业路径的 CEO 年龄相对偏大，这与理论逻辑基本相符。

表 4.13 分类样本的差异化检验结果

变量		CEO 职业多元化	CEO 职业专一性	Difference
RD	Mean	0.032	0.019	0.014 ***
	Median	0.001	0.000	0.001 ***
ROA	Mean	0.041	0.032	0.009 ***
	Median	0.040	0.034	0.006 ***
Sales Growth	Mean	0.574	0.627	−0.053
	Median	0.123	0.109	0.014
LogSales	Mean	8.014	7.890	0.124 ***
	Median	7.986	7.873	0.113 ***
Q	Mean	2.280	1.969	0.312 ***
	Median	1.658	1.487	0.171 ***
Book Leverage	Mean	0.429	0.458	−0.029 ***
	Median	0.435	0.440	−0.005
CF	Mean	0.066	0.062	0.004
	Median	0.054	0.052	0.002
Log(PPE/Emp)	Mean	5.474	5.378	0.096 ***
	Median	5.494	5.394	0.100 ***
LogAge	Mean	1.665	1.659	0.006 ***
	Median	1.672	1.653	0.069 ***
LogTenure	Mean	0.698	0.703	−0.005
	Median	0.699	0.778	−0.079 ***

4.2.3.3 回归结果分析

本书对模型（4.7）进行回归来验证 CEO 职业路径对企业创新投资的

影响，回归结果见表 4.14。列（2）为未控制 CEO 其他特征下的回归结果，可见，现金流和成长机会托宾 Q 仍然是影响企业创新投资的主要变量，这与张信东等（2018）研究一致。我们所关注的关键变量 *CPI* 与企业创新投资之间在 10% 的显著性水平下呈现正相关关系，在列（3）中控制了 CEO 年龄和任期特征后，二者之间关系仍然成立。这说明 *CPI* 指数越大越会促进企业创新投资，即 CEO 早年职业路径越多元化，企业创新投资将越多。为了保证结论的稳健性，再次构建 CEO 多元化指数（$CEO_{diversification}$），当 *CPI* 指数大于中位值时，$CEO_{diversification}$ 取 1；否则取 0。重新回归结果见表 4.14 列（4）和列（5），可见，CEO 职业路径多元化指数在 5% 的显著性水平下正向影响企业创新投资，这与前述结论一致，因此验证了假设 H4.3a。

表 4.14　　　　　　　　CEO 职业路径对企业创新投资的回归结果

变量	CPI 指数	CPI 指数	$CEO_{diversification}$	$CEO_{diversification}$
CPI	0.002 * (1.74)	0.002 * (1.92)	0.008 ** (1.97)	0.007 ** (2.03)
CF	0.020 ** (2.01)	0.028 * (1.83)	0.018 * (1.75)	0.026 * (1.81)
ROA	−0.072 (−1.19)	−0.073 (−1.17)	−0.072 * (−1.81)	−0.074 (−1.17)
Sale Growth	−0.001 (−0.09)	0.001 (0.15)	−0.001 (−0.10)	0.001 (0.15)
LogPPE/Emp	0.003 * (1.94)	0.012 ** (1.96)	0.003 (0.48)	0.012 ** (1.97)
LogSales	−0.003 *** (−2.11)	−0.005 (−1.04)	−0.003 * (−1.85)	−0.005 ** (2.05)
Book Leverage	−0.201 (−1.24)	−0.005 (−0.31)	−0.020 (−1.23)	−0.005 (−0.28)
Q	0.003 *** (3.24)	0.007 *** (4.93)	0.003 *** (3.27)	0.006 *** (4.95)
Log(1 + Age)		−0.007 (−0.18)		−0.008 (−0.22)

变量	*CPI* 指数	*CPI* 指数	$CEO_{diversification}$	$CEO_{diversification}$
$Log(1+Tenure)$		0.005 (0.61)		0.005 (0.55)
年固定效应	Yes	Yes	Yes	Yes
公司固定效应	Yes	Yes	Yes	Yes
R^2	0.140	0.167	0.140	0.167
Observations	2400	2189	2400	2189

4.2.3.4 影响渠道分析

以上研究已验证 CEO 多元化职业路径对企业创新投资的提升作用，为了深化研究，本部分将检验可能的两种渠道。

第一，失败容忍渠道检验。

已有研究在检验 CEO 行为特征与创新活动之间关系时，往往会关注到 CEO 的风险态度，并间接通过企业的风险类决策例如股票波动率、杠杆及并购活动等来代替管理者的风险态度。与已有研究不同，考虑到企业的风险类决策并不能完全映射管理者的风险态度，本部分将从管理者自身情况出发，在劳动力市场场景中从 CEO 外部选择视角来构建失败容忍渠道，当 CEO 外部选择越多，越能容忍失败。首先，参考凯迪亚和拉贾戈帕（Kedia and Rajgopal，2009）所提出的劳动力市场紧缩性理论，当紧缩性劳动力市场（即失业率较低时），CEO 的外部选择更多些，尤其多元化职业路径的 CEO 获利更多。因此根据公司所在地的失业率情况建立变量（*Tight Labor Market*），当公司所在地失业率小于中位值时，该变量取 1；否则取 0。通过引入 *CPI* × *Tight Labor Market* 检验，结果如表 4.15 列（2）所示，在紧缩性劳动力市场中，CEO 多元化职业路径更能够促进企业的创新投资。

其次，奥耶等（Oyer et al.，2004）提出的工资指数化理论认为员工的外部选择机会可能与同地区的其他公司有关。基于此，本书通过计算同一城市企业股票收益的关联度来测算地区 β 系数。当该系数越小时，同地区企业之间关联度小，这时多元化职业经历的 CEO 凭借其多样化知识和技能，其外部机会更多，更会提高企业创新投资。本书将地区 β 系数位于后三分之一时，*Low Local* β 取 1，否则取 0。引入 *CPI × Low Local* β 检验，结果如表 4.15 列（3）所示，可见，在地方 β 系数较低的地区，多元化职业路径的 CEO 外部选择机会更多，更容易容忍失败从而促进创新投资。

最后，考虑到当地员工竞争力也会影响 CEO 外部选择，如果企业所在地同行业企业越多，员工竞争越激烈，这时相对专一性职业路径 CEO，多元化的 CEO 更具选择优势。本书通过企业所在城市同行业企业的数量来衡量当地员工竞争力，再次检验这一渠道。表 4.15 列（4）可见，当地员工竞争力越强，多元化职业经历 CEO 越能容忍失败，从而促进企业创新投资。因此，通过这三种测算方法，我们更稳健地通过了假设 H4.4 的检验。

表 4.15　　　　　　　　失败容忍机制检验结果

变量	紧缩劳动市场	地区 β 系数	当地员工竞争力
$CEO_{diversity}$	0.010 * (1.90)	0.011 ** (2.12)	0.009 * (1.91)
Tight Labor Market	0.005 (0.70)		
$CPI \times Tight\ Labor\ Market$	0.006 ** (1.98)		
Low Local β		0.001 (0.59)	
$Number\ of\ Firms_{同行业同地区}$			−0.002 (−0.74)
$CPI \times Number\ of\ Firms_{同行业同地区}$			0.001 ** (1.97)
ROA	−0.038 (−0.64)	−0.311 *** (−4.29)	−0.134 (−1.60)
CF	0.036 ** (2.02)	0.416 *** (17.36)	0.222 *** (9.34)

变量	紧缩劳动市场	地区 β 系数	当地员工竞争力
Sale Growth	0.001 (0.08)	0.001 (0.31)	0.001 (0.36)
LogPPE/Emp	0.009 (1.44)	0.009* (1.84)	0.006 (0.72)
LogSales	−0.003* (−1.81)	−0.010** (−2.21)	−0.007 (−0.95)
Q	0.002** (2.04)	0.007*** (5.01)	0.004*** (2.60)
Log(1 + *Age*)	0.009 (0.25)	0.019 (0.51)	−0.007 (−0.10)
Log(1 + *Tenure*)	0.008 (0.98)	0.001 (0.17)	−0.005 (−0.30)
R^2	0.083	0.273	0.068
Observations	1914	1312	1752

第二，信息学习渠道检验。

为了检验信息学习渠道，本书将样本企业划分为行业主导者和跟随者，我们主要分析多元化职业路径的 CEO 是否会对行业主导者的研发信息进行学习。参考陆蓉等（2017）的方法，分别根据企业的市场占有率（公司经营收入占行业营业收入比例）、利润率和公司规模对公司进行排序，排列于前三分之一的公司视为行业主导者。这里的行业划分遵循2012年证监会发布的《上市公司行业分类指引》所规定的二级行业标准。在模型（4.7）中加入 $RD_{行业主导者}$（行业主导者的研发投入）和 $CPI \times RD_{行业主导者}$，结果见表4.16。可见，在按利润率划分时，行业主导者的研发投入对企业研发投入具有显著的正向影响，其他两种分类方法并不存在此关系。这说明企业本身的研发投入并不一定受到主导行业研发的影响。但是引入交叉变量后，除了按公司规模方法划分外，该交叉变量与企业创新投资之间均存在显著的正相关关系。由于样本均为高新技术类企业，可能按公司规模来划分是否为行业领军者并不科学，因此结果有误差。总之，总体上说明多元化职业经历的 CEO 更容易对行业领导者的信息进行学习，从而提高本公司的创新投资，这检验了假设 H4.5。

表 4.16 公司对行业主导者的信息学习效应检验

变量	按利润率划分	按市场占有率划分	按公司规模划分
CPI	0.014 ** (2.22)	0.007 ** (1.96)	0.003 ** (1.99)
$RD_{行业主导者}$	0.531 *** (2.60)	−0.018 (−0.18)	−0.001 (−0.47)
$CPI \times RD_{行业主导者}$	0.392 * (1.75)	0.724 *** (3.88)	0.001 (0.50)
CF	0.056 * (1.86)	0.060 (1.62)	0.064 * (1.92)
ROA	−0.029 (−0.40)	−0.009 (−0.11)	−0.025 (−0.34)
$Sale\ Growth$	0.001 (0.09)	0.001 (0.21)	0.001 (0.09)
$LogPPE/Emp$	0.006 (0.94)	0.012 * (1.86)	0.012 (1.47)
$LogSales$	−0.003 (−0.52)	−0.006 * (−1.79)	−0.005 * (−1.78)
Q	0.004 *** (2.84)	0.003 * (1.83)	0.003 *** (2.62)
$Log(1+Age)$	−0.058 (−1.24)	0.014 (0.26)	−0.004 (−0.09)
$Log(1+Tenure)$	0.004 (0.35)	0.015 (1.22)	0.009 (0.84)
R^2	0.053	0.099	0.095
$Observations$	1183	1172	1341

4.2.3.5 进一步检验

由于从研发投入到创新产出还需要经历一定的过程，因此研发投入的提高并不意味着创新产出的提升。我国一直以来面对着研发投入增加而创新水平并未提高的现实问题。为了更全面客观地检验 CEO 早年职业路径对企业创新的影响，我们进一步从创新产出数量和产出质量两个层面出发进行实证分析。因此，构建如下模型：

$$\begin{aligned}
LogPatent_{i,t} = &\alpha + \beta_0 CPI_{i,t-1} + \beta_1 RD_{i,t-1} + \beta_2 CPI_{i,t-1} \times RD_{i,t-1} + \beta_1 CF_{i,t-1} + \\
&\beta_3 LogSales_{i,t-1} + \beta_4 Sales\ Growth_{i,t-1} + \beta_5 ROA_{i,t-1} + \\
&\beta_6 Book\ Leverage_{i,t-1} + \beta_7 Log(PPE/Emp)_{i,t-1} + \beta_8 Q_{i,t-1} + \\
&\beta_9 Log(1 + Age)_{i,t-1} + \beta_{10} Log(1 + Tenurer)_{i,t-1} + \\
&d_t + V_i + \varepsilon_{i,t}
\end{aligned} \tag{4.8}$$

模型中，因变量 $LogPatent_{i,t}$ 为 i 企业在 t 年专利申请量的对数，当因变量分别更换为 $LogPatent1_{i,t}$、$LogPatent2_{i,t}$、$LogPatent3_{i,t}$ 时，指发明专利、实用新型和外观设计专利申请量等创新质量指标。

考虑到创新投入到产出的滞后性，回归分析时将解释变量分别滞后一年和两年以获取最佳滞后期，回归结果见表 4.17。可见，CEO 职业路径与滞后一年的专利申请量之间并不存在显著的相关关系，然而在 5% 的显著性水平下与滞后两年的专利申请量之间存在显著的正相关关系，这说明 CEO 多元化的职业经历有利于提升两年后的专利产出。为了再次验证 CEO 职业路径从研发投入到创新产出的作用，表 4.17 列（3）引入 $CPI \times RD$ 再次检验，发现该交叉变量与专利申请量之间存在显著的正相关关系，这进一步说明 CEO 多元化的职业经历会通过研发投入进而提高专利产出。

表 4.17　　　　　　　　CEO 职业路径对创新产出数量的回归结果

变量	（1）滞后一年	（2）滞后两年	（3）滞后两年
CPI	0.057 (0.53)	0.193 ** (2.15)	0.184 * (1.80)
RD	0.778 (1.01)	1.004 * (1.86)	1.096 ** (2.00)
CPI × RD			0.346 * (1.82)

续表

变量	(1) 滞后一年	(2) 滞后两年	(3) 滞后两年
CF	0.166 * (1.86)	0.287 (0.61)	0.342 ** (2.04)
ROA	− 2.459 * (− 1.82)	− 2.071 (− 1.32)	− 1.722 (− 1.10)
Sale Growth	0.001 (0.16)	0.001 (0.01)	0.002 (0.10)
LogPPE/Emp	0.244 ** (2.07)	0.228 * (1.70)	0.168 * (1.88)
LogSales	0.242 ** (2.48)	0.229 ** (2.11)	0.197 * (1.80)
Book Leverage	0.019 (0.06)	− 0.286 (− 0.73)	− 0.280 (− 0.71)
Q	− 0.019 (− 1.18)	− 0.021 (− 1.17)	− 0.021 (− 1.20)
$Log(1 + Age)$	0.805 (0.86)	1.033 (0.87)	0.817 (0.69)
$Log(1 + Tenure)$	0.086 (0.43)	0.147 (0.64)	0.168 (0.74)
年固定效应	Yes	Yes	Yes
公司固定效应	Yes	Yes	Yes
R^2	0.115	0.135	0.152
Observations	1402	1360	1360

为了检验 CEO 职业路径对创新质量的影响，我们回归分析 CEO 职业路径指数对滞后两年的发明专利、实用新型和外观设计专利申请量的影响，结果见表 4.18。可见，CEO 早年职业路径与外观设计专利申请量之间并不存在显著的相关关系，而分别与发明专利和实用新型专利之间在 5% 的显著性水平下呈显著的正相关关系，但系数分别为 0.177 和 0.107，这说明 CEO 早年的职业经历越多元化越能够提高发明专利的申请量，因

此多元化的职业经历导致 CEO 创新的原创性程度更高。

表 4.18   CEO 职业路径对创新产出质量的回归结果

变量	发明专利	实用新型	外观设计
CPI	0.177 ** (2.02)	0.107 ** (1.98)	−0.239 (−0.51)
RD	0.190 * (1.85)	0.887 * (1.82)	0.337 *** (5.56)
CF	0.006 (0.01)	−1.014 (−0.93)	0.137 ** (1.96)
ROA	−2.807 (−1.53)	−5.974 (−1.69)	0.224 *** (3.35)
Sale Growth	0.001 (0.04)	0.034 (0.90)	−0.130 ** (−2.74)
LogPPE/Emp	0.076 (1.02)	−0.438 (−1.59)	0.751 (0.89)
LogSales	0.300 ** (2.26)	0.485 ** (2.66)	−1.023 (−1.49)
Book Leverage	0.635 (1.32)	−3.369 *** (−3.43)	3.102 ** (2.58)
Q	0.005 (0.22)	−0.004 (−0.15)	−0.426 *** (−7.44)
$Log(1+Age)$	2.809 * (1.82)	17.580 *** (3.43)	0.371 * (1.85)
$Log(1+Tenure)$	0.664 * (1.92)	3.685 *** (3.16)	−1.790 (−0.53)
R^2	0.253	0.559	0.968
Observations	1265	1123	1069

4.2.3.6 内生性处理

以上一系列研究表明，多元化职业路径的 CEO 更容易促进企业创新投资进而提升创新产出数量和质量。但是，也有可能这类创新水平较高的企业一般倾向于雇用这些经历丰富的高管，这样就存在很强的内生性问题。我们将通过外生工具变量法来处理这一内生性问题，根据卢贝尔（Lewbel，1997）选取工具变量的方法，本书构建如下工具变量：

$$Instrumental\ Variable = (RD - RD\ 均值) \times (CPI - CPI\ 均值) \quad (4.9)$$

该方法的优势就是不需要借助外部变量就可以构建有效的工具变量。本书通过两阶段回归法（2SLS）对工具变量进行估计，结果见表 4.19。可见，第一阶段回归中工具变量与 CPI 之间存在显著的正相关关系，这符合工具变量理论；在第二阶段 CEO 职业路径指数仍然与企业创新投资呈显著的正相关关系，这说明处理内生性后，CEO 多元化职业路径依旧会提升企业创新投资，再次验证本书结论。

表 4.19　　　　　　　　　工具变量的 2SLS 检验

变量	第一阶段 CPI	第二阶段 RD
CPI		0.017 * (2.22)
Instrumental Variable	1.820 *** (1.01)	
CF	1.328 *** (2.58)	0.189 *** (3.88)
ROA	0.587 (0.42)	-0.167 ** (-2.12)
Sale Growth	0.001 (0.35)	-0.001 (-0.51)
LogPPE/Emp	0.060 (0.61)	0.002 (0.57)
LogSales	0.043 (0.44)	-0.001 (-0.23)
Book Leverage	0.765 *** (2.88)	-0.041 *** (-2.91)
Q	-0.002 (-0.08)	0.004 (1.57)

续表

变量	第一阶段 *CPI*	第二阶段 *RD*
Log(1 + *Age*)	2.839 *** (4.38)	− 0.503 * (− 1.84)
Log(1 + *Tenure*)	− 0.390 ** (− 2.54)	0.001 (0.23)
年固定效应	Yes	Yes
公司固定效应	Yes	Yes
F 统计量	25.64	
Observations	1937	1937

4.2.3.7 稳健性检验

为了保证本书结论的稳健性，考虑到 CEO 其他特征也对企业创新具有一定影响，因此本部分通过控制其他可能影响企业创新的 CEO 特征进行稳健性检验。

1. 考虑了 CEO 过度自信的影响

考虑到 CEO 过度自信对企业创新投入具有显著正向影响（David et al.，2012；Chang et al.，2015；孔东民等，2015；易靖韬等，2015；于长宏等，2015；张信东等，2017；郝盼盼等，2017），为了剔除多元职业经历的 CEO 恰巧过度自信的心理特征，在模型（4.7）基础上控制了 CEO 过度自信变量，再次进行回归。其中，CEO 过度自信的度量参照郝颖等（2005）、张信东和郝盼盼（2017）的方法，当 CEO 并非红股或业绩股的原因而持续增加持股，且任职期间不会减少，OC 变量取 1；否则取 0。回归结果见表 4.20 列（2），可见，CEO 过度自信与企业创新投资之间存在显著的正相关关系，再次验证已有学者观点，且控制了该变量后，CEO 多元化的职业路径仍能够显著促进企业创新投资，检验了本书结论。

2. 考虑了 CEO 能力的影响

考虑到企业创新投资的高风险性和高复杂性，能力强的 CEO 更充分相信创新成功的可能性且有能力提高创新绩效，为了保证结论的稳健性，我们再次控制 CEO 能力。根据已有研究，CEO 的学历背景可用来刻画 CEO 能力，若其学历为硕士及以上时，CEO 能力较强，变量 *ability* 取 1，否则取 0。控制了该变量重新进行回归，结果见表 4.20 列（3），可见，控制了该变量后，CEO 职业路径与企业创新投资之间依然呈正相关关系，说明该结论具有稳健性。

3. 考虑了 CEO 早年的研发工作经历

本书重点对比了 CEO 不同的职业路径对企业创新的影响，已有研究已证实有过特殊工作背景也将影响企业创新，尤其有过与研发相关工作，因此，我们这里再次控制了 CEO 是否有过研发工作经历，如果 CEO 个人简历里涉及到研发工作背景，则 $CEO_{R\&Dexperience}$ 取 1，否则取 0。表 4.20 列（4）报告了该结果，可见，有过研发经历的 CEO 会促进企业创新投资，控制该变量后，本书结论依然成立，再次证明结论的稳健性。

表 4.20　　稳健性检验

变量	控制 CEO 过度自信	控制 CEO 能力	控制 CEO 研发工作经历
CPI	0.010 *** (2.90)	0.009 ** (2.00)	0.008 * (1.82)
CF	0.094 * (1.83)	0.021 * (1.82)	0.020 ** (2.08)
ROA	−0.029 (−0.65)	−0.036 (−0.61)	−0.032 (−0.55)
Sale Growth	−0.001 (−0.03)	−0.001 (−0.51)	−0.001 (−0.55)
LogPPE/Emp	0.002 * (1.85)	0.002 ** (2.04)	0.009 (0.16)
LogSales	0.004 (0.95)	0.001 (0.001)	−0.003 ** (−2.03)
Book Leverage	−0.016 * (−1.82)	−0.018 (−1.12)	−0.018 * (−1.83)

变量	控制 CEO 过度自信	控制 CEO 能力	控制 CEO 研发工作经历
Q	0.007 ** (1.97)	0.001 *** (2.31)	0.003 *** (2.30)
$Log(1 + Age)$	0.014 (0.06)	0.001 (0.11)	0.008 * (1.87)
$Log(1 + Tenure)$	0.112 (1.01)	0.133 (0.57)	0.101 (0.08)
$Ability$		0.004 (0.09)	
OC	0.005 * (1.83)		
$CEO_{R\&Dexperience}$			0.009 * (1.85)
R^2	0.109	0.068	0.070
$Observations$	1879	2097	2097

4. 动态 DID 方法的再检验

以上研究均从静态角度出发检验 CEO 职业路径对企业创新的影响，为了让结论更加稳健，本部分根据 CEO 变更事件，从动态角度出发来检验这一结论。依据 DID（difference-in-difference）方法的思想，在模型 (4.7) 基础上引入变量 $After_{i,t-1}$，企业当年发生 CEO 更换事件时，变量 $After_{i,t-1}$ 取 1；否则取 0。引入变量 $CEO_{diversification}$，当 CEO 的职业路径指数 CPI 大于中位数时，该变量取 1；否则取 0。引入交叉变量 $CEO_{diversification} \times After_{i,t-1}$，表示由专一性职业路径 CEO 转变为多元化职业路径 CEO，我们主要通过该交叉变量的系数来检验多元化职业经历 CEO 对企业创新投资的净效应。结果见表 4.21，可见，无论在控制 CEO 其他特征变量前后，该交叉变量均与企业创新投资之间存在显著的正相关关系，这说明企业由专一性职业路径 CEO 更换为多元化职业路径 CEO，企业创新投资将明显增加，这从动态角度再次验证了本书结论。

表 4. 21　　　　　　　　基于 CEO 变更事件的 DID 分析结果

变量	(1)	(2)
$After \times CEO_{diversification}$	0. 012 ** (2. 01)	0. 011 * (1. 84)
$After$	0. 003 (0. 51)	0. 004 (0. 77)
$CEO_{diversification}$	0. 014 *** (2. 93)	0. 011 ** (2. 15)
CF	0. 129 *** (7. 10)	0. 035 * (1. 93)
ROA	− 0. 084 (− 1. 41)	− 0. 034 (− 0. 57)
$Sale\ Growth$	− 0. 001 (− 0. 02)	0. 001 (0. 07)
$LogPPE/Emp$	0. 005 * (1. 80)	0. 009 * (1. 95)
$LogSales$	0. 008 (0. 17)	− 0. 003 * (− 1. 84)
$Book\ Leverage$	− 0. 024 ** (− 2. 05)	− 0. 004 * (− 1. 82)
Q	0. 001 (0. 07)	0. 007 (0. 05)
$Log(1 + Age)$		0. 009 * (1. 85)
$Log(1 + Tenure)$		0. 008 (0. 94)
R^2	0. 034	0. 084
$Observations$	2097	1914

4. 2. 4　实证结果与讨论

到底多元化还是专一性职业路径对 CEO 的创新行为更有利？为解决这一疑问，本书通过静态面板回归、动态 DID 检验以及工具变量 2SLS 等方法，得出以下结论：（1）与专一性职业路径 CEO 相比，多元化职业路径 CEO 更能够促进企业创新投资。（2）通过劳动力市场角度检验 CEO 外部选择来构建失败容忍机制，发现多元化职业路径的 CEO 往往能够承受创新失败，通过失败容忍渠道提高企业创新投资；根据企业市场占有率、利润率和公司规模来划分行业主导者和跟随者，发现多元化职业经历 CEO 倾向于学习有用的研发信息，通过信息学习渠道提升企业创新投资。（3）多元职业路径 CEO 通过提高创新投入可以进而提升滞后两年的创新产出，且能提高产出质量，对发明专利的影响最为明显。

基于以上结论，通过实证研究再次验证乔布斯对管理者多元经历的认可，尤其对高新技术类企业这种特质更为重要。因此，企业选聘高管过程中不仅要关注其学历、专业背景等特征还应了解他们早年的职业经历，不仅关注是否有与本企业相关职业经历，还应熟悉他们的职业路径，为了提升企业创新水平，可以适当选聘职业路径多元化、职业经历广泛化的高管。

与已有研究高管是否从事特殊工作背景不同，本书涉足到职业路径通过实证分析检验了乔布斯的观点，补充了已有研究。同时，不同于已有通过企业风险承担来代替高管风险态度探究影响渠道，本书从高管个人外部选择出发剖析更客观的中间影响渠道。最后，从创新投入到产出全过程全面验证了多元职业路径 CEO 的作用，并得出两年的滞后期，这为发挥企业家在创新中的有效作用提出了有力的证据，为今后企业家精神相关研究提供新的思路。

4.3   企业家研发工作经验对企业创新决策的影响*

俗话说"隔行如隔山"，一个熟悉企业研发业务的 CEO 在创新活动中是否会扮演不同的角色？例如，联想集团原总裁柳传志先生 1970 ~ 1983 年曾在中科院计算技术研究所担任技术研究员的职务，这 13 年的研发工

* 该部分成果发表于《软科学》2019 年第 8 期，郝盼盼，张信东，贺亚楠. CEO 研发工作经历对企业研发活动的影响研究 [J]. 软科学，2019（8）：7 - 13.

作经历是否与联想集团的自主创新息息相关？如若企业高管熟悉研发工作的整个流程，并了解研发活动的长期性及高风险性，企业的研发人才考核及激励机制将完全不同，从而更可能留住高技术人才、用好人才。那么，高管早年的研发工作经验是否影响企业研发活动？如何影响企业研发活动？最终造成何种经济后果？这一系列问题引起我们关注。

创新作为一个永恒的话题被一再强调，提升企业创新能力已成为学术界和实务界高度关注的热点问题。随着行为金融的逐渐兴起，管理者特质与企业创新的关系成为学者们的聚焦点。已有研究关注到管理者过度自信（Galasso et al.，2011；David et al.，2012；Lüdtke and Lüthje，2012；Herz et al.，2013；Chang et al.，2015；易靖韬等，2015；孔东民等，2015；于长宏等，2015；张信东等，2017；郝盼盼等，2017）、管理者技能问题（Custodio et al.，2015）、管理者的海归背景（张信东和吴静，2016）、管理者的学术背景（沈艺峰，2016）、管理者的爱好特征（Sunder and Zhang，2017）以及管理者早年经历（张信东和郝盼盼，2017）等。关于管理者早年工作经验对企业创新影响的研究还较少见，已有研究侧重于管理者早年工作经历对其他财务决策的影响，例如姜付秀等（2013）实证研究得出有财务经历的 CEO 往往了解资本市场，精通财务知识，会改善资本结构决策。埃米（Amy，2016）发现经历过财务危机的 CEO 将节约现金流，减少短期债务和债务比例。周楷唐等（2017）认为有学术经历的高管通过降低债务代理风险和企业信息风险减少了约 6.4% 的债务融资成本。那么，管理者早年的重要工作经历是否会影响企业创新呢？巴克尔等（Barker et al.，2002）研究发现从事过技术、研发和销售工作的 CEO 更易采用创新战略，提升研发支出。康华等（2012）以我国上市公司为样本通过实证分析得出有过研发、技术和销售工作的 CEO 将会降低研发支出。那么，有过特殊工作背景的高管到底会如何影响企业研发活动呢？在国内外不同的体制背景下，对于这两种富有争议性的问题，有待给出更加深入的回答和解释。

虽然已有关于高管特征研究的文献层出不穷，可能由于数据限制，关于高管早年工作背景与企业创新的研究并不多，胡元木等（2012）研究得出聘请技术独立董事的公司将提高研发产出效率。韩忠雪等（2014；

2015）认为技术高管有助于提升公司的技术效率，尤其在制度环境较好地区效应更显著。一方面，这些文献大多简单检验了二者之间的关系，少有深入探究影响渠道的研究；另一方面，技术工作背景不同于研发工作背景，前者更关注关键技术的维护等，后者还包括新产品的开发。巴克尔等（Barker et al.，2002）和康华等（2012）将两种工作背景做出区别，并得出不同的结论。为了深入探究高管早年研发工作经验对企业研发创新的影响，本书进而从内部和外部两个层面来剖析其间的影响机理，且进一步检验其经济后果。本研究理论上首先重新回答了具有争议性的问题，丰富了企业创新理论；其次深入探究影响机理和经济后果，深化了已有研究；同时实践上有助于正确发挥企业家精神在创新活动中的作用，为提升企业创新水平提出政策建议。

4.3.1　研究假设的提出

4.3.1.1　企业家研发经验与企业研发投资

企业研发活动具有长期性、不确定性和高风险性等特性。一方面，这类活动要经历开始—失败—突破—新技术的诞生—专利权的获得—新产品的推出等一系列漫长的过程（Kelm et al.，1995）；另一方面，企业研发创新活动往往发生在高度专业化的领域，例如生物技术、信息技术等（Cláudia et al.，2017）。鉴于企业研发活动的复杂性及专业性，考虑到公司 CEO 是高管团队的核心决策者，在研发支出活动中拥有最大的决策影响力。因此，CEO 拥有更多专业的研发工作经验，将会有利于研发活动的成功。

首先，拥有研发工作经历的 CEO 更重视企业的研发创新活动且勇于承担风险。已有研究表明，如果公司高管曾经从事过生产、技术或研发工作，他们将更关注该领域发展动态，从而倾向于技术和产品创新的投入（Finkelstein et al.，1992），这就导致公司的创新文化和氛围较好。同时，由于这类高管熟悉研发工作的特质及流程，并深刻了解研发活动为企业可能带来的巨大收益，因此将会勇于去承担风险。

其次，拥有研发工作经历的 CEO 会有效识别研发机会，并擅于从外部获取信息。由于该类高管早年的知识结构、专业技能以及经验，他们往往会寻找更多好的研发机会，引领企业向最前沿发展，从而提高研发决策效率。同时，管理者经常会根据已有的工作经验来解读和分析相关信息，尤其对同行业的相关前沿研发信息更为敏感。帕特尔等（Patel et al.，1991）认为同行业的信息特别容易被管理者作为参考，理性的管理者更会依赖同行信息进行决策（Bikhchandani et al.，1998）。拥有研发经验的管理者更容易根据自身实际需求去获取和辨别有用的信息，从而参考有效信息进行学习和改进，进而优化公司的研发决策。

最后，拥有研发工作经历的 CEO 更有利于制定合理的研发人员考核激励机制，激发研发团队工作活力。在研发活动中，研发团队是创新和知识创造的主导力量（王黎萤和陈劲，2010），能有效激发研发人员的工作激情对提升研发效率至关重要。有研发经验的高管由于曾经身临其境，因而更了解研发人员的实际需求和困境，会倾向于制定以鼓励创新为宗旨的制度和考核方法，营造良好的创新氛围，从而提高研发人员参与创新活动的主观能动性，提高研发投入。因此，基于以上理论分析，我们提出假设：

假设 H4.6：CEO 早年研发经验有利于提高企业研发投入。

4.3.1.2 影响机制检验

如果上述假设成立，CEO 研发经验能促进企业研发投入，其内在机制有哪些？结合上述分析和相关理论，本书尝试检验以下三种机制。

1. 风险承担机制

依据高层梯队理论，高管的背景特征和认知模式将影响今后的行为偏差。作为企业的重要决策者，CEO 的风险承担态度对企业研发创新活动至关重要。已有研究表明，CEO 的早年重要经历会影响其风险承担意愿（Efraim et al.，2015；Gennaro et al.，2017；Sunder and Zhang，2017）。与没有研发经验的 CEO 相比，CEO 的研发工作经历让他们更了解研发领域的经营理念，把握市场的真实需求，从而有效应对研发过程中出现的复杂问题，降低研发决策的不确定性和低效率性。另外，长期研发工作的不可预见性和漫长性会让他们面对更多的压力和挑战，这样会锻炼高管的意志力，并能够以良好的心理素质来应对风险所带来的损失，从而大胆地做出有利于创新的决策和选择。因此，在其他条件相同情况下，拥有研发工作经验的 CEO 更倾向于承担风险，这会促进公司的风险性投资。基于此，我们提出假设：

假设 H4.7：拥有研发经验的 CEO 通过增强风险承担提升企业研发投入。

2. 信息学习机制

比克昌丹尼等（Bikhchandani et al.，1998）提出由于管理者独自利用自有信息做决策会费时又费力，因此理性的决策者往往会参考同行业其他公司的信息。尤其当管理者拥有的信息噪音较多或信息成本太高时，他们更会依赖外界信息，特别是行业领导者的优质信息（Banerjee，1992）。企业高管除了会履行决策和战略制定等硬性职责，还能为企业带来一些隐性资源。例如高管研发工作的特殊属性决定其早年与相关领域研发人员具有稳定的社会关系，这种社会关系有助于企业高管获取研发相关信息。另外，已有的研发经验会让高管对最前沿的技术发展方向和趋势具有很高的敏锐性和洞察力，他们会以很快的速度捕捉到本行业最新、最有价值的信息。同时已有的技术专业背景促使其能正确客观地识别和利用信息，这将有利于提高企业研发创新投入。基于此，我们提出：

假设 H4.8：拥有研发经验的 CEO 通过对外部信息的学习提升企业研发投入。

3. 人员挽留机制

研发人员是提升企业创新发展的核心力量，由于其工作的高度创造性和专业性，研发人员的流失会为企业增加更多的再培训、再引进成本。所以，能够留住现有的高技术人才并有效激发其工作热情对企业创新至关重要。有过研发经验的 CEO 由于曾经身临其境，熟悉研发人员的工作流程及利益诉求，因此在员工的晋升机制、薪酬制度、绩效评估及开发训练等方面都会具有较强的可行性，而这种良好的人力资源管理制度将提升员工积极性，提高组织的效率（Huselid，1995）。同时，这类高管能很好意识到研发人员的重要性，会倾向开展更多的培训和能力提升活动，这能保证员工能力和薪酬的同步增长，从而提高员工对工作环境的满意度（Mónica Salazar et al.，2006）。此外，有研发经验的 CEO 通常重视研发创新活动，更会营造良好的组织创新氛围。而组织的创新氛围将会影响到工作场所中的每一位成员（Hawjeng，2001；孙锐等，2008），这必将提高员工的工作热情，降低员工的流失率。因此，基于以上逻辑，我们提出假设：

H4.9：拥有研发经验的 CEO 通过降低研发人员流失率来提升企业研发投入。

4.3.2　样本选择、数据来源及模型设计

4.3.2.1　样本选择与数据来源

本书选取了 2002～2015 年在沪、深 A 股上市且研发创新具有代表性的信息技术业和制造业企业为研究样本。同时，为了保证数据的客观性，剔除了财务数据和高管信息异样的企业；考虑到研发支出的滞后性，剔除未连续三年披露研发数据的企业；为剔除异常值的影响，进行了极端值的 Winsorize 处理；最终得到 2243 个观测值。2007 年之前的研发数据通过手工搜索公司年报，来自财务报告附注"支付的其他与经营活动有关的现金流量"一栏中相关项目；2007 年之后的数据来自 CSMAR 数据库中的研发支出本期增加数。CEO 研发工作经历数据通过手工搜索 CEO 个人简历整理得到。其他财务数据均来自 CSMAR 数据库。本研究所使用的数据处理软件为 Stata 15.0。

4.3.2.2　变量定义与模型构建

1. 变量定义

（1）CEO 研发工作经验（$CEO_{R\&Dexperience}$）。

该变量设为虚拟变量，通过手工搜集 CEO 简历，如果简历中有从事

过研发工作的经历，那么变量 $CEO_{R\&Dexperience}$ 取 1，否则取 0。为了严格区分研发工作和技术经历的不同，该变量定义范围严格限制为研发工作经历而非技术工作经历。

（2）企业研发投入。

企业研发投入通过研发强度来刻画，国内外学者通常通过研发支出与总资产或销售收入之比来衡量。为了沿用投资的欧拉方程的基本思想，本研究通过研发支出比年初总资产存量来度量。

（3）其他控制变量。

控制变量的选择，主要参考大卫等（David et al.，2012）的研究，包括托宾 Q 值、现金流、销售收入增长率、资产负债率、资产收益率、销售收入等。此外，由于 CEO 年龄、任期及学历等个人特征也影响企业研发创新决策，因此将纳入控制变量。具体变量定义见表 4.22。

表 4.22 变量定义及说明

变量类型	含义	代码	说明
因变量	研发投资	RD	研发费用/年初总资产
自变量	CEO 职业多元化	$CEO_{divisity}$	表示 CEO 早年研发经验变量，当 CEO 早年从事过研发工作时，变量取 1；否则取 0
控制变量	资产收益率	ROA	净利润/资产总额
	托宾 Q	Q	市场价值/资产重置成本
	净销售收入	$Sales$	营业净利润
	销售增长率	$Sales\ Growth$	营业收入增长率
	现金流	CF	经营性现金流量净额
	资产密集度	PPE/Emp	固定资产净额/员工数
	资产负债率	$Book\ Leverage$	长期债务与短期债务之和/资产总额
	任期	$Tenure$	CEO 在其职位任职的时间
	年龄	Age	公司数据年份 – CEO 出生年份
	学历	$Degree$	CEO 学历为硕士及以上，取 1；否则取 0

2. 模型构建

为了分析 CEO 研发经验对企业研发活动的影响，本书主要参考大卫等（David et al., 2012）的研究，将可能影响企业研发投资的变量纳入控制变量范畴，且将解释变量滞后一期，主要模型如下：

$$RD_{i,t} = \alpha + \beta_0 CEO_{R\&Dexperience} + \beta_1 CF_{i,t-1} + \beta_2 LogSales_{i,t-1} +$$
$$\beta_3 Sales\ Growth_{i,t-1} + \beta_4 ROA_{i,t-1} + \beta_5 Book\ Leverage_{i,t-1} +$$
$$\beta_6 Log(PPE/Emp)_{i,t-1} + \beta_7 Q_{i,t-1} + \beta_8 Log(1+Age)_{i,t-1} +$$
$$\beta_9 Log(1+Tenure)_{i,t-1} + d_t + v_i + \varepsilon_{i,t} \quad\quad (4.10)$$

这里主要通过检验系数 β_0 的显著性来验证本书的假设 H4.6。

4.3.3 实证分析

4.3.3.1 描述性统计

描述性统计结果见表 4.23 所示，可见，我国制造业和信息技术业企业的研发强度平均比例为 4.6%，这与美国高新技术企业之间存在很大的差距。因为美国高新技术企业的研发投入占总资产之比已达到 17%（Brown et al., 2009）。所以，我国高新技术类企业的研发投入力度有待改善。另一方面，在全样本中有约 12% 的 CEO 曾经从事过研发相关工作，整体上相对较少。

表 4.23   **主要变量描述性统计结果**

变量	Mean	Median	Max	Min	Std
RD	0.046	0.014	0.500	0	0.120
$CEO_{R\&Dexperience}$	0.120	0	1	0	0.325

4.3.3.2 分类样本的组间检验

表 4.24 报告了有研发经验 CEO 和无研发经验 CEO 两个不同子样本的

统计结果，可见，有研发经验 CEO 所在公司的研发投入平均值及中位值都要明显高于无研发经验 CEO 子样本（0.046 > 0.023；0.014 > 0.000），这与本书预测相符。此外，在有研发经验 CEO 子样本中，企业的 ROA、托宾 Q 和资产密集度这三个变量的均值和中位值均显著高于无研发经验 CEO 子样本，而资产负债率要明显低一些。这说明有研发经验 CEO 所在公司的资产密集度、资产回报率以及成长机会都比较高些，这可能因为样本企业基本为高新技术类企业，更倾向于研发创新投资，有研发经验的 CEO 由于侧重于研发投入进而会提升企业 ROA 及成长机会等。而由于研发投资的特殊属性，负债融资并不适合，因此有研发经验 CEO 会减少资产负债率。

表 4.24　　　　　　　　　　　分类样本的组间检验结果

变量		CEO 有研发经验	CEO 无研发经验	Difference
RD	Mean	0.046	0.023	0.023 ***
	Median	0.014	0.000	0.014 ***
	Variance	0.014	0.006	
ROA	Mean	0.046	0.036	0.010 **
	Median	0.043	0.036	0.007 ***
	Variance	0.006	0.009	
Sales Growth	Mean	0.128	0.672	− 0.544
	Median	0.112	0.119	− 0.007
	Variance	0.083	1.424	
LogSales	Mean	7.997	7.951	0.046
	Median	7.909	7.935	− 0.026
	Variance	0.404	0.442	
Q	Mean	2.534	2.078	0.457 ***
	Median	2.042	1.495	0.547 ***
	Variance	3.596	5.724	
Book Leverage	Mean	0.360	0.457	− 0.097 ***

变量		CEO 有研发经验	CEO 无研发经验	Difference
Book Leverage	*Median*	0.348	0.449	− 0.101 ***
	Variance	0.046	0.051	
CF	*Mean*	0.038	0.041	− 0.004
	Median	0.037	0.039	− 0.002
	Variance	0.005	0.010	
Log (*PPE/Emp*)	*Mean*	5.535	5.410	0.125 ***
	Median	5.564	5.429	0.135 ***
	Variance	0.280	0.319	
LogAge	*Mean*	1.679	1.660	0.019 ***
	Median	1.672	1.663	0.009 ***
	Variance	0.003	0.004	
LogTenure	*Mean*	0.661	0.701	− 0.040 ***
	Median	0.673	0.699	− 0.026 ***
	Variance	0.050	0.075	

4.3.3.3　回归结果及分析

通过对模型（4.10）进行回归来验证 CEO 研发经验对企业研发投资的影响，结果如表 4.25 所示。表 4.25 列（1）、列（2）、列（3）和列（4）分别为控制不同变量及年固定效应、公司固定效应后的结果，可见，现金流 CF 和托宾 Q 值均与研发投资之间存在显著的正相关关系，说明企业内部现金流和成长机会是影响企业研发投资的关键因素，这与已有学者观点一致。然而，企业的销售收入 $sales$ 却与企业研发投资之间存在显著的负相关关系，遵循布朗等（Brown et al.，2009；2012）的观点，企业销售收入的增加引起企业对短期销售的关注，从而忽视了长期研发投资所带来的效益，因此会降低企业研发投资。对于本书重点关注的变量 $CEO_{R\&Dexperience}$，它与企业研发投资之间均存在显著的正相关关系，尤其在控制了年固定效应和公司固定效应后，该变量在 5% 的显著性水平下正向影响企业研发投资，且回归系数为 0.014，说明 CEO 早年的研发经验将有利于企业的研发投资，这验证了假设 H4.6。

表 4.25   CEO 研发经验对企业研发投资的回归结果

变量	(1)	(2)	(3)	(4)
$CEO_{R\&Dexperience}$	0.009 * (1.83)	0.015 *** (2.80)	0.015 *** (2.81)	0.014 ** (2.03)
CF	0.022 ** (1.99)	0.026 * (1.79)	0.026 * (1.81)	0.024 * (1.78)
ROA	−0.077 (−1.43)	−0.092 * (−1.68)	−0.092 * (−1.69)	−0.080 (−1.30)
$Sales\ Growth$	−0.001 (−0.15)	−0.001 (−0.04)	−0.001 (−0.04)	−0.001 (−0.08)
$LogPPE/Emp$	0.001 ** (1.98)	0.003 (0.70)	0.003 (0.67)	0.007 * (1.82)
$LogSales$	−0.002 * (−1.89)	−0.003 * (−1.80)	−0.003 * (−1.81)	−0.005 ** (1.99)
$Book\ Leverage$	−0.020 * (−1.86)	−0.009 (−0.78)	−0.010 (−0.80)	−0.002 (−0.14)
Q	0.0048 *** (3.93)	0.006 *** (5.44)	0.006 *** (5.44)	0.005 *** (4.62)
$Log(1+Age)$		0.007 (0.23)	0.007 (0.21)	0.001 (0.03)
$Log(1+Tenure)$			0.002 (0.26)	0.003 (0.33)
年固定效应	No	No	No	Yes
公司固定效应	No	No	No	Yes
R^2	0.137	0.162	0.162	0.162
$Observations$	2459	2243	2243	2243

4.3.3.4 影响机制检验

1. 风险承担机制

为了检验 CEO 研发经验由于提高其风险承担从而促进企业研发投资，

本书首先检验 CEO 研发经验对高风险类决策的影响，参考格内罗等（Gennaro et al.，2017）的研究，公司的风险性决策包括股票波动率（Volatility）、现金持有（Cash Holdings）、并购决策（Merge）和账面杠杆（Book Leverage）。其中，变量 Volatility 通过公司的股票波动率衡量；变量 Cash holdings 通过公司现金持有与总资产之比衡量；变量 Merge 为虚拟变量，当公司有并购活动时取 1，否则为 0；变量 Book Leverage 通过公司的资产负债率衡量。在模型（4.10）基础上将因变量换为这四个变量逐一回归来验证有过研发经验 CEO 所在公司的风险承担行为，结果如表 4.26 所示。可见，有研发经验的 CEO 对企业的现金持有、并购活动以及资产负债率均不存在显著的影响，尤其与企业的股票波动率在 10% 的显著性水平下存在负相关关系，这说明有研发经验的 CEO 在一定程度上会降低企业的股票波动率。通过检验可知，有研发经验的 CEO 并不能提高公司的风险承担。因此，风险承担机制不是有研发经验 CEO 提升创新投资的中间影响机制，假设 H4.7 无法通过检验。

表 4.26　　　　　有研发经验 CEO 的风险决策行为检验

变量	Volatility	Cash Holdings	Merge	Book Leverage
$CEO_{R\&Dexperience}$	-0.024 * (-1.88)	0.001 (0.63)	0.043 (1.05)	-0.004 (-0.46)
CF	-0.077 ** (-2.32)	-0.001 (-0.65)	0.036 (0.32)	0.023 (0.98)
ROA	0.127 (1.17)	-0.001 (-1.14)	1.170 *** (3.12)	-0.647 *** (-8.26)
Sales Growth	-0.001 (-0.12)	0.011 (0.05)	0.001 (1.31)	0.001 (1.58)
LogPPE/Emp	0.006 (0.55)	0.003 *** (3.28)	-0.060 ** (-1.97)	0.064 *** (10.04)
LogSales	-0.012 (-1.25)	0.005 * (1.69)	-0.068 ** (-2.23)	0.025 *** (3.98)
Q	0.007 *** (3.56)	0.015 (0.70)	-0.027 *** (-3.89)	-0.006 *** (-4.04)
R^2	0.018	0.011	0.014	0.120
Observations	1804	2452	2460	2460

2. 信息学习机制

在高新技术类领域，行业主导者往往拥有更前沿和更权威的信息资源，这对行业跟随者来说具有重要的信息价值，因而往往会对主导者的信息进行跟踪和学习。本部分主要通过验证有研发经验 CEO 所在企业是否有效学习行业主导者的信息来检验信息学习机制。行业的划分按照 2012 年证监会发布的《上市公司行业分类指引》所规定的二级行业标准划分。行业主导者和跟随者的界定参考陆蓉等（2017）的方法，分别根据企业的利润率、市场占有率（公司经营收入占行业营业收入比例）和公司规模对公司进行排序，位于前 30% 的公司视为行业主导者。在数据处理中，如果样本公司为行业主导者，那么计算除本公司之外的其他行业主导者的平均值。为了实证检验信息学习机制，在模型（4.10）的基础上引入行业主导者平均研发投入 $RD_{行业主导者}$ 以及 $CEO_{R\&Dexperience} \times RD_{行业主导者}$ 交叉变量，回归结果如表 4.27 所示。可见，企业的研发投入本身并不受行业主导者的影响，二者之间并不存在显著的相关关系。但是，在按利润率和市场占有率划分的行业主导者回归中，有研发经验的 CEO 所在企业的研发投入会受到行业主导者的影响，均在 1% 的显著性水平下存在显著的正相关关系。这就说明有研发经验的 CEO 往往会参考行业主导者的研发信息，由于研发创新的高风险性和不确定性，当行业主导者增加某领域的研发投入时，有研发经验的 CEO 会迅速获取和学习该信息，从而跟随主导者的研发决策增加研发投入，这基本符合研发属性。然而，按照公司规模划分的行业主导者回归中，并不存在这一显著相关性，这可能因为与传统的行业不同，高新技术类行业属于技术和知识密集型行业，在该类行业中按规模来划分是否占据主导并不合理。所以，有研发经验的 CEO 往往会对行业主导者的信息进行学习，信息学习机制通过检验，验证了假设 H4.8。

表 4.27　　　　　　　　　公司对行业主导者的信息学习效应检验

变量	按利润率划分	按市场占有率划分	按公司规模划分
$CEO_{R\&Dexperience}$	0.024 ** (2.20)	0.027 ** (2.45)	0.015 ** (2.22)
$RD_{行业主导者}$	0.009 (0.09)	0.181 (1.22)	− 0.001 (− 0.32)
$CEO_{R\&Dexperience} \times RD_{行业主导者}$	0.581 *** (3.20)	0.736 *** (3.13)	0.001 (0.64)
CF	0.050 * (1.81)	0.062 * (1.65)	0.053 * (1.76)
ROA	− 0.034 (− 0.43)	0.004 (0.05)	− 0.039 (− 0.59)
$Sales\ Growth$	− 0.001 (− 0.07)	0.001 (0.03)	− 0.001 (− 0.10)
$LogPPE/Emp$	0.003 * (1.72)	0.003 (0.35)	0.001 (0.01)
$LogSales$	− 0.005 (− 0.69)	− 0.005 (− 0.79)	− 0.003 (− 0.56)
Q	0.003 * (1.83)	0.002 (1.15)	0.003 *** (2.88)
R^2	0.093	0.061	0.085
$Observations$	1198	1215	1377

3. 人员挽留机制

为了检验人员挽留机制，本部分提出了研发人员流失变量（Turn-over），当企业的研发人员变动率[（当年研发人员数量 − 去年数量）/当年研发人员数量] 为负时，变量 Turnover 取 1；否则取 0。我们主要通过中介效应检验的方法来验证有研发经验的 CEO 是否可以通过留住研发人才来提升研发投资，具体结果见表 4.28。步骤一首先对有研发经验 CEO 与企业研发投资进行回归，结果与上述一致，存在显著的正相关关系；步骤二接着对有研发经验的 CEO 与企业研发人员流失进行回归，由结果可见，二者之间存在显著的负相关关系，有研发经验的 CEO 会减少企业研发人员的流失；最后，步骤三在步骤一的基础上加入变量（$Turnover$），可见变量 $CEO_{R\&Dexperience}$ 与变量（$Turnover$）均与企业研发投资之间存在显著的相关性，且 $CEO_{R\&Dexperience}$ 的系数由 0.014 减少为 0.011。根据中介效应检验原理，研发人员流失在其间起到部分中介的作用。因此，有研发经验的 CEO 通过降低研发人员流失进而提升研发投资，研发人员挽留机制通过检验，假设 H4.9 成立。

表 4.28　　　　　　　　　人员挽留机制的中介效应检验结果

变量	(1) 步骤一 被解释变量 (RD)	变量	(2) 步骤二 被解释变量 ($Turnover$)	变量	(3) 步骤三 被解释变量 (RD)
$CEO_{R\&Dexperience}$	0.014 ** (2.03)	$CEO_{R\&Dexperience}$	−0.018 ** (−2.47)	$CEO_{R\&Dexperience}$	0.011 ** (2.07)
CF	0.024 * (1.78)	CF	−0.035 (1.31)	$Turnover$	−0.001 * (−1.83)
ROA	−0.080 (−1.30)	ROA	−0.091 (1.42)	CF	0.018 ** (1.97)
$Sales\ Growth$	−0.001 (−0.08)	$Sales\ Growth$	−0.001 (0.28)	ROA	−0.113 * (−1.86)
$LogPPE/Emp$	0.007 * (1.82)	$LogPPE/Emp$	−0.010 (1.26)	$Sales\ Growth$	−0.001 (−0.20)
$LogSales$	−0.005 ** (1.99)	$LogSales$	0.046 (−0.93)	$LogPPE/Emp$	0.006 (1.35)
$Book\ Leverage$	−0.002 (−0.14)	$Book\ Leverage$	0.034 * (1.86)	$LogSales$	−0.004 (−0.85)
Q	0.005 *** (4.62)	Q	0.001 (0.86)	$Book\ Leverage$	−0.017 (−1.29)
$Log(1+Age)$	0.001 (0.03)	$Log(1+Age)$	−0.020 (−0.48)	Q	0.006 *** (5.53)

续表

变量	(1) 步骤一 被解释变量 (RD)	变量	(2) 步骤二 被解释变量 (Turnover)	变量	(3) 步骤三 被解释变量 (RD)
Log (1 + Tenure)	0.003 (0.33)	Log (1 + Tenure)	0.005 (0.50)	Log (1 + Age)	-0.002 (-0.07)
		Log (1 + Age$_{公司}$)	-0.016* (-1.95)	Log (1 + Tenure)	0.001 (0.09)
R^2	0.162	R^2	0.039	R^2	0.169
Observations	2243	Observations	1747	Observations	2001

4.3.3.5　进一步研究

以上研究已证实有研发经验的 CEO 会提升企业研发投资，那么这必然会提升企业创新水平吗？研发投入会影响企业创新水平，但并非是充要条件（胡元木等，2012），而且我国面临着研发投入不断提高，而企业创新水平未得到提升的现实问题。因此，为了更客观验证有研发经验的 CEO 在企业创新中的真实作用，有必要进一步检验其对创新产出的影响。所以，构建如下模型：

$$LogPatent_{i,t} = \alpha + \beta_0 CEO_{R\&Dexperience_{i,t-1}} + \beta_1 RD_{i,t-1} + \beta_2 CEO_{R\&Dexperience_{i,t-1}} \times$$
$$RD_{i,t-1} + \beta_1 CF_{i,t-1} + \beta_3 LogSales_{i,t-1} + \beta_4 Sales\ Growth_{i,t-1} +$$
$$\beta_5 ROA_{i,t-1} + \beta_6 Book\ Leverage_{i,t-1} + \beta_7 Log(PPE/Emp)_{i,t-1} +$$
$$\beta_8 Q_{i,t-1} + \beta_9 Log(1+Age)_{i,t-1} + \beta_{10} Log(1+Tenure)_{i,t-1} +$$
$$d_t + v_i + \varepsilon_{i,t} \tag{4.11}$$

其中，因变量 LogPatent 为企业 i 在 t 年的专利申请量取对数值，其他与上述一致，引入 $CEO_{R\&Dexperience} \times RD$ 交叉变量。

由于从研发投入到产出再到专利获批，这需要经历一系列漫长的过程，因此本书分别对滞后一年、两年和三年的专利产出进行回归，结果见表 4.29。可见，有研发经验的 CEO 对滞后一年、滞后两年的专利产出并不存在显著影响，但是与滞后三年的专利产出之间在 5% 的显著性水平下呈现显著的正相关关系。尤其在列（4）中引入交叉变量 $CEO_{R\&Dexperience} \times RD$ 后，该变量仍然对滞后三年的专利产出具有显著的正向影响。这说明由于研发投入的滞后性，有研发经验的 CEO 通过提升研发投入将提高三年后的专利申请量。因此，这进一步验证了有研发经验 CEO 对研发效率的最终作用，证实了其从研发投入到研发产出整个过程的提升作用。

表 4.29　　　　　CEO 研发经验对企业研发产出的回归结果

变量	（1） 滞后一年	（2） 滞后两年	（3） 滞后三年	（4） 滞后三年
$CEO_{R\&Dexperience}$	-0.112 (-1.07)	0.077 (0.72)	0.190 ** (2.02)	0.236 ** (2.01)
RD	1.558 (1.55)	0.122 ** (2.16)	0.326 ** (2.36)	1.321 ** (2.49)
$CEO_{R\&Dexperience} \times RD$				0.516 * (2.37)
CF	0.058 ** (2.13)	0.191 * (1.81)	0.332 * (1.86)	0.121 * (1.83)
ROA	-2.638 ** (-2.00)	-1.831 (-1.18)	-0.802 (-0.44)	-1.562 (-0.85)
$Sale\ Growth$	0.001 (0.12)	-0.001 (-0.05)	0.004 (-0.17)	-0.001 (-0.03)
$LogPPE/Emp$	0.287 ** (2.36)	0.284 ** (2.15)	0.139 (0.91)	0.242 (1.43)
$LogSales$	0.235 ** (2.54)	0.219 ** (2.12)	0.176 * (1.83)	0.135 (1.15)
$Book\ Leverage$	-0.001 (-0.01)	-0.097 (-0.26)	-0.034 (-0.08)	-0.808 * (-1.78)
	-0.021 (-1.35)	-0.023 (-1.26)	-0.021 (-1.05)	-0.020 (-1.03)
$Log(1+Age)$	0.037 (1.06)	1.010 (0.86)	1.831 (1.19)	0.903 (0.60)

续表

变量	(1) 滞后一年	(2) 滞后两年	(3) 滞后三年	(4) 滞后三年
$Log(1 + Tenure)$	0.107 (0.53)	0.064 (0.27)	-0.054 (-0.17)	-0.181 (-0.58)
年固定效应	Yes	Yes	Yes	Yes
公司固定效应	Yes	Yes	Yes	Yes
R^2	0.131	0.122	0.107	0.153
Observations	1168	1363	1323	1293

创新专利产出根据所申请的不同类别可细分为发明专利、实用新型和外观设计，这三种不同类别的专利反映出企业创新活动的原创性程度。我们这里进一步将专利细分，然后检验有研发经验的 CEO 对原创性创新活动的影响，回归模型在模型（4.11）基础上将因变量分别更换为发明专利、实用新型和外观设计专利的数量，回归结果见表 4.30。可见，有研发经验的 CEO 在 5% 的显著性水平下与发明专利之间存在显著的正相关关系；与实用新型专利在 10% 的显著性水平下正相关；但与外观设计专利之间并不存在显著的相关关系。以上结果可得，有研发经验的 CEO 更倾向于创造性高的研发活动，从而更有利于提高创新活动的原创性，真正提升企业的创新水平，进而提高竞争力。

表 4.30　　　　CEO 研发经验对滞后三年不同类别专利的回归结果

变量	发明专利	实用新型	外观设计
$CEO_{R\&Dexperience}$	0.054 ** (2.62)	0.007 * (1.83)	0.066 (0.24)
RD	2.225 ** (1.96)	2.479 * (1.82)	6.835 ** (2.21)
CF	0.002 * (1.89)	0.142 ** (2.01)	0.297 * (1.80)
ROA	-3.575 *** (-3.37)	-1.657 (-0.57)	-1.110 (-0.42)

变量	发明专利	实用新型	外观设计
Sale Growth	-0.001 (-0.39)	0.083 ** (2.03)	0.004 (0.01)
LogPPE/Emp	0.076 (1.02)	0.128 (1.09)	0.115 (0.63)
LogSales	0.553 *** (8.14)	0.376 *** (3.87)	0.433 ** (2.21)
Book Leverage	0.279 (1.27)	0.289 (0.78)	0.999 * (1.81)
Q	0.038 ** (2.43)	-0.017 (-0.64)	0.119 *** (3.24)
$Log(1 + Age)$	0.812 (1.32)	1.528 * (1.65)	1.166 (0.65)
$Log(1 + Tenure)$	0.304 ** (2.03)	0.133 (0.46)	-1.054 ** (-2.00)
R^2	0.153	0.194	0.179
Observations	1308	1138	1178

4.3.3.6　内生性检验

以上实证检验表明有研发经验的 CEO 会提升企业的研发投资，然而也可能研发强度较高的公司更倾向于聘用有研发经验的 CEO，这样就存在很强的内生性，为了解决这一内生性问题，本部分从动态角度出发，根据 CEO 更替事件通过 DID（difference-in-difference）方法来验证无研发经验 CEO 变更为有研发经验 CEO 对公司的研发投资所带来的净效应。具体模型如下：

$$RD_{I,T} = \alpha + \beta_0 CEO_{R\&Dexperience_{i,t-1}} + \beta_1 After_{i,t-1} + \beta_2 CEO_{R\&Dexperience_{i,t-1}} \times$$
$$After_{i,t-1} + \beta_3 X_{i,t-1} + \varepsilon_{i,t-1} \tag{4.12}$$

模型中，$RD_{i,t}$ 与上述一致，当企业当年曾有过 CEO 变更，变量 $After_{i,t-1}$ 取 1，否则取 0。当企业当年由无研发经验的 CEO 变为有研发经验的 CEO，变量 $CEO_{R\&Dexperience}$ 取 1，否则取 0。为了检验有研发经验 CEO 对研发投资的净效应，我们将重点关注交叉变量 $CEO_{R\&Dexperience} \times After$ 的系数 β_2 的显著性。结果如表 4.31 所示，可见，在增加控制变量前后该交叉变量均与企业研发投资在 5% 的显著性水平下呈现显著的正相关关系，这就说明企业由无研发经验的 CEO 变为有研发经验的 CEO 后，企业的研发投资将会明显增加，这从动态角度再次检验了本书的结论。

表 4.31　　　　　　　　基于 DID 分析的内生性检验结果

变量	(1)	(2)
$After \times CEO_{R\&Dexperience}$	0.008 ** (2.06)	0.007 ** (2.07)
$After$	−0.003 (−0.78)	−0.006 (−1.27)
$CEO_{R\&Dexperience}$	0.013 * (1.83)	0.007 * (1.91)
CF	0.024 *** (2.92)	0.026 *** (2.94)
ROA	−0.111 * (−1.74)	−0.105 ** (−1.99)
$Sale\ Growth$	−0.001 (−0.07)	0.002 (0.15)
$LogPPE/Emp$	0.005 * (1.92)	0.012 ** (1.97)
$LogSales$	−0.002 * (−1.93)	−0.001 (−0.13)
$Book\ Leverage$	−0.024 ** (−2.03)	−0.004 * (−1.82)
Q	0.004 *** (3.71)	0.007 *** (5.26)
$Log(1+Age)$		0.012 (0.49)
$Log(1+Tenure)$		0.004 (0.43)
R^2	0.011	0.021
$Observations$	2459	2243

4.3.3.7　稳健性检验

1. CEO 权力的差异化检验

CEO 权力的不同是否会影响本书主要结论呢? 由于 CEO 权力不同, CEO 的决策权存在差异, 这样权力大的 CEO 具有较大的话语权, 进而自身特质对财务决策的影响会更明显。因此 CEO 权力大的样本中, 有研发经验 CEO 对研发投资的影响更明显。为了检验这一推断, 将样本按 CEO 是否兼任董事长分为 CEO 权力大和 CEO 权力小两个子样本, 当两职合一时, 为 CEO 权力大, 否则为 CEO 权力小。回归结果见表 4.32, 可见, 相对 CEO 权力小的样本, 在 CEO 权力大的样本中, 有研发经验的 CEO 对企业研发投资的影响更明显, 显著性水平为 1% (显著于 5%), 系数为 0.019 (高于 0.001)。因此, 通过子样本的差异化检验, 这再次验证了本书结果的稳健性。

表 4.32　　　　　　　　　稳健性检验一

变量	CEO 权力大的样本	CEO 权力小的样本
$CEO_{R\&Dexperience}$	0.019 *** (2.69)	0.001 ** (2.03)
CF	0.001 * (1.92)	0.016 ** (2.07)
ROA	−0.101 (−1.49)	0.007 (0.05)
$Sale\ Growth$	0.001 (0.24)	−0.001 (−0.25)
$LogPPE/Emp$	0.014 ** (2.34)	0.022 * (1.83)
$LogSales$	−0.002 ** (−2.07)	0.009 (0.64)
$Book\ Leverage$	−0.012 (−0.64)	−0.017 (−0.34)
Q	0.006 *** (5.18)	−0.004 (−1.53)

变量	CEO 权力大的样本	CEO 权力小的样本
$Log(1+Age)$	0.019 (0.50)	−0.094 (−0.63)
$Log(1+Tenure)$	0.003 (0.32)	0.070** (2.22)
R^2	0.027	0.053
Observations	376	1867

2. 控制 CEO 能力

考虑到 CEO 能力也会影响企业研发投资，能力强的 CEO 往往对企业的未来充满自信，因此会倾向于这类风险较高的投资，并坚信能够带来一定的收益。为了保证结果的稳健性，我们在模型（4.10）基础上再次控制了 CEO 能力。参考已有研究，根据 CEO 的学历背景来刻画 CEO 能力，当 CEO 学历为硕士及以上时，CEO 视为高能力者，变量 ability 取 1，否则取 0。表 4.33 列（2）报告了该结果，可见，CEO 能力在 10% 的显著性水平下正向影响企业研发投资，且控制该变量后，有研发经验的 CEO 与企业研发投资之间仍存在显著的正相关关系。这验证了本书结论的稳健性。

3. 控制 CEO 过度自信

关于管理者特质对企业研发创新的影响，近期很多学者聚焦于管理者过度自信这一重要特质，并大多支持管理者过度自信会促进企业创新投入的观点（David et al.，2012；Chang et al.，2015；孔东民等，2015；易靖韬等，2015；于长宏等，2015；张信东等，2017；郝盼盼等，2017）。鉴于这一重要特质对企业创新的重要性，我们将剔除有研发经验的 CEO 与过度自信 CEO 的重叠影响，因此将再次控制 CEO 过度自信。其中，CEO 过度自信的刻画参考郝颖等（2005）、张信东和郝盼盼（2017）的方法，若 CEO 持股增加且不是红股或业绩股的原因，同时在整个任职期都不会消减股份，那么视为过度自信 CEO，变量 OC 取 1；否则为非过度自信 CEO，变量 OC 取 0。我们通过手工整理样本企业 CEO 的信息构建了 CEO 过度自信指标。在模型（4.10）基础上控制了该变量，结果见表 4.33 列

（2），可见，CEO 过度自信与企业研发投资之间确实存在显著的正相关关系，这与已有学者结论一致。同时，控制该变量后，有研发经验的 CEO 仍然会正向影响企业的研发投资，这说明本书结论的稳健性。

表 4.33　　　　　　　　　稳健性检验二和稳健性检验三

变量	（1）控制 CEO 能力	（2）控制 CEO 过度自信
$CEO_{R\&Dexperience}$	0.012* (1.67)	0.014** (2.53)
CF	0.023* (1.89)	0.007** (2.34)
ROA	−0.107* (−1.68)	−0.040 (−0.83)
$Sale\ Growth$	−0.001 (−0.06)	0.001 (0.04)
$LogPPE/Emp$	0.006** (2.05)	0.006* (1.85)
$LogSales$	−0.002 (−0.37)	0.004 (1.03)
$Book\ Leverage$	−0.022* (−1.91)	−0.010* (−1.75)
Q	0.004*** (3.65)	0.007** (2.05)
$Log(1+Age)$	0.001 (0.08)	0.004 (1.00)
$Log(1+Tenure)$	0.104 (1.07)	0.112* (1.88)
$Ability$	0.003* (1.85)	
OC		0.007* (1.78)
R^2	0.010	0.018
$Observations$	2459	2206

4. 倾向得分匹配法（PSM）的再检验

以上研究通过静态的面板回归和动态的 DID 分析得出了本书结论，但是为了有效降低样本选择的偏误，并减少控制变量等对因变量的混杂因素，我们将通过 PSM 方法找到与处理组（有研发经验 CEO）尽可能类似的控制组（无研发经验 CEO）进行配对分析，这将提高本书结论的稳健性。基于罗森巴姆和鲁宾（Rosenbaum and Rubin，1985）匹配后各变量的标准偏差小于 20 时，该匹配结果较合理。表 4.34 为匹配样本前后的基本特征值对比，可见，进行匹配之后各变量的标准偏差都比较小，因此匹配效果较好。被处理单位的平均处理效应（ATT）结果见表 4.35 所示，可见，匹配后处理组的研发投资均值为 0.048，控制组为 0.024，ATT 平均处理效应为 0.024，在 1% 的显著性水平下通过检验，且匹配后的 ATT 值略高，这就说明得到的 ATT 结果较可靠。因此，通过 PSM 方法的再检验再次证明本书的主要结论。

表 4.34　　　　　　　　匹配前后样本基本特征比较

变量	样本	处理组	控制组	标准偏差%
CF	匹配前	0.045	0.049	-5.7
	匹配后	0.045	0.044	0.6
ROA	匹配前	0.058	0.052	14.4
	匹配后	0.058	0.056	3.4
Sales Growth	匹配前	0.149	0.820	-6.9
	匹配后	0.149	0.186	-0.4
LogSales	匹配前	8.028	7.939	13.4
	匹配后	7.909	8.008	-3.0
Q	匹配前	2.495	2.060	24.7
	匹配后	2.495	2.445	2.9
Book Leverage	匹配前	0.354	0.431	-41.8
	匹配后	0.354	0.360	-3.3

变量	样本	处理组	控制组	标准偏差%
Log(PPE/Emp)	匹配前	5.589	5.429	29.7
	匹配后	5.564	5.568	-3.9
LogAge	匹配前	1.683	1.661	37.9
	匹配后	1.683	1.681	3.8
LogTenure	匹配前	0.688	0.717	-11.8
	匹配后	0.688	0.681	2.8

表 4.35　　　　　　　　　　PSM 检验后的 ATT 效应结果

变量	样本	处理组	控制组	ATT	标准差	T 值
RD	匹配前	0.048	0.020	0.028	0.005	5.58***
	匹配后	0.048	0.024	0.024	0.008	3.06***

4.3.4　实证结果与讨论

本书遵循"证据—机理—后果"的研究思路验证了有研发经验的 CEO 对企业研发活动的影响,通过静态的面板回归、动态的 DID 分析以及 PSM 的再检验得出以下结论:(1)与无研发经验的 CEO 相比,有研发经验的 CEO 会明显提升企业的研发投资。(2)有研发经验的 CEO 通过获取或学习行业主导者的有效研发信息来促进研发投资;有研发经验的 CEO 通过降低企业研发人员的流失率来增加研发投资;但是有研发经验的 CEO 并不能通过增加其风险承担来提升企业研发投资。外部的信息学习机制和内部的人员挽留机制是主要的影响渠道。(3)有研发经验的 CEO 通过增加研发投资对滞后三年的专利产出具有显著提升作用,尤其对发明专利的促进作用更明显,这说明有研发经验的 CEO 更倾向于原创性的研发活动。

基于以上结论,首先,从管理者早年的职业背景角度论证了影响企业研发创新的重要因素,对早期具有争议性的问题重新给出答案;其次,分别从外部和内部两个层面深入探究有研发经验 CEO 与企业研发投资的中间影响机理，这有助于深刻认识有研发经验 CEO 的真实作用；最后，将研究视野扩展到研发产出范畴，得出有研发经验 CEO 提升研发效率具有三年的滞后期，这为今后研发效率研究提供新思路。

通过本书结论可得，企业在聘用 CEO 过程中需将其早年的职业背景与企业特性相结合，在注重吸引多样化背景的高管同时，也应该关注管理者的专业属性，这对高新技术类行业尤其重要。在面对研发人员流失的棘手状况时，选聘深刻了解研发人员需求的高管将是可行的措施。此外，为了真正提升企业研发创新的质量，提高企业原创性研发水平，在高管团队中应该适量增加有研发经验的高管数量。

4.4　本 章 小 结

本章分别从企业家晋升频率、职业路径及研发经验三个新维度来检验企业家能力特质对企业创新决策的影响。首先，通过全新构建企业晋升频率指数进行实证分析得出，企业家晋升越快越会促进未来的创新投资，且在年轻阶段晋升越快越能明显影响未来的创新投资；其次，通过测算企业家职业路径指数进行实证分析得出，与专一性职业路径相比，具有多元化职业路径的企业家更会促进企业创新投资；最后，通过手工整理具有研发工作经历企业家相关数据进行实证分析发现，有研发经验的企业家更能够促进企业的创新投资。同时这种现象在研发强度较大、约束机制较弱的非国有企业中更为明显。此外，高能力的企业家主要通过信息学习、失败容忍以及人员挽留等机制影响未来的创新决策，且最终会影响企业的创新产出和高质量发展。

第 5 章

企业家地方感情感特质
对企业创新决策的影响*

俗话说"吃水不忘挖井人"。阿里创始人马云将总部建于家乡浙江杭州，并始终积极地投身于企业科技技术革新，使得阿里在操作系统、云计算、数据库等领域取得了一系列重要成果，不仅推动了家乡经济的发展，还为家乡营造了浓厚的创新环境，大大激发了家乡的创新活力；小米科技创始人雷军投资近 230 亿元在家乡武汉设立总部，不仅如此，小米科技力求创新，其企业研发投入一度占到科创板上市公司研发成本总和的 50%，成为中国智造的有力代表；京东创始人刘强东将京东全国客服中心总部搬迁至家乡宿迁，在当时解决了家乡近 2 万人的就业问题并且为当地政府创下了 20 多亿的税收……企业家们积极地为家乡做贡献这一现象背后的本质是地方感。人们对某个地方的情感与认同督促他们积极地为该地谋发展（Eyles，1985）。而企业创新正是企业家推动地区发展的重要途径。这不禁使我们发问，企业家地方感对企业创新产出会有何种影响？可以促进企业创新产出吗？如何影响企业创新产出呢？企业家地方感对企业创新产出的影响具有异质性吗？这些问题值得我们探讨。

企业家精神的核心是创新。企业家作为企业创新活动的核心决策者，其"内在"——创新精神会通过企业的"外在"——创新产出表现出来。那么该如何激发企业家的创新精神进而推动企业创新产出呢？针对这一问

* 该部分成果为作者与所指导研究生郭方共同合作。

题，现有研究主要集中于正式制度的角度，如李维安和王辉（2003）指出公司治理制度的不健全是企业家创新精神不足的微观源头；李后建（2013）发现市场化改革进程可以弱化腐败对于企业家创新精神的消极作用；邵传林（2015）认为完善制度环境有助于企业家创新精神的培育；孙早等（2019）发现社会保障水平与企业家创新精神存在正相关关系。而本书认为，外在正式制度只能对企业家的创新精神起到短期督促作用，而长期的创新精神则需要依靠企业家内在特质的支撑，那么，企业家的地方感这一内在特质可以激发企业家创新精神吗？为回答这一问题，本书将从企业家创新精神的视角下，深度剖析企业家地方感影响企业创新产出背后的"黑箱"。

5.1　企业家地方感情感特质对企业创新决策影响的经验证据

5.1.1　研究假设的提出

本书认为企业家地方感可以从三个方面促进企业创新产出：

第一，地方感会减少企业家的利己行为。一方面，地方依赖理论认为，人们对自己的故乡、母校等重要的地点会格外关照，并愿意积极为这些重要的地方作贡献。出于这种心理，企业家会更在乎当地人民福祉，更在乎企业创新等长期价值，并积极履行企业社会责任。已有研究证实，异地任职的企业家更倾向于在家乡建立子公司，异地就职的省级及以上官员在任职期间可以显著的促进家乡的经济发展（曹春方等，2018），本地企业家为了家乡的发展会有更低的避税倾向以及更好的环境绩效（张长江和陈倩，2019），本地官员会有更积极的环境保护倾向，表现为征收更多的排污费用，官员、企业家等在家乡的良好表现正是地方感起到了重要的督促作用。另一方面，因为对地方的情感以及在当地的社会关系，企业家会更在乎自己在当地的声誉（Lais et al.，2020）。具有地方感的企业家如果想要做出短视决策，就需要克服很高的情感障碍。因此，具有地方感的企业家在创新方面应该有更好的表现。

第二，地方感有助于企业家形成更多的社会资本。地方认同理论认为，个人凭借与地方情感与认知等多种互动过程从而实现社会化，社会化的实现使得个人定位自身在社会中的位置与角色并将自身定义为当地的一员。具有地方感的企业家对于自己属于当地一分子的身份认同以及对地方的情感，使他们与本地利益相关者之间更容易"互信"，信任作为社会资本的关键要素将有助于企业家融入"本地人"圈子，这种关系的形成帮助企业家获得更多的社会资本。社会资本帮助企业家获取与创新有关的本地信息、风险投资等重要资源，从而帮助企业拓展融资渠道、提升资源配置效率（Ren et al.，2021）。

第三，企业家地方感有助于降低信息不对称性。一方面，董事会成员更有可能来自本地的商界，董事会成员等利益相关者以及企业家个人对地方的情感与认同使得他们之间更容易形成紧密的关系，这种关系增加了董事会等利益相关者对企业家的信任程度（丁翠英，2021），提高了创新项目的透明度。另一方面，董事会成员等利益相关者对企业家的信任也减少了直接监督的侵扰性，从而使得监督更有效，这种有效的监控降低了利益相关者关于公司投资项目的信息不对称（杨建君等，2012）。综合以上分析，本书提出假设：

H5.1：企业家地方感可以促进企业创新产出。

5.1.2 样本选择、数据来源及模型设计

5.1.2.1 样本选择与数据来源

选择 2009～2019 年沪深两市 A 股非金融类上市公司为研究对象，在此基础上进行以下处理：（1）剔除被 ST、*ST 处理的上市公司；（2）剔除企业家数据缺失以及其他变量信息不完整的样本；（3）对所有连续变量进行 1% 水平的 Winsorize 处理以降低异常值的影响。最终有效研究样本为 1108 家上市公司，共 5678 个观测值。

企业家籍贯和出生地、企业注册地等数据主要来源于 CNRDS，进一步整合 CSMAR 中相关数据以尽可能弥补企业家原生地数据缺失部分。控制变量等企业财务数据均从 CSMAR 中获取。各省会间地理距离为手工计算数据。

5.1.2.2　模型设计与变量定义

本书借鉴任胜钢等（2021）的研究，并考虑到企业创新成果具有一定的滞后性，构建如下模型以验证假设 H5.1：

$$
\begin{aligned}
INNOOUT_{i,t} = &\beta_0 + \beta_1 Local1/Local2_{i,t-1} + \beta_2 Size_{i,t-1} + \beta_3 FirmAge_{i,t-1} + \\
&\beta_4 INST_{i,t-1} + \beta_5 ROA_{i,t-1} + \beta_6 Indep_{i,t-1} + \beta_7 StOwRt_{i,t-1} + \\
&\beta_8 Top1_{i,t-1} + \beta_9 PercepGDP_{i,t-1} + \beta_{10} CEOGender_{i,t-1} + \\
&\beta_{11} CEOAge_{i,t-1} Industry_c + Year_t + \varepsilon_{i,t}
\end{aligned}
\tag{5.1}
$$

（1）被解释变量：企业创新产出（INNOOUT）。参考国内外学者研究企业研发创新时普遍使用的方法，以 $\ln(Patent+1)$ 衡量企业创新产出（INNOOUT），其中 Patent 为公司第 t 年的专利申请数量。

（2）解释变量：Local1 为本书的主要解释变量，代表本地企业家地方感，借鉴胡珺等（2017）、李吉园等（2020）的方法，以企业家的籍贯或出生地是否与企业注册相一致进行衡量。若该企业家的籍贯或出生地与企业注册地属于同一省份，即为本地企业家时，则认为该企业家具有地方感，Local1 取值为 1，否则取 0。

（3）替换解释变量：Local2 为本书的替换解释变量，代表外地企业家地方感强度。以往的实证研究大多仅以企业家是否为本地人来衡量其是否具有地方感，即归属感与认同感，据此判断企业家地方感对相关企业决策的影响。而本书认为，如果能够同时证明外地企业家地方感也可以促进企业创新产出，那么就进一步加强了企业家地方感可以促进企业创新产出的说服力，毕竟外地企业家也可能对履职地产生归属感与认同感。因此，本书引入 Local2（外地企业家地方感）作为 Local1 的替代变量并剔除本地企业家的样本，并在本书后续的中介效应检验、异质性检验、经济后果分析中将该变量与 Local1 进行同步验证。引入 Local2 同时起到了加强论证以及稳健性检验的作用。

同步验证之前，首先要回答的第一个问题是：外地企业家会对企业注册地产生地方感吗？首先，作为社会与文化的建构，地方感不是一成不变，而是动态变化的（Stokowski Pa，2002）；其次，地方感强度会受到文化认同、日常体验等因素的影响，同时地方感又反过来重塑人的生活态度以及生活方式（Kong L. et al.，1996；朱竑等，2011）。因此我们的假设是具有理论依据的，外地企业家也可能因为在当地的学习、工作的经历而逐渐对当地产生安全感与归属感。

其次，要回答的第二个问题是：来自不同省份的外地企业家对企业注册地产生的地方感有强弱差异吗？文化差异会影响情感倾向（王艳和阚铄，2014）。本书认为，文化差异越大，外地企业家就越难对当地产生认同，则该企业家对当地的地方感越弱，反之，则越强。因此，来自不同省份的外地企业家对同一地点的地方感强度不同。

最后，要回答的第三个问题是：如何衡量外地企业家地方感强度（Local2）？本书选择企业注册地所属省份的省会城市与企业家家乡的省会城市之间的地理距离（GEO）为计算基础以衡量外地企业家地方感强度。原因有：第一，地理距离是文化差异产生的关键客观因素。地理距离越远，文化差异越大，归属感与认同感即地方感则越弱，反之，地理距离越近时，由于文化差异较小，地方感则较强。第二，省会城市的文化在本省中具有代表性。第三，同一省份不同城市之间文化差异较小，而文化差异在不同省份之间更为明显。第四，地理距离变量较为外生。

地理距离具体计算方法：选择企业注册地所属省份的省会城市 A、企业家家乡的省会城市 B，其中城市 A、B 的经度分别为 α_1、α_2，纬度分别为 β_1、β_2，两地的经度和纬度均采用弧度计量，R 是地球半径（等于 6370 千米），则 A、B 两地间的地理距离为：

$$GEO = R \times \arccos[\sin\beta_1\sin\beta_2 + \cos\beta_1\cos\beta_2(\alpha_1 - \alpha_2)] \qquad (5.2)$$

Local2（外地企业家地方感强度）的具体衡量方法：因为地理距离（GEO）与外地企业家地方感强度（Local2）之间是负向关系，即地理距离越大，文化差异越大，从而地方感越弱。因此为使检验结果便于理解，我们对地理距离取相反数以衡量外地企业家地方感，意味着当地理距离（GEO）越大时，则 $-GEO$ 越小，Local2 越小，代表外地企业家地方感越弱，反之，当地理距离（*GEO*）越小时，则 – *GEO* 越大，*Local2* 越大，即外地企业家地方感越强。*Local2* 的具体计算公式如下：

$$Local2 = -\text{Ln}GEO = -\text{Ln}\left\{R \times \arccos\left[\sin\beta_1\sin\beta_2 + \cos\beta_1\cos\beta_2(\alpha_1-\alpha_2)\right]\right\}$$

$$(5.3)$$

（4）控制变量。本书控制了企业特征、企业家特征以及地区特征等三个层面的变量：*Size* 表示公司规模；*FirmAge* 表示公司成立年限；*INST* 表示机构投资者持股比例；*ROA* 表示资产收益率；*Indep* 表示独立董事比例；*StOwRt* 表示国有股比例；*Top1* 表示公司第一大股东持股比例；*CEOgender* 表示企业家性别；*CEOage* 表示企业家年龄；*PercepGDP* 表示各省人均 *GDP*。除此之外，控制行业和年度效应。

具体变量定义见表5.1。

表5.1　　　　　　　　　　　　　变量说明

变量类型	变量名称	变量代码	变量定义及测量
被解释变量	企业创新产出	*INNOOUT*	等于 $\ln(Patent+1)$，其中 *Patent* 为专利申请数量
解释变量	本地企业家地方感	*Local1*	当企业家出生地或籍贯所属省份与企业注册地所属省份相同，即为本地企业家时，认为该企业家具有地方感，取值为1，否则为0
替换解释变量	外地企业家地方感	*Local2*	以企业家出生地或籍贯所属省份省会距企业注册地所属省份省会的地理距离（*GEO*）为基础测算，具体参考公式（5.2）、（5.3）
控制变量	企业规模	*Size*	期末总资产的自然对数
	企业年龄	*FirmAge*	$\ln($当年年份 – 公司成立年份 $+1)$
	机构投资者持股比例	*INST*	机构投资者持股总数/总股数
	资产收益率	*ROA*	净利润/总资产
	董事会独立性	*Indep*	独立董事人数/董事总人数
	国有股比例	*StOwRt*	国有股数量/总股数
	第一大股东持股	*Top1*	第一大股东持股数量/总股数
	省人均 *GDP*	*PercepGDP*	$\ln($该省地区生产总值/该省人口$)$

变量类型	变量名称	变量代码	变量定义及测量
控制变量	企业家性别	*CEOgender*	当企业家为男性时取值为1，否则为0
	企业家年龄	*CEOage*	当企业家年龄大于样本平均数时取值为1，否则为0
	行业	*Industry*	行业虚拟变量
	年份	*Year*	年份虚拟变量

5.1.3 实证分析

表5.2展示了本地企业家地方感与企业创新产出的回归结果。表5.2第（1）列显示，本地企业家地方感（*Local*1）与企业创新产出（*IN-NOOUT*）在5%的显著性水平显著（0.100，$t = 2.42$），说明当企业家出生地或籍贯地与企业所在地相同时，相对于其他企业，由于这些企业家对家乡具有地方感，因此企业创新产出更多，支持了本书假设H5.1。

表 5.2 企业家地方感与企业创新产出回归结果

变量	企业创新产出	
	（1）本地企业家地方感	（2）外地企业家地方感
$Local1_{t-1}$	0.100 ** (2.42)	
$Local2_{t-1}$		0.012 ** (2.53)
$Size_{t-1}$	0.336 *** (19.02)	0.336 *** (18.93)
$FirmAge_{t-1}$	-0.186 *** (-3.12)	-0.170 *** (-2.84)
$INST_{t-1}$	0.030 (0.30)	0.033 (0.33)

变量	企业创新产出	
	（1）本地企业家地方感	（2）外地企业家地方感
ROA_{t-1}	2.953 *** (7.68)	2.889 *** (7.48)
$Indep_{t-1}$	-0.660 * (-1.84)	-0.607 * (-1.69)
$StOwRt_{t-1}$	-0.285 * (-1.79)	-0.285 * (-1.78)
$Top1_{t-1}$	-0.504 *** (-3.45)	-0.498 *** (-3.40)
$PercapGDP_{t-1}$	0.064 (1.24)	0.076 (1.46)
$CEOgender_{t-1}$	-0.093 (-1.03)	-0.094 (-1.05)
$CEOage_{t-1}$	-0.080 * (-1.90)	-0.085 ** (-2.02)
Constant	-6.423 *** (-9.52)	-6.491 *** (-9.65)
Industry	控制	控制
Year	控制	控制
Observations	5678	5631
R^2	0.261	0.261
R^2_a	0.256	0.256
F	52.35	51.95

注：***、**、*分别表示在1%、5%、10%的置信水平下显著。本章其他表格含义相同，不再重复注释。

表5.2第（2）列结果显示，外地企业家地方感（Local2）与企业创新产出呈现显著正相关关系（0.012，$t=2.53$），地方感较强的外地企业家在企业创新产出方面有更好的表现，这说明对于异地任职的企业家，其地方感的形成对企业创新同样具有积极作用，支持了本书的假设 H5.1。

综上所述，表5.2第（1）、第（2）列的回归结果皆证实了企业家地方感有利于促进企业创新产出的假设，假设 H5.1 得以验证。

5.1.4 稳健性检验

5.1.4.1 加入额外控制变量

科研资金的投入能够促进专利数量的提升，企业创新投入能够显著的促进企业创新产出（古利平等，2006；李常洪等，2013），因此我们在前述模型（5.1）中加入企业研发强度指标（*INNOPUT*），等于研发支出/营业收入，重新检验企业家地方感与企业创新产出的关系。检验结果如表5.3第（1）列所示，本地企业家地方感（*Local*1）在主检验中显著为正（0.199，$t=3.35$），在99%的显著性水平上拒绝了企业家地方感与企业创新产出无关的原假设。

表5.3　　　　相关稳健性检验

变量	1. 额外控制变量	2. PSM	3. 反向因果检验	
	(1)	(2)	(3)	(4)
	企业创新产出	当期企业创新产出	滞后一期企业创新产出	滞后两期企业创新产出
*Local*1	0.199 *** (3.35)	0.113 ** (2.40)	0.060 (1.26)	−0.005 (−0.10)
INNOPUT	5.560 *** (7.22)			
Size	0.430 *** (16.61)	0.304 *** (12.79)	0.336 *** (16.83)	0.333 *** (14.89)
FirmAge	−0.128 (−1.48)	−0.261 *** (−4.05)	−0.205 *** (−2.88)	−0.174 ** (−2.05)
INST	0.217 (1.49)	0.071 (0.66)	0.100 (0.84)	0.149 (1.08)

续表

| 变量 | 1. 额外控制变量 | 2. PSM | 3. 反向因果检验 | |
| | （1） | （2） | （3） | （4） |
	企业创新产出	当期企业创新产出	滞后一期企业创新产出	滞后两期企业创新产出
ROA	2.901 *** （5.47）	2.726 *** （6.44）	2.468 *** （5.47）	1.717 *** （3.40）
Indep	-0.798 （-1.58）	-0.969 ** （-2.27）	-0.507 （-1.26）	-0.497 （-1.10）
StOwRt	-0.416 （-1.49）	-0.006 （-0.04）	-0.383 * （-1.87）	-0.036 （-0.13）
Top1	-0.577 *** （-2.61）	-0.489 *** （-3.07）	-0.660 *** （-3.84）	-0.867 *** （-4.35）
PercapGDP	-0.067 （-0.88）	0.067 （1.22）	0.097 （1.60）	0.127 * （1.82）
CEOgender	-0.184 （-1.41）	-0.1 （-1.05）	-0.113 （-1.11）	-0.218 * （-1.92）
CEOage	-0.080 （-1.35）	-0.06 （-1.38）	-0.056 （-1.18）	-0.025 （-0.47）
Constant	-7.091 *** （-7.00）	-5.542 *** （-6.93）	-6.701 *** （-8.46）	-6.934 *** （-7.53）
Industry	控制	控制	控制	控制
Year	控制	控制	控制	控制
Observations	3353	4977	4481	3512
R^2	0.196	0.253	0.268	0.275
R^2_a	0.187	0.248	0.262	0.267
F	21.85	73.79	43.95	36.56

5.1.4.2 倾向匹配得分法（PSM）

均值检验以及中位数检验表明，有地方感（$Local1 = 1$）与无地方感（$Local1 = 0$）两组样本的控制变量之间存在较大差异，因此为了缓解可观测变量的系统差异以及解决模型误设问题，我们对处理组（$Local1 = 1$）和控制组（$Local1 = 0$）进行倾向得分匹配。具体的做法是：依据最近邻倾向分值对处理组"有地方感"（$Local1 = 1$）和控制"无地方感"（$Local1 = 0$）进行一对一有放回匹配，回归分析成功匹配的样本，删除匹配失败样本。回归结果如表5.3第（2）列所示，系统差异缓解后并没有影响本书结果。支持了假设 H5.1。

5.1.4.3 反向因果检验

为了验证是企业家地方感促进了企业创新产出，而不是创新产出绩效较好的企业吸引了更多的具有地方感的企业家（$Local1 = 1$），我们将因变量企业创新产出（$INNOOUT$）分别滞后一期、两期，如果回归系数显著，那么说明我们的模型存在严重的内生性问题，检验结果如表5.3第（3）、第（4）列所示，$l1\_INNOOUT$、$l2\_INNOOUT$ 系数均不显著，接受了 $l1\_INNOOUT$、$l2\_INNOOUT$ 与 $Local1$ 无关的原假设，表明本书主模型不存在反向因果问题，支持了本书的假设 H5.1。

5.1.4.4 企业家地方感重新度量

为了更稳健的证明企业家地方感与企业创新产出之间的正相关关系，本书重新度量企业家地方感。具体包括：（1）$LocalP$：以样本中每位企业家简历中出现相应省份的次数作为其地方感的衡量指标，当省份名称出现次数越多时，代表该企业家在这一省份经历相对丰富或居住时间较长，地方感即归属感与认同感越强；（2）$LocalIF$：若该企业家简历中出现过企业所属省份，我们则认为其拥有地方感取值为1，否则为0。如表5.4所示，$LocalP$、$LocalIF$ 分别在1%、5%的水平上显著为正，表明当企业家简历中企业所在地名称出现次数越多或含有该地方名称时，即地方感较强时，越有利于企业创新产出的增加，说明企业家地方感与企业创新产出存在正相关关系。

表 5. 4　　　　　　　　　重新度量解释变量的回归结果

变量	(1) INNOOUT	(2) INNOOUT
LocalP	0. 025 *** (3. 05)	
LocalIF		0. 094 ** (2. 27)
Size	0. 337 *** (15. 54)	0. 336 *** (15. 50)
FirmAge	− 0. 170 *** (− 2. 73)	− 0. 171 *** (− 2. 75)
INST	0. 030 (0. 30)	0. 022 (0. 22)
ROA	2. 946 *** (7. 32)	2. 945 *** (7. 33)
Indep	− 0. 673 * (− 1. 71)	− 0. 678 * (− 1. 72)
StOwRt	− 0. 304 * (− 1. 93)	− 0. 297 * (− 1. 89)
Top1	− 0. 517 *** (− 3. 46)	− 0. 525 *** (− 3. 51)
PercapGDP	0. 062 (1. 19)	0. 054 (1. 04)
CEOgender	− 0. 090 (− 0. 96)	− 0. 086 (− 0. 92)
CEOage	− 0. 084 ** (− 2. 02)	− 0. 077 * (− 1. 86)
Constant	− 6. 405 *** (− 8. 76)	− 6. 326 *** (− 8. 67)
Industry	控制	控制
Year	控制	控制
Observations	5678	5678

续表

变量	(1) INNOOUT	(2) INNOOUT
R^2	0.261	0.261
R^2_a	0.256	0.256
F	82.47	82.37

5.1.4.5 工具变量法（2SLS）

本书分别选取了两种工具变量进行 2SLS 回归以有效解决由于模型设定错误而可能导致的内生性问题。

首先，参考任胜钢（2021）的做法，我们使用该省寺庙和道观总数的自然对数作为工具变量，因为寺庙和道观的数量代表着当地的宗教信仰，会对人们的聚集产生影响，而寺庙和道观的数量不会对企业创新产出有直接影响。

其次，参考霍克伯格和斯特林（Hochberg and Lindsey，2010）的做法，使用同一省份企业家地方感的平均值作为工具变量。选取平均值作为工具变量的理由是，企业家地方感平均值能够代表当地文化的一部分，可以预见，当该省企业家地方感平均值较高时，说明该省更偏好于雇用具有地方感的企业家，并且该省企业家地方感的平均值也不可能对某家公司的企业创新起到直接作用。

表5.5 报告了两种工具变量的检验结果。第一种工具变量寺庙和道观的数量（Temple）回归系数为 0.076，t 值为 17.54，在 1% 的水平上显著，将第一阶段的预测值代入第二阶段后，企业家地方感（Local1）与企业创新产出（INNOOUT）仍然为正相关关系。另一种工具变量企业家地方感平均值（Average）显著为正（1.017，t =31.45），同时第二阶段表明，企业家地方感能够显著的促进企业创新产出（0.915，t =7.82）。以上两种工具变量均通过了弱相关性检验。因此，本书的模型在使用两阶段最小二乘法解决内生性问题后检验结果仍然与前文一致，本书的假设 H5.1 得以验证。

表 5.5   工具变量法

变量	(1) 第一阶段 企业家地方感	(2) 第二阶段 企业创新产出	(3) 第一阶段 企业家地方感	(4) 第二阶段 企业创新产出
Temple	0.076 *** (17.54)			
Average			1.017 *** (31.45)	
*Local*1		0.304 * (1.76)		0.915 *** (7.82)
Size	−0.014 ** (−2.47)	0.340 *** (15.52)	−0.012 ** (−2.22)	0.353 *** (15.62)
FirmAge	0.026 (1.43)	−0.187 *** (−3.06)	0.046 *** (2.68)	−0.191 *** (−3.05)
INST	0.020 (0.62)	0.029 (0.29)	0.011 (0.37)	0.026 (0.26)
ROA	0.210 ** (1.73)	2.903 *** (7.24)	0.208 * (1.78)	2.753 *** (6.72)
Indep	−0.359 *** (−3.24)	−0.580 (−1.43)	−0.203 * (−1.89)	−0.340 (−0.83)
StOwRt	−0.095 ** (−1.86)	−0.255 (−1.62)	0.110 ** (−2.21)	−0.164 (−1.01)
*Top*1	−0.005 (−0.10)	−0.503 *** (−3.37)	−0.005 (−0.12)	−0.501 *** (−3.26)
PercapGDP	0.021 (1.19)	0.080 (1.52)	−0.005 (−0.29)	0.126 ** (2.35)
CEOgender	−0.008 (−0.29)	−0.090 (−0.98)	−0.015 (−0.55)	−0.083 (−0.88)
CEOage	0.045 *** (3.44)	−0.085 ** (−2.05)	0.045 *** (3.58)	−0.101 ** (−2.35)
Constant	0.458 ** (0.049)	−6.852 *** (−8.63)	0.374 * (1.79)	−8.137 *** (−10.50)
Industry	控制	控制	控制	控制
Year	控制	控制	控制	控制
Observations	5678	5678	5678	5678
R^2	0.085	0.258	0.165	0.210

5.2 企业家地方感情感特质对企业 创新决策的影响渠道分析

若上述假设成立，那么其内在机制是什么呢？本章将基于企业家创新理论，构建企业家创新精神钻石模型并运用中介效应检验方法检验企业家风险偏好、社会关系网络、机会识别以及动态创新的中介作用。

5.2.1 研究假设的提出

企业家的核心地位决定了企业的许多冒险活动只能由其独自承担，因此其创新精神对企业创新活动起到了关键性的作用。企业家创新精神与企业创新有着直接的因果联系，企业家只有对创新活动足够重视，企业才会有更好的创新表现。因此，如果企业家地方感能够促进企业创新，那么很可能是因为企业家对地方的情感激发了企业家有关于创新的思想和观念才使得企业家有更积极的创新态度。这一猜想并不是空穴来风。早在2006年我国学者常建坤就曾对中国传统文化与企业家创新精神的关系进行了研究，认为地区文化会在无形之中影响企业家创新精神进而对地区经济发展产生影响，并且发现中国注重"和合"的文化思想有利于企业家社会网络的构建。那么，地方感这种文化与企业家创新精神有哪些联系呢？

首先，企业家因对地方的情感以及对个人在当地声誉的担忧会使得他们更注重企业创新等长期价值；其次，地方感帮助企业家在企业所在地形成更多的社会资本，将使企业更容易获得创新相关资源以及更多的本地信息，进而节省大量成本，使他们可以将更多的精力分配到创新活动上；最后，一方面，股东等利益相关者、企业家个人对地方的情感使得他们之间更容易形成紧密关系，股东等利益相关者更容易对企业家产生信任，信任企业家不仅可以提高企业家的工作积极性，还可以有效避免股东等利益相关者与企业家之间的冲突，从而促进企业创新。股东等利益相关者对企业家的正面态度将使得经理人更努力创新（Clegg，2002）。另一方面，股东的信任减少了监督的侵扰性，更有效的监督有利于降低信息不对称性。因此，利益相关者对企业家更多的信任、较低的监督侵扰性和信息不对称性有助于激发企业家的创新热情。综上所述，地方感可以从多个角度激发企业家对创新活动的重视与热情。

为了多维度刻画企业家创新精神微观特质，以及探究企业家地方感—企业家创新精神—企业创新产出的转化机制，本书参考常建坤（2006）的研究构建企业家创新精神钻石模型（见图 5.1）。将企业家创新精神分解为风险识别、社会关系网络、机会识别以及动态创新四个维度。原因是：首先，对风险的理性偏好是创新精神的第一要素，敢于承担创新风险是企业家从事创新活动必不可少的优秀品质，即企业家需要"有魄力"；其次，创新活动具有长周期、高风险、高投入等特征，企业仅凭一己之力难以支撑，因此，企业家需要凭借自身社会关系调用相关社会资源以提高资源配置效率、维持研发创新活动，即企业家需要"有人脉"；再次，企业家需要善于从变动的内外部环境中识别出机会，敏锐地洞察前沿信息，即企业家需要"有远见"；最后，创新活动是一个艰难曲折的过程，如果半途而废，可能会产生高昂的沉没成本，使企业蒙受巨大损失。因此，企业家要做好攻坚克难的心理准备，弹性地调整创新活动策略，使企业创新实现动态可持续性。即企业家需要"有毅力"。

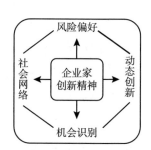

图 5.1　企业家创新精神钻石模型

5.2.1.1 企业家地方感、风险偏好与企业创新产出

风险偏好是企业家创新精神的第一要素。与其他投资项目相比，企业的创新项目具有前期投入较大、收益较为滞后等特征而因此有更大的风险。企业家对待风险的态度决定了企业创新活动的走向。而具有地方感的企业家，一方面因为其想要为地方做更多贡献以及在当地赢得更好的声誉的两大内在动机，因此他们更愿意承担风险；另一方面，他们更容易获得董事会的支持以及更多的社会资本。伯利（Birley，1985）研究发现，创业者的社会网络是帮助企业整合资源最重要的因素，因此，他们在社会资本方面的优势也使得他们更有"底气"承担风险。基于此，提出以下假设：

H5.2：企业家地方感通过提高企业家风险偏好进而促进企业创新产出。

5.2.1.2 企业家地方感、社会关系网络与企业创新产出

学术界普遍认可了社会关系网络对企业创新的促进作用。社会资本显著促进企业研发创新（韦影，2007），企业获得更多的资源可以借助社会关系网络的功能（Birley，1985），通过当地社会关系网络可以获取更多的本地信息，从而提升资源配置效率（王海等，2019）。特别是在我国上市公司信息渠道狭窄的背景以及儒家文化中"和合"思想的渲染之下，企业家社会关系网络的重要性更为突出，不仅如此，企业家对地方的情感帮助他们更容易与其他"本地人"之间形成认同感、信任感，有利于他们在当地不断地形成更广阔的社会关系。基于此，提出以下假设：

H5.3：企业家地方感通过扩大企业家社会关系网络进而促进企业创新产出。

5.2.1.3 企业家地方感、机会识别与企业创新产出

现代科技的迅猛发展增强了企业外部环境的复杂性与多变性。当前环境对企业家的创意思维、产品构想、预见技术发展趋势以及创新机会识别等能力提出了更高的要求。机会识别可以提升企业创新绩效（吴航，

2015）。本书认为，一方面，企业家的地方感以及对其在企业所在地声誉的担忧使得企业家能督促自身主动寻求创新前沿信息；另一方面，本地企业家因地方感而形成更多的社会关系网络以及与本地利益相关者之间较低的信息不对称程度，因此本地企业家更易获得与创新活动相关本地信息，更容易识别当地的发展机会。基于此，提出以下假设：

H5.4：企业家地方感通过提升企业家机会识别进而促进企业创新产出。

5.2.1.4　企业家地方感、动态创新与企业创新产出

在企业创新活动一系列漫长的过程中，外部竞争环境的变化、竞争趋同都可能导致企业丧失竞争优势，因此企业核心竞争力的提升离不开动态性的创新（Kelm et al.，1995）。因此，成功的企业家追寻的理想应该是动态创新，而不是急功近利。企业家地方感对企业创新产出的影响作用具有持续性：首先，地方感强度会受到生命周期、地方日常体验、居住时间、社会关系、对当地文化的认同等因素影响（Kong L et al.，1996）。因此企业家对当地的情感不但不会消失，反而可能会不断升温，改造当地的愿望长期持续存在，这有助于企业家创新热情的保持、创新活动的持续。其次，企业家在当地更多的社会关系网络可以帮助企业积累创新资源、实现创新成果、提升创新效率，企业可将节省的成本用于研发活动，形成良性循环。最后，一般来说，股东等利益相关者可能对创新项目难以深入了解，这是因为企业创新活动具有机密性高、专业性强、风险大等特征，加剧了企业家与股东等利益相关者之间的信息不对称从而抑制企业创新。但地方感可以帮助企业家获得当地投资者的信任，提升企业创新活动的透明度，首先，透明度会在创新项目未达预期时发挥隐形契约的作用，隐形契约降低了企业更换管理层的可能性，进而减少管理层的职业顾虑；其次，透明度的提升减轻了信息不对称性对企业创新产出的抑制作用，减弱了阻止企业动态创新的阻力。这样一来企业家轻易停滞创新活动的可能性就越低。基于此，提出以下假设：

H5.5：企业家地方感通过保持企业家动态创新进而促进企业创新产出。

5.2.2　样本选择、数据来源及模型设计

5.2.2.1　样本选择与数据来源

选取 2009～2019 年沪深两市 A 股非金融类上市公司为研究对象，在此基础上进行以下处理：（1）剔除被 ST、*ST 处理的上市公司；（2）剔除企业家相关数据缺失以及其他变量信息不完整的样本；（3）对所有连续变量进行 1% 水平的 Winsorize 处理以降低异常值的影响。最终有效研究样本为 1108 家上市公司，共 5678 个观测值。本章所采用的企业家创新精神数据：风险偏好、机会识别、社会资本、动态创新的基础数据来自 CSMAR，并进行手工分类以及计算。

5.2.2.2　变量定义与模型设计

本书参考温忠麟（2004）的中介效应检验方法，构建如下模型并结合模型（5.1）以检验假设 H5.2－H5.5：

$$E\_INNO_{i,t-1} = \beta_0 + \beta_1' Local1/Local2_{i,t-1} + \sum_{2}^{n=11} \beta_n Controls_{i,t-1} +$$
$$Industry_c + year_t + \varepsilon_{i,t-1} \tag{5.4}$$

$$INNOOUT_{i,t} = \beta_0 + \gamma E\_INNO_{i,t-1} + \beta_1'' Local1/Local2_{i,t-1} +$$
$$\sum_{2}^{n=11} \beta_n Controls_{i,t-1} + Industry_c + year_t + \varepsilon_{i,t-1} \tag{5.5}$$

E_INNO 代表企业家创新精神。已有研究大多通过专利申请数、人均专利授权量、新产品价值、研发投入（李宏彬，2009；李后建，2013；邵传林，2015；张培和赵世豪，2022）等变量衡量企业家创新精神。虽然这些变量可以间接地反映企业家创新精神，但其并不能反映创新精神所包含的多种维度的特质，并且选择这些变量度量企业家创新精神无助于本书研究企业家地方感—企业家创新精神—企业创新产出的转化作用。因此，本书参考常建坤（2006）的研究构建企业家创新精神钻石模型。将企业家创新精神分解为风险识别、社会关系网络、机会识别以及动态创新等四个维

度，以检验企业家地方感对企业创新产出的影响渠道。

其中，企业家风险偏好以变量 RA 代表。本书从劳动力市场视角出发，依据企业家外部选择来测度企业家的风险偏好。具体来讲，若企业家在外部选择较少时仍然能够有较好的创新表现，则说明其更注重企业创新，倾向于承担风险，反之亦然。而外部选择多少会受到当地同行业企业员工竞争激烈程度的影响。如果企业所在地同行业企业数量越多，那么同行业间员工竞争越激烈，外部选择则越少。这时若本地企业家还能有更好的创新表现，则说明其敢于承担风险。因此本书通过企业注册地同行业企业的数量衡量企业家风险偏好，当该值大于中位数时，RA 取 1，否则为 0。

企业家社会关系网络以变量 SC 代表。参考张敏等（2015）、赵丽娟和张敦力（2019）的做法，SC 为 8 个变量之和：（1）金融社会关系（S1），如果企业家曾在商业银行、风险投资等金融机构工作，则 S1 为 1，否则为 0。（2）商业社会关系（S2），以企业家兼任职务为董事的公司数量来衡量，当兼任数量大于样本平均值时，S2 为 1，否则为 0。（3）声誉社会关系（S3），当企业家曾经获得过有关荣誉称号或荣誉嘉奖（包括五一劳动奖章、全国劳动模范、国家科技进步奖、中国十大杰出人才、优秀企业家等）时，S3 为 1，否则为 0。（4）海外社会关系（S4），如果企业家曾有海外任职或留学经历，则 S4 为 1，否则为 0。（5）制度社会关系（S5），如果企业家曾担任过全国或地方的人大、政协委员或者曾在政府部门有过任职经历，则 S5 为 1，否则为 0。（6）协会社会关系（S6），如果企业家曾参加过某个行业协会、工商联合会等，则 S6 为 1，否则为 0。（7）校友社会关系（S7），如果企业家曾经攻读 MBA/EMBA 或毕业于欧商学院、长江商学院等学校，则 S7 为 1，否则为 0。（8）技术社会关系（S8），如果企业家曾有高校、科研机构等工作经历，则 S8 为 1，否则为 0。

企业家机会识别以变量 RD 行业主导者代表。考虑到理性的企业管理者会以同行信息作为创新决策参考（Bikhchandani et al.，1998），因此，本书以企业家是否对行业主导者的研发信息进行追随来衡量企业家的机会识别能力。具体来讲，依据公司规模（Size）和公司市场占有率（公司经营收入/行业营业收入）对企业进行排序，当该公司市场占有率或公司规模排列于样本前 1/4 时，则将该公司视为行业主导者，取值为 1，否则为 0。

行业营业收入以 2012 年证监会发布的《上市公司行业分类指引》所规定的一级行业划分标准为测算基础。

企业家动态创新以变量 *DI* 代表。关于动态创新的度量一直以来都未形成成熟的体系，已有研究将动态创新能力分解为与感知能力、获取能力及重构能力等相关的多维度指标，并以调查问卷的方式对相关指标进行评分加总，据此衡量创新能力高低（Teece，2015；张慧霞，2020）。与已有方法不同，本书考虑到创新活动的持续性和动态性，因此以滞后一年（即 $t+1$ 年）的企业创新产出（*INNOOUT*）来测算动态创新。

5.2.3　实证分析

5.2.3.1　企业家地方感、风险偏好与企业创新产出的实证分析结果

表 5.6 展示了本地企业家风险偏好中介效应的回归结果。第（2）列报告了本地企业家地方感（*Local*1）与风险偏好（*RA*）的回归结果，*Local*1 的回归系数为 0.267，*t* 值为 3.18，在 1% 的显著性水平上显著，表明本地企业家地方感作为一种对家乡的归属感与认同感，能够从内在提升企业家承担风险的偏好；第（3）列列示了本地企业家地方感、风险偏好与创新产出的回归结果，*RA* 在 1% 的显著性水平上显著（0.401，t = 7.21），*Local*1 在 1% 的显著性水平上显著（0.082，t = 2.00）。检验结果表明，风险偏好在本地企业家地方感对企业创新产出的影响作用中表现为部分中介作用。支持了假设 H5.2。

表 5.6　　　　　　　　　中介效应检验：风险偏好

变量	1. 本地企业家地方感			2. 外地企业家地方感		
	（1）企业创新产出	（2）提前一期风险偏好	（3）企业创新产出	（4）企业创新产出	（5）提前一期风险偏好	（6）企业创新产出
$Local1_{t-1}$	0.100 ** (2.42)	0.267 *** (3.18)	0.082 ** (2.00)			

续表

变量	1. 本地企业家地方感			2. 外地企业家地方感		
	(1) 企业创新 产出	(2) 提前一期 风险偏好	(3) 企业创新 产出	(4) 企业创新 产出	(5) 提前一期 风险偏好	(6) 企业创新 产出
$Local2_{t-1}$				0.012 ** (2.53)	0.035 *** (3.72)	0.009 ** (2.07)
RA_{t-1}			0.401 *** (7.21)			0.381 *** (6.81)
$Size_{t-1}$	0.336 *** (19.02)	0.145 *** (4.02)	0.329 *** (18.76)	0.336 *** (18.93)	0.154 *** (4.22)	0.332 *** (18.76)
$FirmAge_{t-1}$	-0.186 *** (-3.12)	-0.236 ** (-2.02)	-0.175 *** (-2.96)	-0.170 *** (-2.84)	-0.205 * (-1.75)	-0.158 *** (-2.65)
$INST_{t-1}$	0.030 (0.30)	-0.375 * (-1.89)	0.059 (0.59)	0.033 (0.33)	-0.370 * (-1.85)	0.062 (0.61)
ROA_{t-1}	2.953 *** (7.68)	2.979 *** (4.02)	2.779 *** (7.25)	2.889 *** (7.48)	2.769 *** (3.71)	2.728 *** (7.08)
$Indep_{t-1}$	-0.660 * (-1.84)	3.035 *** (4.20)	-0.834 ** (-2.33)	-0.607 * (-1.69)	3.194 *** (4.40)	-0.772 ** (-2.15)
$StOwRt_{t-1}$	-0.285 * (-1.79)	-1.522 *** (-4.20)	-0.217 (-1.37)	-0.285 * (-1.78)	-1.584 *** (-4.30)	-0.217 (-1.37)
$Top1_{t-1}$	-0.504 *** (-3.45)	0.062 (0.20)	-0.490 *** (-3.37)	-0.498 *** (-3.40)	0.103 (0.34)	-0.490 *** (-3.36)
$PercapGDP_{t-1}$	0.064 (1.24)	3.725 *** (29.90)	-0.130 ** (-2.25)	0.076 (1.46)	3.780 *** (29.91)	-0.107 * (-1.84)
$CEOgender_{t-1}$	-0.093 (-1.03)	-0.034 (-0.19)	-0.088 (-0.99)	-0.094 (-1.05)	-0.025 (-0.14)	-0.096 (-1.07)
$CEOage_{t-1}$	-0.080 * (-1.90)	-0.132 (-1.56)	-0.033 (-0.78)	-0.085 ** (-2.02)	-0.153 * (-1.81)	-0.073 * (-1.75)
$Constant$	-6.423 *** (-9.52)	-45.238 *** (-26.83)	-4.325 *** (-5.95)	-6.491 *** (-9.65)	-45.868 *** (-26.93)	-4.554 *** (-6.25)
$Industry$	控制	控制	控制	控制	控制	控制
$Year$	控制	控制	控制	控制	控制	控制
$Observations$	5678	5406	5678	5631	5359	5631

变量	1. 本地企业家地方感			2. 外地企业家地方感		
	（1）企业创新产出	（2）提前一期风险偏好	（3）企业创新产出	（4）企业创新产出	（5）提前一期风险偏好	（6）企业创新产出
R^2	0.261		0.267	0.261		0.267
R^2_a	0.256		0.262	0.256		0.262
F	52.35		52.72	51.95		52.22

表 5.6 同时报告了外地企业家风险偏好中介效应的回归结果，第（5）列中，$Local2$ 的系数显著为正，表明当外地企业家对企业所在地地方感较强时，其承担风险意愿较强，相反，当外地企业家对企业所在地地方感较弱时，其更厌恶承担风险；第（6）列列示了外地企业家地方感、风险偏好与企业创新产出的回归结果，$Local2$、RA 的回归系数分别在 1%、5% 的水平上显著为正。因此，风险偏好在外地企业家地方感对企业创新产出的影响中起到了部分中介作用。表明较强的风险偏好是外地企业家地方感促进企业创新产出的途径之一，证实了假设 H5.2。

以上结果一同证明，风险偏好是企业家地方感促进企业创新产出的途径之一，假设 H5.2 得以验证。

5.2.3.2 企业家地方感、社会关系网络与企业创新产出的实证分析结果

表 5.7 展示了本地企业家社会关系网络中介效应的回归结果，第（2）列列示了本地企业家地方感与社会关系网络的回归结果，$Local1$ 显著为正（0.104，t=4.02），与社会关系网络呈正相关关系，说明本地企业家地方感有利于其形成更广阔的社会关系网络；第（3）列展示了本地企业家地方感、社会关系网络与企业创新产出的回归结果，SC 在 1% 的显著性水平上正显著（0.179，t=8.41），$Local1$ 系数为正且在 5% 的显著性水平上显著（0.082，t=1.98），因此社会关系网络通过了中介效应检验，并且社会关系网络在企业家地方感对企业创新产出的影响作用中表现为部分中介作用。支持了假设 H5.3。

表 5.7　　　　　　　　中介效应检验：社会关系网络

变量	1. 本地企业家地方感			2. 外地企业家地方感		
	（1）企业创新产出	（2）提前一期社会关系网络	（3）企业创新产出	（4）企业创新产出	（5）提前一期社会关系网络	（6）企业创新产出
$Local1_{t-1}$	0.100 ** (2.42)	0.104 *** (4.02)	0.082 ** (1.98)			
$Local2_{t-1}$				0.012 ** (2.53)	0.011 *** (3.77)	0.010 ** (2.11)
SC_{t-1}			0.179 *** (8.41)			0.184 *** (8.61)
$Size_{t-1}$	0.336 *** (19.02)	0.026 ** (2.34)	0.331 *** (18.87)	0.336 *** (18.93)	0.028 ** (2.56)	0.331 *** (18.75)
$FirmAge_{t-1}$	-0.186 *** (-3.12)	-0.463 *** (-12.46)	-0.103 * (-1.72)	-0.170 *** (-2.84)	-0.461 *** (-12.36)	-0.085 (-1.42)
$INST_{t-1}$	0.030 (0.30)	-0.239 *** (-3.81)	0.073 (0.73)	0.033 (0.33)	-0.249 *** (-3.96)	0.079 (0.79)
ROA_{t-1}	2.953 *** (7.68)	2.112 *** (8.82)	2.576 *** (6.69)	2.889 *** (7.48)	2.156 *** (8.96)	2.494 *** (6.46)
$Indep_{t-1}$	-0.660 * (-1.84)	0.897 *** (4.02)	-0.820 ** (-2.30)	-0.607 * (-1.69)	0.841 *** (3.76)	-0.762 ** (-2.13)
$StOwRt_{t-1}$	-0.285 * (-1.79)	-0.230 ** (-2.32)	-0.244 (-1.54)	-0.285 * (-1.78)	-0.226 ** (-2.27)	-0.243 (-1.53)
$Top1_{t-1}$	-0.504 *** (-3.45)	-0.390 *** (-4.29)	-0.435 *** (-2.98)	-0.498 *** (-3.40)	-0.394 *** (-4.31)	-0.426 *** (-2.92)
$PercapGDP_{t-1}$	0.064 (1.24)	0.171 *** (5.31)	0.034 (0.66)	0.076 (1.46)	0.165 *** (5.10)	0.045 (0.88)
$ceogender_{t-1}$	-0.093 (-1.03)	-0.139 ** (-2.49)	-0.068 (-0.76)	-0.094 (-1.05)	-0.148 *** (-2.63)	-0.067 (-0.75)
$ceoage_{t-1}$	-0.080 * (-1.90)	0.171 *** (6.54)	-0.110 *** (-2.64)	-0.085 ** (-2.02)	0.175 *** (6.66)	-0.117 *** (-2.78)
$Constant$	-6.423 *** (-9.52)	-1.531 *** (-3.65)	-6.150 *** (-9.16)	-6.491 *** (-9.65)	-1.396 *** (-3.33)	-6.235 *** (-9.32)
$Industry$	控制	控制	控制	控制	控制	控制
$Year$	控制	控制	控制	控制	控制	控制

变量	1. 本地企业家地方感			2. 外地企业家地方感		
	(1) 企业创新 产出	(2) 提前一期社 会关系网络	(3) 企业 创新产出	(4) 企业 创新产出	(5) 提前一期社 会关系网络	(6) 企业 创新产出
Observations	5678	5678	5678	5631	5631	5631
R^2	0.261	0.128	0.270	0.261	0.129	0.271
R^2_a	0.256	0.122	0.265	0.256	0.123	0.265
F	52.35	21.79	53.45	51.95	21.72	53.18

表 5.7 同时展示了外地企业家社会关系网络中介效应的回归结果。第 (5) 列结果显示，*Local2* 的回归系数显著为正（0.011，t = 3.77），表明外地企业家地方感的形成同样有助于其社会关系网络的形成；第 (6) 列列示了外地企业家地方感、社会关系网络与企业创新产出的回归结果，*SC* 在 1% 的水平上显著且为正（0.184，t = 8.61），*Local2* 依然显著且为正，因此社会关系网络在外地企业家地方感对企业创新产出的影响作用中表现为部分中介作用，地方感较强的外地企业家同样具有更广阔的社会关系网络，从而促进企业创新产出。假设 H5.3 得以验证。

以上结果一同证明，社会关系网络是企业家地方感促进企业创新产出的途径之一，假设 H5.3 得以验证。

5.2.3.3 企业家地方感、机会识别与企业创新产出的实证分析结果

表 5.8 报告了本地企业家机会识别中介效应的检验结果。第 (2) 列列示了本地企业家地方感与企业创新产出的回归结果，*Local1* 的回归系数为负且不显著（-0.206，t = -1.49）；第 (3) 列列示了本地企业家地方感、机会识别与企业创新产出的回归结果，本地企业家地方感在 5% 的显著性水平上显著，机会识别（*RD* 行业主导者）在 1% 的显著性水平上显著；*Sobel* 检验结果，z 值 0.596，p 值 0.551，因此机会识别未能通过中介效应检验。检验结果与假设 H5.4 相反。

表 5. 8　　　　　　　　　　中介效应检验：机会识别

变量	1. 本地企业家地方感			2. 外地企业家地方感		
	(1) INNOOUT	(2) $RD_{行业主导者_{t-1}}$	(3) INNOOUT	(4) INNOOUT	(5) $RD_{行业主导者_{t-1}}$	(6) INNOOUT
Local1	0. 100 ** (2. 42)	− 0. 206 (− 1. 49)	0. 100 ** (2. 39)			
Local2				0. 012 ** (2. 53)	− 0. 025 (− 1. 64)	0. 012 ** (2. 51)
$RD_{行业主导者}$			0. 042 (0. 58)			0. 057 (0. 78)
Size	0. 336 *** (19. 02)	4. 568 *** (26. 00)	0. 328 *** (13. 12)	0. 336 *** (18. 93)	4. 554 *** (25. 94)	0. 325 *** (12. 92)
FirmAge	− 0. 186 *** (− 3. 12)	0. 391 * (1. 73)	− 0. 184 *** (− 3. 06)	− 0. 170 *** (− 2. 84)	0. 386 * (1. 71)	− 0. 168 *** (− 2. 79)
INST	0. 030 (0. 30)	0. 744 ** (2. 15)	0. 027 (0. 27)	0. 033 (0. 33)	0. 735 ** (2. 12)	0. 029 (0. 29)
ROA	2. 953 *** (7. 68)	1. 082 (0. 83)	2. 914 *** (7. 55)	2. 889 *** (7. 48)	1. 087 (0. 84)	2. 849 *** (7. 36)
Indep	− 0. 660 * (− 1. 84)	− 0. 136 (− 0. 10)	− 0. 691 * (− 1. 92)	− 0. 607 * (− 1. 69)	− 0. 113 (− 0. 09)	− 0. 639 * (− 1. 77)
StOwRt	− 0. 285 * (− 1. 79)	1. 019 * (1. 90)	− 0. 299 * (− 1. 86)	− 0. 285 * (− 1. 78)	1. 004 * (1. 87)	− 0. 299 * (− 1. 86)
Top1	− 0. 504 *** (− 3. 45)	1. 050 ** (2. 24)	− 0. 493 *** (− 3. 35)	− 0. 498 *** (− 3. 40)	1. 048 ** (2. 24)	− 0. 487 *** (− 3. 31)
PercapGDP	0. 064 (1. 24)	0. 065 (0. 37)	0. 060 (1. 16)	0. 076 (1. 46)	0. 058 (0. 34)	0. 072 (1. 38)
Ceogender	− 0. 093 (− 1. 03)	− 0. 233 (− 0. 66)	− 0. 101 (− 1. 12)	− 0. 094 (− 1. 05)	− 0. 227 (− 0. 64)	− 0. 103 (− 1. 13)
Ceoage	− 0. 080 * (− 1. 90)	− 0. 218 (− 1. 53)	− 0. 082 * (− 1. 95)	− 0. 085 ** (− 2. 02)	− 0. 214 (− 1. 50)	− 0. 087 ** (− 2. 06)
Constant	− 6. 423 *** (− 9. 52)	− 95. 188 *** (− 23. 10)	− 6. 233 *** (− 8. 31)	− 6. 491 *** (− 9. 65)	− 95. 057 *** (− 23. 09)	− 6. 238 *** (− 8. 33)
Industry	控制	控制	控制	控制	控制	控制
Year	控制	控制	控制	控制	控制	控制

变量	1. 本地企业家地方感			2. 外地企业家地方感		
	(1) *INNOOUT*	(2) *RD*行业主导者$_{t-1}$	(3) *INNOOUT*	(4) *INNOOUT*	(5) *RD*行业主导者$_{t-1}$	(6) *INNOOUT*
Observations	5678	5627	5636	5631	5580	5589
R^2	0.261		0.261	0.261		0.261
R^2_a	0.256		0.255	0.256		0.256
F	52.35		50.55	51.95		50.18

表 5.8 同时报告了外地企业家地方感的回归结果。第（5）列表示外地企业家地方感（*Local*2）与机会识别不存在正相关关系且不显著（-0.025，t = -1.64），而第（6）列中，外地企业家地方感与机会识别均显著；Sobel 检验结果，z 值 0.501，p 值 0.617，与主检验结果一致，机会识别未能通过中介效应检验。间接证伪了本书假设 H5.4。

以上结果表明，企业地方感不能通过提升其机会识别能力进而促进企业创新产出。可能的原因是：如果我们抛开除地方感以外的所有特质，地方感帮助企业家获取的信息更多地来自于本地，而可能缺少外部前沿信息，同时，对企业所在地的情感只能对企业家的机会识别起到督促作用，而对于前沿信息的洞悉与准确识别，更多地依靠企业家自身的创造力、经验积累。因此，机会识别在企业家地方感对企业创新产出的影响机制中不具有显著的统计学意义。已有文献也对影响企业家机会识别的因素进行了研究，如郝盼盼（2019）发现 CEO 的研发经历会让他们对最前沿的技术发展趋势具有很高的敏锐性和洞察力，能有效捕捉最有价值信息。因此，与企业家创造力等直接关乎机会识别的因素相比，企业家地方感则相形见绌。

5.2.3.4　企业家地方感、动态创新与企业创新产出的实证分析结果

表 5.9 报告了本地企业家动态创新中介效应的检验结果，第（2）列列示了本地企业家地方感与动态创新的回归结果，*Local*1 的回归系数为正但不显著（0.100，t = 2.42），而 *DI* 在第（3）列的模型中显著为正，因此对本条机制进行 *Sobel* 检验，检验结果显示，*Sobel* 的回归系数为 0.112，

z 值为 2.587，p 值为 0.010，因此通过了 *Sobel* 检验，并且在三步检验中 *Local*1、*DI* 的回归系数的符号均为正向，因此动态创新通过了中介效应检验，并表现为部分中介作用。支持了本书的假设 H5.5。

表 5.9 中介效应检验：动态创新

变量	1. 本地企业家地方感			2. 外地企业家地方感		
	（1）*INNOOUT*	（2）*DI*	（3）*INNOOUT*	（4）*INNOOUT*	（5）*DI*	（6）*INNOOUT*
*Local*1	0.100 ** (2.42)	0.060 (1.26)	0.042 (1.63)			
*Local*2				0.012 ** (2.53)	0.007 (1.33)	0.005 * (1.70)
DI			0.840 *** (102.87)			0.839 *** (102.25)
Size	0.336 *** (19.02)	0.336 *** (16.83)	0.066 *** (5.90)	0.336 *** (18.93)	0.336 *** (16.80)	0.067 *** (5.94)
FirmAge	− 0.186 *** (− 3.12)	− 0.205 *** (− 2.88)	0.028 (0.72)	− 0.170 *** (− 2.84)	− 0.192 *** (− 2.69)	0.029 (0.75)
INST	0.030 (0.30)	0.100 (0.84)	− 0.008 (− 0.12)	0.033 (0.33)	0.096 (0.80)	− 0.002 (− 0.03)
ROA	2.953 *** (7.68)	2.468 *** (5.47)	1.017 *** (4.12)	2.889 *** (7.48)	2.404 *** (5.32)	1.002 *** (4.05)
Indep	− 0.660 * (− 1.84)	− 0.507 (− 1.26)	− 0.243 (− 1.10)	− 0.607 * (− 1.69)	− 0.442 (− 1.09)	− 0.248 (− 1.12)
StOwRt	− 0.285 * (− 1.79)	− 0.383 * (− 1.87)	0.043 (0.39)	− 0.285 * (− 1.78)	− 0.394 * (− 1.91)	0.048 (0.43)
*Top*1	− 0.504 *** (− 3.45)	− 0.660 *** (− 3.84)	− 0.117 (− 1.24)	− 0.498 *** (− 3.40)	− 0.652 *** (− 3.79)	− 0.118 (− 1.25)
PercapGDP	0.064 (1.24)	0.097 (1.60)	− 0.016 (− 0.49)	0.076 (1.46)	0.111 * (1.83)	− 0.011 (− 0.34)
CEOgender	− 0.093 (− 1.03)	− 0.113 (− 1.11)	− 0.033 (− 0.60)	− 0.094 (− 1.05)	− 0.115 (− 1.13)	− 0.033 (− 0.60)
CEOage	− 0.080 * (− 1.90)	− 0.056 (− 1.18)	− 0.029 (− 1.13)	− 0.085 ** (− 2.02)	− 0.059 (− 1.23)	− 0.032 (− 1.20)

变量	1. 本地企业家地方感			2. 外地企业家地方感		
	(1) *INNOOUT*	(2) *DI*	(3) *INNOOUT*	(4) *INNOOUT*	(5) *DI*	(6) *INNOOUT*
Constant	− 6. 423 *** (− 9. 52)	− 6. 701 *** (− 8. 46)	− 1. 066 ** (− 2. 45)	− 6. 491 *** (− 9. 65)	− 6. 836 *** (− 8. 67)	− 1. 093 ** (− 2. 52)
Industry	控制	控制	控制	控制	控制	控制
Year	控制	控制	控制	控制	控制	控制
Observations	5678	4481	4481	5631	4456	4456
R^2	0. 261	0. 268	0. 784	0. 261	0. 268	0. 783
R^2_a	0. 256	0. 262	0. 782	0. 256	0. 262	0. 781
F	52. 35	43. 95	423. 4	51. 95	43. 78	418. 8

表 5. 9 同时报告了外地企业家动态创新中介效应的检验结果，第 (5) 列列示了外地企业家地方感与动态创新的回归结果，结果显示，*Local*2 的回归系数虽然为正但不显著 (0. 007，t = 1. 33)；第 (6) 列列示了外地企业家地方感、动态创新与企业创新产出的回归结果，*DI* 的回归系数显著为正 (0. 005，t = 102. 25)，遂进行 *Sobel* 检验。经检验，*Sobel* 回归系数为 0. 012，z 值为 2. 575，p 值为 0. 010，同时第 (6) 列中 *Local*2 的回归显著为正，因此动态创新在外地企业家地方感对企业创新产出的影响作用中表现为部分中介作用。因此，地方感通过激发企业家动态创新能力进而促进企业创新产出这一影响途径在外地企业家中仍然存在，支持了本书假设 H5. 5。

以上检验结果一同表明，企业家地方感通过激发企业家动态创新能力进而促进企业创新产出，假设 H5. 5 得以验证。

5. 3　不同情景下企业家地方感情感特质对企业创新决策的影响差异分析

高层梯队理论认为，管理者的价值观和认知很大程度上由其不同的背景特征所决定。虽然通过前文的理论分析与检验，我们试图为管理者特质添加新的要素，验证了企业家地方感对企业创新产出的影响以及中介机制。但是，可以预见，不同的企业外部环境、企业特征以及企业家特征不仅会使得企业家的地方感强度表现出差异，同时也会使得企业家地方感对企业创新的影响产生差异。因此，我们接下来对可能影响企业家地方感的企业外部、企业内部、企业家特征三个层面的因素进行系统性检验。

5.3.1　企业外部环境异质性

5.3.1.1　地区经济发展水平

企业外部环境方面，已有研究证实，当高管在本地任职时，当地的经济发展越落后，其避税倾向也越低，这是因为高管的早年贫苦经历使其更愿意承担家乡建设的责任（李吉园等，2020），因此我们猜测，当地区经济水平相对落后时，本地企业家的地方感使得他们改造家乡的愿望将更强烈，更可能注重企业创新等长期价值，从而推动家乡经济发展，并且对企业注册地具有地方感的外地企业家也同样有改造当地经济的愿望。为了验证地区经济发展水平的调节作用，我们首先选取 2019 年各省份 GDP 数据，其次以 GDP 样本中位数将企业注册地省份分为高 GDP 组与低 GDP 组，并进行分组回归。

表 5.10 第（1）~ 第（4）列的结果显示，在低 GDP 组，$Local1$ 的回归系数显著为正（0.096，t = 1.72），而在高 GDP 组，$Local1$ 不显著（0.042，t = 0.61）。表明地区经济发展水平负向调节本地企业家的地方感对企业创新产出的促进作用。$Local2$ 同样在低 GDP 组显著且符号为正（0.013，t = 2.06），而在高 GDP 组不显著（0.004，t = 0.52），这表明外地企业家地方感对企业创新产出的促进作用在经济发展水平较差的地区更加明显，而在经济发展水平较高的地区不明显。因此，主检验与同步检验的结果表明，企业家地方感对企业创新产出的促进作用在经济发展水平较差的地区更为明显。

表5.10　　　　　　　　　　异质性检验：地区经济发展水平

变量	因变量：INNOOUT			
	(1) 高 GDP 组	(2) 低 GDP 组	(3) 高 GDP 组	(4) 低 GDP 组
$Local1_{t-1}$	0.036 (0.56)	0.096* (1.72)		
$Local2_{t-1}$			0.004 (0.52)	0.013** (2.06)
$Size_{t-1}$	0.396*** (14.57)	0.289*** (12.00)	0.399*** (14.60)	0.285*** (11.80)
$FirmAge_{t-1}$	-0.104 (-1.29)	0.259*** (-2.76)	-0.095 (-1.17)	-0.231** (-2.45)
$INST_{t-1}$	0.212 (1.50)	-0.126 (-0.87)	0.195 (1.38)	-0.100 (-0.68)
ROA_{t-1}	2.231*** (3.76)	3.398*** (6.73)	2.226*** (3.74)	3.250*** (6.42)
$Indep_{t-1}$	-0.701 (-1.31)	-0.583 (-1.19)	-0.668 (-1.24)	-0.506 (-1.04)
$StOwRt_{t-1}$	-0.061 (-0.22)	-0.475** (-2.37)	-0.069 (-0.25)	-0.455** (-2.26)
$Top1_{t-1}$	-0.934*** (-4.31)	-0.005 (-0.02)	-0.948*** (-4.37)	0.029 (0.14)
$PercapGDP_{t-1}$	0.487*** (3.71)	-0.045 (-0.77)	0.493*** (3.75)	-0.026 (-0.44)
$ceogender_{t-1}$	-0.097 (-0.75)	-0.079 (-0.62)	-0.098 (-0.76)	-0.079 (-0.62)
$ceoage_{t-1}$	-0.038 (-0.60)	-0.105* (-1.84)	-0.028 (-0.45)	-0.120** (-2.11)
Constant	-11.430*** (-7.32)	-4.572*** (-5.69)	-11.545*** (-7.35)	-4.690*** (-5.89)
Industry	控制	控制	控制	控制
Year	控制	控制	控制	控制
Observations	2815	2863	2794	2837
R^2	0.260	0.269	0.260	0.269
R^2_a	0.250	0.259	0.250	0.259
F	26.32	27.35	26.18	27.08

5.3.1.2　地区创新文化环境

不仅如此，地区创新文化环境会影响该地区族群成员的创新意愿和冲动、创新活动的社会关注程度、公众对创新活动的评价和态度以及创新活动的社会协作方式（吴义刚和荣兆梓，2011），因此与身处创新文化环境较差地区的本地企业家相比，外部创新环境较好的本地企业家应该有更好的创新表现，同时外地企业家在对当地形成归属感与认同感的过程中其创新意识也会受到当地创新文化环境的不断影响，因此外地企业家的地方感对创新产出的促进作用也会受到企业所在地创新文化环境的影响。为了验证这一假设，我们首先从国家统计局发布的《中国统计年鉴》中获取2019 年各省份 R&D 经费及 R&D 人员数量，以各省份人均 R&D 经费来衡量企业注册地省份的创新文化环境，若该企业所属省份人均 R&D 经费高于各省份人均 R&D 经费的中位数，则将样本划分为创新文化环境较好组，否则划分为创新文化环境较差组，并对模型（5.1）进行分组回归。

表 5.11 第（1）~ 第（4）列报告了创新文化环境异质性的检验结果，在创新文化环境较差组，$Local1$ 的回归系数虽然为正，但不显著（0.020，$t=0.38$），而在创新文化环境较好组，$Local1$ 的回归系数为正且显著（0.253，$t=3.68$），这表明在创新文化环境较好的地区，本地企业家地方感对企业创新产出的促进作用更显著；同时，$Local2$ 的回归系数在创新文化环境较好组显著为正（0.028，$t=3.73$），而在创新文化环境较差组，$Local2$ 的回归系数不显著，这表明在创新文化环境较好的地区，外地企业家地方感对企业创新产出的促进作用更明显。检验结果表明，创新文化环境增强企业家地方感对企业创新产出的促进作用。

表 5.11　　　　　　　异质性检验：地区创新文化环境

变量	因变量：$INNOOUT$			
	（1）创新文化环境较好	（2）创新文化环境较差	（3）创新文化环境较好	（4）创新文化环境较差
$Local1_{t-1}$	0.253 *** (3.68)	0.020 (0.38)		

续表

变量	因变量: INNOOUT			
	(1) 创新文化环境 较好	(2) 创新文化环境 较差	(3) 创新文化环境 较好	(4) 创新文化 环境较差
$Local2_{t-1}$			0.028 *** (3.73)	0.003 (0.57)
$Size_{t-1}$	0.333 *** (12.22)	0.325 *** (13.47)	0.334 *** (12.21)	0.324 *** (13.35)
$FirmAge_{t-1}$	-0.306 *** (-2.85)	-0.086 (-1.18)	-0.297 *** (-2.76)	-0.068 (-0.94)
$INST_{t-1}$	-0.018 (-0.11)	0.055 (0.43)	-0.016 (-0.10)	0.063 (0.50)
ROA_{t-1}	4.458 *** (7.19)	2.067 *** (4.18)	4.451 *** (7.15)	1.957 *** (3.95)
$Indep_{t-1}$	0.133 (0.22)	-1.086 ** (-2.40)	0.090 (0.15)	-0.955 ** (-2.11)
$StOwRt_{t-1}$	-0.324 (-1.32)	-0.286 (-1.32)	-0.269 (-1.09)	-0.336 (-1.55)
$Top1_{t-1}$	-0.119 (-0.49)	-0.821 *** (-4.40)	-0.099 (-0.40)	-0.824 *** (-4.42)
$PercapGDP_{t-1}$	0.093 (1.16)	0.044 (0.59)	0.098 (1.23)	0.062 (0.83)
$ceogender_{t-1}$	-0.295 * (-1.78)	0.021 (0.20)	-0.292 * (-1.76)	0.018 (0.16)
$ceoage_{t-1}$	-0.151 ** (-2.16)	-0.029 (-0.55)	-0.153 ** (-2.19)	-0.036 (-0.68)
$Constant$	-6.831 *** (-6.67)	-5.821 *** (-5.91)	-6.683 *** (-6.59)	-6.023 *** (-6.09)
$Industry$	控制	控制	控制	控制
$Year$	控制	控制	控制	控制
$Observations$	2245	3433	2233	3398
R^2	0.291	0.250	0.293	0.249
R^2_a	0.279	0.242	0.280	0.241
F	23.84	30.63	23.88	30.16

5.3.2 企业特征异质性

5.3.2.1 股权激励

股权激励的实施有助于企业创新产出的提高（田轩和孟清扬，2018）。但是，地方感作为一种对"家"的情感联结是否会受到不同股权激励的影响呢？阿克洛夫提出身份认同及其规范使得人在无须更多经济激励的情况下完成组织的目标。依据这一理论，本地企业家对家乡的情感应该"稳定"存在，而不会轻易地被"物质"左右。同时，对当地形成地方感的外地企业家，他们的情感也同样应该稳定存在。因此，本书以企业家持股比例衡量企业股权激励政策，当企业家的持股比例高于样本中位数时则划分为高股权激励组，否则属于低股权激励组，并进行模型（5.1）的分组回归，验证企业家地方感对企业创新产出的促进作用是否会受到股权激励的影响。

表 5.12 第（1）～第（4）列报告了企业股权激励异质性的检验结果，*Local*1 无论是在高股权激励组还是在低股权激励组中均不显著，这表明股权激励对本地企业家地方感与企业创新产出的关系影响作用并不明显，另外，*Local*2 的回归系数均不显著。因此，外地企业家地方感对企业创新产出的促进作用也不会受到股权激励的显著影响，促进作用稳定存在。结果一同表明，企业家地方感对企业创新的促进作用不会受到股权激励的影响。

表 5.12　　　　　　　　异质性检验：股权激励

变量	因变量：*INNOOUT*			
	（1） 高股权激励	（2） 低股权激励	（3） 高股权激励	（4） 低股权激励
*Local*1	0.090 (1.37)	0.048 (0.87)		

续表

变量	因变量：_INNOOUT_			
	（1） 高股权激励	（2） 低股权激励	（3） 高股权激励	（4） 低股权激励
Local2			0.009 （1.19）	0.007 （1.20）
Size	0.351 *** （11.49）	0.307 *** （13.28）	0.353 *** （11.52）	0.306 *** （13.13）
FirmAge	-0.026 （-0.30）	-0.411 *** （-4.62）	-0.029 （-0.34）	-0.370 *** （-4.13）
INST	0.383 ** （2.52）	-0.163 （-1.10）	0.399 *** （2.61）	-0.156 （-1.05）
ROA	1.704 *** （2.90）	3.289 *** （6.02）	1.644 *** （2.79）	3.134 *** （5.71）
Indep	0.050 （0.09）	-0.905 * （-1.85）	0.027 （0.05）	-0.786 （-1.60）
$StOwRt_{t-1}$	0.573 （1.59）	-0.503 *** （-2.70）	0.556 （1.54）	-0.492 *** （-2.64）
Top1	-0.428 * （-1.87）	-0.185 （-0.91）	-0.433 * （-1.89）	-0.139 （-0.68）
PercapGDP	-0.220 ** （-2.43）	0.171 *** （2.66）	-0.217 ** （-2.38）	0.185 *** （2.86）
CEOgender	-0.333 ** （-2.39）	0.025 （0.21）	-0.334 ** （-2.36）	0.020 （0.16）
CEOage	-0.065 （-1.01）	-0.175 *** （-3.09）	-0.065 （-1.00）	-0.183 *** （-3.21）
Constant	-4.161 *** （-3.48）	-6.594 *** （-7.79）	-4.130 *** （-3.47）	-6.795 *** （-8.05）
Industry	控制	控制	控制	控制
Year	控制	控制	控制	控制
Observations	2565	2894	2556	2859
R^2	0.219	0.290	0.220	0.289
R^2_a	0.208	0.280	0.208	0.279
_F_	18.68	30.63	18.66	（13.13）

5.3.2.2　所有权属性

企业所有权属性也可能对企业家地方感对企业创新产出的促进作用具有影响。在国有企业任职的本地 CEO 往往具有政府官员和本地人的双重身份，他们需要承担当地的税负、就业和社会救济（李吉园等，2020），因此本书认为国有企业的本地企业家由于地方感以及政府官员身份对他们的双重束缚使得其需要承担更多的社会责任，因此他们在创新产出方面的表现会受到社会责任履行的负向影响，也因此他们的创新表现不如非国有企业的本地企业家；另外，在国有企业中对企业所在地具有地方感的外地企业家同样面临着双重束缚，为了验证这一假设，依据企业所有权将样本划分为国有企业组与非国有企业组并进行模型（5.1）的分组回归。

表 5.13 第（1）~第（4）列报告了企业所有权异质性的检验结果，Local1 在非国有企业样本中显著为正（0.222，t = 4.16），而在国有企业样本中不具有统计学意义，表明在国有企业中本地企业家的地方感以及政府官员身份的双重束缚可能使得他们面临更多的社会责任的履行从而可能抑制企业创新，而在非国有企业中，本地企业家往往不具有政府官员身份的束缚，因此企业创新产出更多。同样，外地企业家地方感（Local2）对企业创新产出的促进作用在国有企业中也不明显甚至可能表现为负向影响，但是在非国有企业中表现为显著促进。结果一同表明，在非国有企业中企业家地方感对企业创新产出的促进作用更强。

表 5.13　　　　　　　　　异质性检验：所有权属性

变量	因变量：INNOOUT			
	（1）国有企业	（2）非国有企业	（3）国有企业	（4）非国有企业
Local1	−0.085（−1.24）	0.222 ***（4.16）		
Local2			−0.008（−1.02）	0.025 ***（4.19）

续表

变量	因变量：*INNOOUT*			
	（1）国有企业	（2）非国有企业	（3）国有企业	（4）非国有企业
Size	0.390 *** (14.09)	0.283 *** (11.16)	0.391 *** (14.16)	0.282 *** (11.05)
FirmAge	-0.058 (-0.48)	-0.313 *** (-4.38)	-0.035 (-0.29)	-0.299 *** (-4.15)
INST	-0.273 (-1.27)	0.222 * (1.84)	-0.257 (-1.19)	0.222 * (1.83)
ROA	4.245 *** (6.62)	2.236 *** (4.46)	4.131 *** (6.44)	2.171 *** (4.31)
Indep	-1.920 *** (-3.29)	0.011 (0.02)	-1.866 *** (-3.20)	0.073 (0.16)
StOwRt$_{t-1}$	-0.347 (-1.54)	-0.259 (-0.32)	-0.340 (-1.51)	-0.337 (-0.41)
*Top*1	-0.776 *** (-2.88)	-0.271 (-1.47)	-0.748 *** (-2.77)	-0.284 (-1.54)
PercapGDP	0.142 * (1.89)	-0.031 (-0.41)	0.157 ** (2.08)	-0.027 (-0.36)
CEOgender	-0.137 (-0.87)	-0.081 (-0.74)	-0.141 (-0.90)	-0.080 (-0.72)
CEOage	-0.146 ** (-2.10)	-0.075 (-1.41)	-0.161 ** (-2.32)	-0.074 (-1.37)
Constant	-8.355 *** (-8.45)	-4.361 *** (-4.45)	-8.687 *** (-8.88)	-4.221 *** (-4.28)
Industry	控制	控制	控制	控制
Year	控制	控制	控制	控制
Observations	2271	3372	2265	3332
R^2	0.342	0.212	0.342	0.211
R^2_a	0.331	0.203	0.331	0.202
F	31.34	23.59	31.26	23.21

5.3.3　企业家特征异质性

5.3.3.1　企业家创新意识

企业家自身的创新意识会影响到企业创新绩效。我们认为，较好的创新意识能够显著的增强企业家地方感对企业创新产出的促进作用。为检验这一假设，本书参考严若森等（2021）的做法，用文本分析法测算企业家创新意识。具体的做法是：首先从 CNRDS 数据库中下载各上市公司年报中"管理层讨论与分析"内容的文字数量数据并将数据导入到 Excel，使用 substitute 函数删除报告中"研发""自主""创新""科研""研究""专利""新技术""新产品""开发""科技"十个关键词，再用 len 函数计算去除前与去除后的字数差以得出文本中十个关键词的总字数，据此计算创新相关关键词占"管理层与讨论分析"部分的比率，当该比率大于样本中位数时，我们认为该企业家创新意识较强，否则较弱。

表 5.14 第（1）~ 第（4）列为企业家创新意识异质性的回归结果，在创新意识较强的企业家样本中，$Local1$ 显著为正（0.255，t = 3.95），而在创新意识较弱的企业家样本中，$Local1$ 回归系数为负且不显著（-0.042，t = -0.82），说明企业家创新意识正向调节本地企业家地方感对企业创新产出的促进作用。$Local2$ 的回归系数也同样在创新意识较强组显著，而在创新意识较弱组为负且不显著，说明外地企业家地方感对企业创新产出的作用也会受到自身创新意识的正向调节。检验结果一同表明，企业家创新意识正向调节企业家地方感对企业创新产出的促进作用。

表 5.14　　　　　　　　异质性检验：企业家创新意识

变量	因变量：*INNOOUT*			
	（1） 创新意识强	（2） 创新意识弱	（3） 创新意识强	（4） 创新意识弱
*Local*1	0.255 *** (3.95)	-0.042 (-0.82)		

变量	因变量：*INNOOUT*			
	（1）创新意识强	（2）创新意识弱	（3）创新意识强	（4）创新意识弱
Local2			0.030 *** (4.18)	−0.005 (−0.87)
Size	0.384 *** (13.56)	0.300 *** (13.98)	0.387 *** (13.55)	0.299 *** (13.90)
FirmAge	−0.103 (−1.12)	−0.282 *** (−3.77)	−0.085 (−0.92)	−0.271 *** (−3.61)
INST	0.308 ** (2.00)	−0.146 (−1.15)	0.317 ** (2.04)	−0.149 (−1.17)
ROA	2.787 *** (4.64)	2.846 *** (5.96)	2.580 *** (4.26)	2.879 *** (6.03)
Indep	0.364 (0.65)	−1.509 *** (−3.38)	0.446 (0.80)	−1.481 *** (−3.32)
StOwRt	−0.128 (−0.44)	−0.412 ** (−2.34)	−0.142 (−0.48)	−0.416 ** (−2.36)
Top1	−0.813 *** (−3.43)	−0.146 (−0.83)	−0.793 *** (−3.34)	−0.147 (−0.83)
PercapGDP	0.047 (0.57)	0.056 (0.90)	0.074 (0.89)	0.056 (0.89)
CEOGender	−0.166 (−1.16)	−0.033 (−0.31)	−0.175 (−1.21)	−0.029 (−0.26)
CEOAge	−0.019 (−0.29)	−0.156 *** (−3.00)	−0.029 (−0.44)	−0.156 *** (−2.99)
Constant	−7.541 *** (−6.77)	−5.176 *** (−6.43)	−7.681 *** (−6.89)	−5.244 *** (−6.55)
Industry	控制	控制	控制	控制
Year	控制	控制	控制	控制
Observations	2826	2852	2788	2843
R^2	0.175	0.306	0.176	0.306
R^2_a	0.165	0.297	0.165	0.297
F	16.48	32.67	16.32	32.52

5.3.3.2　企业家年龄

此外，地方感还会受到在当地居住时间的影响，依据这一理论，企业家在企业所在地居住时间越长，企业家对当地的情感则可能更深，因此地方感对企业创新的促进作用则可能越强。虽然居住时间我们难以观测，但我们可以通过企业家年龄来间接反映时间对企业家地方感的影响。首先，对于本地企业家来说，当他们的年龄越大时，他们在当地的居住时间就要普遍多于年龄较小的本地企业家，地方感则可能更强，因此对企业创新产出的促进作用就比年龄较小的本地企业家更明显。并且随着年龄的增加，企业家从长期的从业经历中学习积累了大量关于创新的经验与教训、社会资本等重要资源。因此他们的创新表现优于"冒进"的年轻企业家。同理，在企业注册地省份居住的外地企业家也会随着年龄的增长产生更强的地方感。为了验证年龄对企业家地方感与企业创新产出的调节作用，我们依据企业家年龄中位数将样本分为高年龄组与低年龄组，并进行模型（5.1）的分组回归。

表 5.15 第（1）~第（4）列同时报告了企业家年龄异质性的回归结果。在高年龄企业家样本中，$Local1$ 显著为正（0.120，t = -2.06），在低年龄企业家样本中，$Local1$ 虽然为正，但不显著，说明企业家年龄对本地企业家地方感与企业创新产出的关系有正向调节作用。$Local2$ 同样在高年龄样本中显著为正（0.014，t = -2.19），而在低年龄组不显著（0.01，t = -1.57）。检验结果一同表明，随着年龄的提升，企业家地方感对企业创新产出的促进作用逐渐提升。

表 5.15　　　　　　　　　**异质性检验：企业家年龄**

变量	因变量：$INNOOUT$			
	（1）高年龄组	（2）低年龄组	（3）高年龄组	（4）低年龄组
$Local1$	0.120 ** (2.06)	0.091 (1.53)		

续表

变量	因变量：*INNOOUT*			
	（1） 高年龄组	（2） 低年龄组	（3） 高年龄组	（4） 低年龄组
Local2			0.014 ** （2.19）	0.01 （1.57）
Size	0.361 *** （14.97）	0.312 *** （11.9）	0.366 *** （15.05）	0.307 *** （11.69）
FirmAge	− 0.102 （− 1.12）	− 0.279 *** （− 3.48）	− 0.083 （− 0.90）	− 0.262 *** （− 3.26）
INST	− 0.238 * （− 1.65）	0.324 ** （2.28）	− 0.234 （− 1.61）	0.320 ** （2.24）
ROA	3.724 *** （6.76）	2.122 *** （3.89）	3.599 *** （6.5）	2.127 *** （3.9）
Indep	− 0.349 （− 0.70）	− 0.903 * （− 1.71）	− 0.278 （− 0.55）	− 0.879 * （− 1.66）
StOwRt	− 0.462 ** （− 2.01）	− 0.133 （− 0.60）	− 0.476 ** （− 2.05）	− 0.126 （− 0.57）
Top1	− 0.574 *** （− 2.73）	− 0.441 ** （− 2.14）	− 0.570 *** （− 2.70）	− 0.434 ** （− 2.10）
PercapGDP	0.096 （1.31）	0.039 （0.54）	0.116 （1.57）	0.042 （0.57）
CEOGender	− 0.462 ** （− 2.01）	− 0.133 （− 0.60）	− 0.476 ** （− 2.05）	− 0.126 （− 0.57）
CEOAge	− 0.062 （− 0.52）	− 0.14 （− 1.00）	− 0.068 （− 0.57）	− 0.139 （− 0.99）
Constant	− 7.587 *** （− 8.01）	− 5.460 *** （− 5.54）	− 7.831 *** （− 8.27）	− 5.347 *** （− 5.45）
Industry	控制	控制	控制	控制
Year	控制	控制	控制	控制
Observations	2881	2797	2848	2783
R^2	0.269	0.264	0.27	0.263
R^2_a	0.26	0.254	0.261	0.253
F	29.9	26.75	29.71	26.47

5.4 企业家地方感情感特质对企业 创新决策的经济后果分析

如果企业家地方感能够促进企业创新产出，那么就理应可以进一步对微观企业以及宏观经济产生积极影响。因此，本章将探究企业家地方感所产生的经济后果。首先，验证企业家地方感能否通过促进企业创新产出进而提升企业价值；其次，验证企业家地方感能否通过促进企业创新产出进而推动企业高质量发展。

5.4.1 企业家地方感、企业创新产出与企业价值

管理者特质会对其创新决策形成重大影响，而创新活动能提升企业价值，专利数量越多，对企业价值的贡献越大（徐欣和唐清泉，2010）。因此，管理者特质会对企业创新与企业价值产生影响。那么，本地企业家的地方感作为一种管理者特质，可以通过促进企业创新进而提升企业价值吗？因此，我们构建如下模型以检验这一问题：

$$TobinQ_{i,t} = \beta_0 + \gamma INNOOUT_{i,t} \times Local1/Local2_{i,t-1} + \alpha INNOOUT_{i,t} +$$

$$\beta_1 Local1/Local2_{i,t-1} + \sum_{2}^{n=11} \beta_n Controls_{i,t-1} + Industry_c +$$

$$year_t + \varepsilon_{i,t} \qquad (5.6)$$

其中，$TobinQ$ 等于上市公司市值除以资产总额，代表企业价值，交乘项为 t 期的创新产出（$INNOOUT$）与 t−1 期的企业家地方感（$Local1$）相乘。本书认为具有地方感的企业家从任职到企业专利产出需要经历一段时间，而专利产出到企业价值的提升不具有明显的滞后性，因此在交乘项中将 $Local1$ 滞后一期以及所有控制变量滞后一期，而创新产出不滞后。与之前的做法一致，我们同时验证地方感在外地企业家的作用，即外地企业家地方感（$Local2$）对企业创新产出与企业价值的影响。

表 5.16 第（1）列列示了本地企业家地方感对企业创新产出与企业价

值影响的回归结果，交乘项 $Local1 \times INNOOUT$ 在 5% 的水平上显著
（0.036，t = 2.49），表明本地企业家地方感增强了企业创新产出对企业价
值的促进效应。第（2）列，交乘项 $Local2 \times INNOOUT$ 在 5% 的显著性水
平上显著（0.003，t = 2.05），同时表明外地企业家地方感也可以增强企
业创新产出对企业价值的促进效应。

以上检验结果一同表明，企业家地方感正向调节企业创新产出与企业
价值。

表 5.16 　　　　　　　　　　经济后果分析：企业价值

变量	（1）本地企业家地方感 INNOOUT	（2）外地企业家地方感 INNOOUT
$Local1 \times INNOOUT$	0.036 ** (2.49)	
$Local2 \times INNOOUT$		0.003 ** (2.05)
$Local1$	−0.240 *** (−6.58)	
$Local2$		−0.025 *** (−6.32)
$INNOOUT$	−0.012 (−1.03)	0.024 ** (2.28)
$Size$	−0.490 *** (−31.85)	−0.492 *** (−31.84)
$FirmAge$	0.161 *** (4.37)	0.166 *** (4.49)
$INST$	1.181 *** (16.78)	1.179 *** (16.70)
ROA	4.468 *** (12.14)	4.443 *** (12.02)
$Indep$	1.401 *** (5.67)	1.411 *** (5.69)

续表

变量	（1）本地企业家地方感 INNOOUT	（2）外地企业家地方感 INNOOUT
StOwRt	0.340 *** （3.51）	0.340 *** （3.49）
Top1	−0.762 *** （−7.42）	−0.753 *** （−7.29）
PercapGDP	0.030 （0.83）	0.025 （0.68）
CEOGender	−0.071 （−1.12）	−0.080 （−1.25）
CEOAge	0.056 ** （1.97）	0.059 ** （2.09）
Constant	11.759 *** （25.46）	11.613 *** （25.16）
Industry	控制	控制
Year	控制	控制
Observations	5673	5626
R^2	0.410	0.411
R^2_a	0.406	0.407
F	63.18	63.23

5.4.2　企业家地方感、企业创新产出与企业高质量发展

创新已超越传统生产要素，成为驱动企业、地区乃至国家高质量发展的第一动力。创新有助于提升经济效率，加快新旧动能转换，充分发挥企业在创新中的主体作用，是实现高质量发展的关键途径（李新安，2020）。因此，本部分将验证企业家地方感能否通过促进企业创新产出进而推动企业高质量发展。模型如下：

$$LP/OP_{i,t} = \beta_0 + \gamma INNOOUT_{i,t} \times Local1/Local2_{i,t-1} + \alpha INNOOUT_{i,t} +$$

$$\beta_1 Local1/Local2_{i,t-1} + \sum_{2}^{n=11} \beta_n Controls_{i,t-1} +$$

$$Industry_c + year_t + \varepsilon_{i,t} \tag{5.7}$$

着力提高全要素生产率是实现高质量发展的动力源泉,因此本书以企业全要素生产率作为企业高质量发展的代理变量。为了避免内生性问题,本书参考鲁晓东和连玉君(2012)的做法,以 LP 和 OP 两种算法计算企业全要素生产率。其余变量定义与上文相同,不再赘述。

表5.17 第(1)、第(2)列报告了本地企业家地方感如何影响企业创新产出与企业高质量发展之间关系的回归结果,在 LP 法下,交乘项 Local1 × INNOOUT 在 1% 的水平上显著(0.062,t = 4.92),OP 法下,交乘项 Local1 × INNOOUT 在 5% 的水平上显著。第(3)、第(4)列报告了外地企业家地方感的回归结果,交乘项 Local2 × INNOOUT 在 LP、OP 法下均显著。以上检验结果一同表明,企业家地方感正向调节企业创新产出与企业高质量发展。

表 5.17　　　　　　　　　　经济后果分析:企业高质量发展

变量	1. 本地企业家地方感		2. 外地企业家地方感	
	(1) LP	(2) OP	(3) LP	(4) OP
Local1 × INNOOUT	0.062 *** (4.92)	0.018 ** (1.97)		
Local2 × INNOOUT			0.006 *** (4.56)	0.002 * (1.72)
Local1	−0.112 *** (−3.77)	−0.069 *** (−2.73)		
Local2			−0.012 *** (−3.67)	0.001 (0.08)
INNOOUT	−0.010 (−0.96)	−0.016 ** (−2.20)	0.050 *** (5.79)	−0.008 *** (−2.81)
Size	0.572 *** (55.92)	0.245 *** (31.02)	0.571 *** (55.28)	0.245 *** (30.66)

续表

变量	1. 本地企业家地方感		2. 外地企业家地方感	
	(1) LP	(2) OP	(3) LP	(4) OP
FirmAge	-0.124 *** (-4.00)	-0.018 (-0.73)	-0.120 *** (-3.87)	-0.014 (-0.57)
INST	0.180 *** (3.45)	-0.018 (-0.41)	0.179 *** (3.40)	-0.024 (-0.55)
ROA	1.526 *** (7.45)	0.285 * (1.70)	1.528 *** (7.40)	0.306 * (1.81)
Indep	0.049 (0.26)	0.049 (0.31)	0.061 (0.32)	0.060 (0.38)
StOwRt	-0.247 *** (-2.78)	-0.209 *** (-2.82)	-0.233 *** (-2.62)	-0.194 *** (-2.62)
Top1	0.215 *** (2.80)	0.037 (0.57)	0.222 *** (2.88)	0.050 (0.77)
PercapGDP	0.040 (1.39)	-0.038 (-1.58)	0.041 (1.42)	-0.040 * (-1.65)
CEOGender	0.057 (1.23)	0.039 (0.86)	0.052 (1.11)	0.039 (0.86)
CEOAge	-0.116 *** (-5.17)	-0.084 *** (-4.45)	-0.117 *** (-5.14)	-0.083 *** (-4.37)
Constant	-4.352 *** (-11.74)	-1.332 *** (-4.46)	-4.481 *** (-12.10)	-1.395 *** (-4.69)
Industry	控制	控制	控制	控制
Year	控制	控制	控制	控制
Observations	5678	5678	5631	5631
R^2	0.534	0.293	0.532	0.293
R^2_a	0.531	0.288	0.529	0.288
F	193.0	115.7	188.8	113.4

5.5 本章小结

本书选取 2009～2019 年沪深 A 股非金融类上市公司相关财务、高管简历等数据，实证检验了企业家地方感对企业创新产出的影响，最终得出以下结论：

企业家地方感能够显著促进企业创新产出，这是因为企业家地方感减少了企业家的短视行为、帮助企业家获得了更广阔的社会关系网络以及降低了董事会等利益相关者与企业家之间的信息不对称性，这些条件激发了他们的创新热情，从而给企业带来创新产出的提升。

机制检验发现，企业家地方感通过激发其创新精神进而促进企业创新产出，具体来讲，企业家地方感可以提升其风险偏好、扩大其社会关系网络、促进其动态创新，而对机会识别没有显著影响，这是因为对于创新前沿信息的敏锐嗅觉、洞察力更多地依靠企业家的创造力以及科研经验，而不能被地方感取代，并且地方感帮助企业家获得的信息更多来自于本地，信息来源具有局限性。

异质性检验发现，从企业外部环境来看，企业家地方感对企业创新产出的促进作用在经济发展水平较差地区更加明显，这可能是因为这些地区的企业家改造当地的愿望更强烈；另外，地区创新文化环境能够显著增强企业家地方感对企业创新产出的促进作用。从企业层面来看，在非国有企业中企业家地方感对企业创新产出的提升作用更强，而在国有企业中不显著，这是由于在国有企业中具有地方感的企业家往往也同时具有政府官员的身份，对企业所在地的情感以及政府官员的身份可能成为他们的"束缚"，使得他们的创新表现受到保就业、保增长等社会责任履行的挤压；此外，我们还发现公司股权激励对企业家地方感与企业创新的关系没有显著影响，这说明企业家地方感对企业创新的促进作用具有持续性，不会轻易被"物质"左右。从企业家个人层面来看，企业家的创新意识可以正向调节企业家地方感对企业创新产出的促进作用；另外，企业家年龄可以显著增强企业家地方感对企业创新产出的提升作用，这是因为随着年龄的增加，企业家对企业所在地的地方感与日俱增，并且在长期的从业经历中积累了大量关于创新的经验与教训，因此他们的创新表现优于"冒进"的年轻企业家。

经济后果分析发现，企业家地方感可以通过促进企业创新产出进而提升企业价值、推动企业高质量发展。

本书获得以下管理启示：（1）基于政府角度而言，鉴于企业家地方感对于激发创新精神、促进企业创新产出、提升企业价值以及推动企业高质量发展的重要作用，政府应积极改善营商环境，加快构建清、亲的政商关系，注重人文精神的培育，厚培企业家归属感以及创新精神的土壤，让人才"引得进、留得住"。（2）基于企业角度而言，企业需将地方感纳入其选聘范畴，不断地创新选聘机制，并充分了解地方感在经济发展水平、创新文化环境、企业所有权属性、股权激励制度、企业家创新意识、年龄等异质性下的不同作用，因地制宜地选聘高管，不断地完善选聘机制。（3）基于企业家个人而言，企业家应该看到创新文化环境、创新意识等因素对企业家地方感对企业创新产出的促进起到了"杠杆"作用。因此，企业家应注重自身创新素质提高并积极地在企业中营造浓厚的创新文化氛围，从而促进企业创新。

第6章

企业家多元文化背景特质对企业
创新决策的影响*

　　"变化者，乃天地之自然"。当今世界，变革创新如椽巨笔，常在重要节点上书写历史。党的十九届五中全会将"坚持创新驱动发展，全面塑造发展新优势"列在"十四五"时期经济社会发展和改革开放的重点任务中的首位，强调坚持创新在我国现代化建设全局中的核心地位。民营经济已成为我国经济发展之不竭动力、技术创新之重要主体，而企业家作为民营企业的"头脑"与"灵魂"，在指导与推进民营企业的创新活动中扮演着重要角色。改革开放40余年来，我国民营经济从小到大、从弱到强，不断发展壮大，且培养造就了一大批不畏艰难、敢于拼搏、勇于创新、坚韧不拔、勇担社会责任的企业家群体。2017年9月，《中共中央 国务院关于营造企业家健康成长环境弘扬优秀企业家精神更好发挥企业家作用的意见》正式发布，中央首次以专门文件明确企业家精神的地位和价值。但是，根植于我国传统儒家文化背景下的民营企业家仍然存在着创新精神不足、创造力缺失等问题。如何才能激活民营企业家创新精神，激发其个体创造力，进而助推民企创新，这些都是亟待解决的新问题。激活企业家的创新精神离不开赋予其多元化的思想，这主要根源于多元的文化经历，尤其在创新驱动的战略布局下、弘扬企业家创新精神的政策导向下，以及鼓励多元文化融合的形势下，民营企业家多元文化背景能否成为企业家创新

　　* 该部分成果发表于《软科学》2022年第12期，郝盼盼，白茹. 民营企业家多元文化经历、企业家创新精神与企业创新投入［J］. 软科学，2022（12）：81–88.

精神及民企创新的助推器，这对壮大民营经济、实施创新驱动发展战略至关重要。

由于地理、历史、气候的差异，各区域、民族总是在社会生产方式、生活方式和思维方式以及相应的语言、宗教、科学、伦理等文化体系方面展示出独特性。从古至今，每种文化都在顽强地表现着自己的多样性，承认文化多样性是人类发展进步的动力。汉代时期张骞出使西域，开辟丝绸之路，举世称道；唐朝时期玄奘西游、鉴真东渡，不仅促进了佛教文化的传播，也促进了中外文化的交流，为传播中华文明和发展中国与亚非国家在政治、经济、文化上的友好关系做出了贡献；明朝时期郑和七度下"西洋"，极大地促进中外文化交流；清朝时期林则徐"开眼看世界"，魏源"师夷长技以制夷"。可见，古代多元文化交流推动了社会发展与进步。再看现代社会，任正非早年有过参军经历、建筑工人及石油工人等丰富的从业经历，且华为的创立也并非一帆风顺，历经数次失败才获成功；阿里巴巴集团创始人马云的成功不仅得益于深厚的跨文化友谊，且受益于他丰富的职业经历，此外，他还将热衷的太极文化应用到企业经营管理中；"创新之神"乔布斯游历日本途经金阁寺，受湖面启发设计出 MacbookAir 和 iPad 水平如静的屏幕，且受日本"禅学"影响，将"极简主义"风格融入产品设计。近期，随着经济全球化的发展，各国各民族文化不断融合，文化交流越来越广泛，越来越多的企业开始考虑多元文化发展战略，选聘具有多元文化背景的企业家，以期待具备多元文化背景的企业家在经营管理中贡献全新的经验、观点和视角，激发企业创造活力，促进企业创新。可见，无论是国家政策布局，还是企业家在创新领域的成功，文化均是需要重点考虑的因素，因此，有必要探究多元文化背景是否会促进企业创新投入，进而促进经济高质量发展。

本章以民营企业家为研究对象，旨在探究民营企业家多元文化背景是否影响企业创新投入？其背后的作用机制是什么？不同情境下影响有何不同？民营企业家多元文化背景在影响企业创新投入后又会产生怎样的经济后果？

6.1　企业家多元文化背景特质对企业
创新决策影响的经验证据

6.1.1　研究假设的提出

6.1.1.1　企业家多元文化背景与企业创新投入决策

（1）多元文化背景对微观个体的影响。基于社会认知视角，心理学中的文化动态建构理论认为文化会对个体的心理认知及行为表现产生影响，不同个体的学习及适应能力均不相同，因而文化对不同个体的影响程度及作用效果存在较大差异。个体的多元文化背景在这种"内隐"的作用下，会对其情感、认知及行为产生不同影响（Hong et al.，2000），即个体沉浸于某种文化氛围中时，受这种文化影响，其认知水平和认知视角都会发生转变，从而新概念、新思维被激活。基于此，文化心理学认为个体参与多元文化会通过内部动机驱动其表现出更高的创造力，主要体现在以下两个方面：首先，基于创造性认知方法（Leung et al.，2008），多元文化背景通过提升其学习效应提高创造力。不同文化之间必然存在差异性，个体若长期处于双重文化背景下，必须识别并整合两种相异的文化，保证自身行为符合所处文化背景，在不断整合新旧文化过程中，会学习到新的想法和概念，这些新想法和新概念区别于个体固有认知机制和固有知识体系，促使人们用新观点和新方法认识并解决问题，新观点和新方法不断产生和输出的过程中会激发创造力。其次，并不是所有的多元文化背景都可以提升创造力，当个体所处的情境使其感到本土文化身份受到威胁、核心价值观受到冲击时，新文化会引发个体对异文化的反感和排斥（陈侠，2013），因此，只有适应新的文化并将其转化为持久的心理利益才能促使创造力的形成（Maddux et al.，2007），从而通过适应效应提升创造力。综上所述，基于学习效应和适应效应，多元文化会通过个体内部动机驱动表现出更高的创造力。

（2）有多元文化背景的民营企业家对创新决策的影响。自熊彼特（1934）在巨著《经济发展理论》中提出创新理论以来，学术界开展了一系列对企业创新的理论探究，随后他又提出企业家理论，该理论认为"创新"是企业家区别于他人的本质所在，是企业家在资本市场中不可被替代的重要原因。所谓"创新"，是指企业家敢于另辟蹊径，推陈出新，实施"创造性破坏"活动。随后，彼得·德鲁克发表著作《创新与企业家精神》，进一步探讨和延伸了熊彼特的观点，充分肯定了企业家精神在企业发展中所起的重要作用。那么企业家在企业创新活动中如何发挥作用？

基于有限理性的高层梯队理论（Hambrick and Mason，1984）开始考察企业家个人特质，认为企业家过度自信（孔东民等，2015；易靖韬等，2015）、教育背景（沈艺峰等，2016）、任职经历（虞义华等，2018；郝盼盼等，2019；郝盼盼等，201）等会影响企业家创新行为，这明确了企业家个人特质对企业创新的重要性。然而，创新活动来源于个体的创造力，多元文化对于创造力的提升作用得到了心理学中文化动态建构理论的支持。因此，在企业家的众多特征中，多元文化背景也是不容忽视的关键要素。而 CEO 是企业创新决策的核心制定者和执行者，因此 CEO 的多元文化背景对创新活动至关重要。

一方面，多元文化背景能促使文化参与者形成多元化思维结构和广阔管理视野，激发创新性想法的形成。基于学习效应和适应效应，多元文化背景的个体拥有多样的知识结构和思维方式，他们思考和解决问题的方式多种多样，更具创造力，从而有利于组织创新（Qian and Stough，2011）。另一方面，拥有多元文化背景的个体往往并不惧怕失败，倾向于风险性活动。这是因为多元文化参与者基于不同文化特征会获取更丰富的知识经验，这无形中增加了他们的从业机会和自主选择权，往往不惧怕失败，敢于承担风险。企业创新活动便是这种风险性高，失败概率大的活动。已有研究表明，失败容忍度直接影响了创新产出率（Lerner and Wulf，2007）。因此，拥有多元文化背景的高管对企业创新活动十分有利；此外，企业家拥有多元文化背景会享有更广泛的人际资源与社会资源。信息获取与机会识别关乎着企业创新成败，广泛的人际网络与丰富的社会资源可以帮助企业家及时、广泛、便捷地捕捉行业研发信息，推动本企业创新活动的开展。综上所述，多元文化背景有利于企业家形成多元化的思维方式、敢于承担风险的胆识以及丰富的人际关系与社会资源，从而创造力被激活。

基于此，本书提出假设：

H6.1：民营企业家拥有丰富的多元文化背景将促进企业创新投入。

6.1.1.2　企业家多元文化广度与企业创新投入决策

并非所有接触新文化的个体都会获得创造力水平的提升，新视域向新观点、新技术转化需要一定的条件，已有研究表明广度是多元文化背景到创造力转化的条件之一（Gocłowska and Crisp，2014）。多元文化背景广度是指个体所涉及的新文化的种类，所接触的新文化种类越多则多元文化背景广度越大。有学者对比考察移民与土著居民的创造性表现，土著居民长期沉浸于本土文化，不曾接触新文化，因循守旧，按部就班，其思维习性日益固化，创造力远不及流动性高的移民，这些移民无论是在沟通技能或是智力水平方面，都展现出巨大的优势（Mor et al.，2013），且对新经验具有较大的包容性与开放性（Leung et al.，2008）。因此，接触并参与多种文化对于提升个体创造力至关重要。广泛的多元文化背景一方面可以让个体通过观察多种文化中的现象，以获得解决同一问题的多种方法，或者设想出全新的、独特的方法。此外，广度也增加了个体跨文化联系的桥梁（Oettl and Agrawal，2008），通过这些桥梁所获得的多元信息帮助个体产生新颖的想法（Burt，2004），并增加承担风险的能力（Baer，2020）。综上所述，那些持有多重认同身份，并积极参与多种文化的企业家，更有可能发展出灵活的、富有创造力的思维，从而促进企业创新投入。基于此，本书提出假设：

H6.2：民营企业家拥有较高广度的多元文化背景将会促进企业创新投入。

6.1.1.3 企业家多元文化距离与企业创新投入决策

除多元文化背景广度外，新旧文化之间的文化距离也是多元文化背景到创造力转化的条件之一（Gocłowska and Crisp，2014）。例如，如果跨国文化位于文化距离较近的国家（美国和加拿大），由于西方国家的社会形态及文化价值观趋于一致，很难促进新颖性想法的形成，无法提高创造力；而在价值观和文化差异较大的中国和美国之间进行跨国学习或交流，由于中西方文化差异较大，会增加跨文化参与者新颖性想法的产生。文化距离是指个体所涉及的原文化与新文化之间主流价值观、风俗和特征的差异程度（Nguyen et al.，2013），如果文化距离小，由于新旧文化之间具有较高相似性，个体参与两种文化相对容易，不利于激发其创造力；相反，个体参与文化距离较大的两种文化时，这两种文化所呈现出的价值观、社会行为以及道德准则均存在巨大差异，甚至处于矛盾与对立的状态，这会促使个体深刻思考这个矛盾，打破这种对立，并形成综合的解决方法（黄林洁琼，2018），在整合差异、包容对立的过程中，异文化参与者的惯性思维、价值观及认知体系被打破重塑，从而创造力被激发。基于此，本书提出假设：

H6.3：民营企业家拥有较大文化距离的多元文化背景将会促进企业创新投入。

6.1.2 研究设计

6.1.2.1 样本选择

考虑到制造业、信息技术产业、科学研究和技术服务业在企业创新领域颇具代表性，且民营经济作为我国经济体系的重要组成部分，其创新表现反映了市场整体创新水平，故本书聚焦于民营企业，选取 2008 ~ 2019 年在沪、深 A 股上市的制造业、信息技术产业、科学研究和技术服务业企业为样本。对样本进行了如下处理：（1）为保证研发滞后数据的完整性，剔除上市 3 年以下且连续 3 年未披露数据的企业；（2）剔除企业家多元文化背景信息缺失或异常的企业；（3）剔除财务数据异常的企业；（4）基于面板数据时间连续性，本书采用缺失值时间点前后的数据进行补漏处理；（5）经过缩尾处理，得到 1569 家样本的 9550 个观测值。

6.1.2.2 数据来源

本书所涉及的研发投入数据和专利数据均来自 CNRDS 数据库，其中专利数据采用当年申请的专利数量。民营企业家多元文化背景相关数据通过手工搜索并整理 CNRDS 数据库披露的高管简历获取。民营企业家出生地数据通过 CNRDS 数据库、新浪财经、百度百科等网站获得。我国寺庙分布及具体地址相关数据来自 CNRDS 数据库，另外，民营企业家出生地经纬度和寺庙经纬度均通过经纬度坐标查询系统来查询。其他财务数据均来自 CSMAR 数据库，数据分析工具为 Stata15.0。

6.1.2.3 变量定义

1. 因变量

企业创新投入（*RD*）。参考魏浩等（2019）通过研发支出来度量创新投入的方法，考虑到企业规模存在差异，本书通过标准化后的研发支出来度量。研发强度（研发支出占营业收入的比重）用于稳健性检验。

2. 自变量

（1）民营企业家多元文化背景（*ME*）。心理学领域关于多元文化背景与创造力的研究不断深化，然而目前，多元文化背景的测度与衡量尚未形成统一的标准。莱昂等（Leung et al.，2008）通过直接接触或间接了解外国文化定义个体多元文化背景。所谓"百里不同风，千里不同俗"，我国幅员辽阔，复杂的地形和多样的气候分化出各具特色的地域文化。个体接触多元地域文化能够激发多样化的认知和思维方式，这对创新至关重要（Qian and Stough，2011）。卡雷尔（Carrel，2013）则关注多元企业文化，认为员工认知力和价值观的形成与企业文化息息相关，接触并吸收不同企业文化的员工更有可能形成创新性想法。此外，沃利等（Wally et al.，

1994）研究认为，高学历企业家因其具备广阔的视域和丰富的见识，在信息获取、分析及转化方面更具优势，且对技术变革与实践创新的容忍度更高。李家新等（2009）在论述教育制度改革时提出双学位制有助于开发大学生创造力，这引发我们对于多元教育文化的关注。于是，本书用多元地域文化、多元企业文化以及多元教育文化来衡量民营企业家多元文化背景。具体测算模型如下：

$$ME = ME_{RegCul} + ME_{BusCul} + ME_{EduCul} \tag{6.1}$$

其中，ME_{RegCul} 代表多元地域文化。多元地域文化指数的衡量考虑如下两个方面：一方面，各国文化存在较大差异，深度的国外生活或学习经历可以激发人的创造力（陆冠南，2017）；另一方面，考虑中国南北方地域差异，我国纬度跨度大，温度带分布众多，受气候、地形、水文等自然要素以及政治、历史、文明等人文要素的影响，生活在不同地域的人群形成了旗帜鲜明的文化体系（Georgas and Berry，1995）。如果民营企业家融合了南北方不同的地域文化，则认为其文化多元化水平较高。因此，本书通过民营企业家是否有过国外生活与学习经历以及是否有过跨南北方生活与学习经历来测算民营企业家的多元地域文化指数，若企业家有过国外学习、生活或工作经历，$X1$ 取 1；若企业家有过跨南北方生活、学习或工作经历，$X2$ 取 1，ME_{RegCul} 为 $X1$ 与 $X2$ 之和，其中，南北方的分界线为西起与青藏高原相接的西秦岭余脉，东至东海海滨。

ME_{BusCul} 代表多元企业文化。参考库斯托迪奥等（Custódio et al.，2013）的方法，多元企业文化指数通过测算民营企业家所从事的职位数、公司数和行业数，以及民营企业家是否担任过别的公司高管、是否在公司多部门任职等间接定量来估算，从事种类越多，说明民营企业家的多元企业文化指数越高。具体测算模型如下：

$$ME_{BusCul} = 0.268X1 + 0.312X2 + 0.309X3 + 0.218X4 + 0.153X5 \tag{6.2}$$

$X1$ 为企业家所从事的职位数量；$X2$ 为服务过的公司数量；$X3$ 为所从事过的行业数量；若企业家担任过别的公司高管，$X4$ 取 1；若企业家在公司多部门工作过，$X5$ 取 1。

ME_{EduCul} 代表多元教育文化。考虑到跨学科学习本专业以外的知识和技能可以增强创造力，进而保持求知欲，培养多元化的思维方式（潘雅，2015），并且沃利等（Wally et al.，1994）研究认为，硕士学历管理者因其具备广阔的视域和丰富的见识，在信息获取、分析及转化方面更具优势，且更易接触到最新理论及技术，对技术变革与实践创新的容忍度更高。因此，本书的多元教育文化指数通过民营企业家是否选修过双学位以及是否是硕士及以上学历来测算，若企业家选修过双学位，$X1$ 取 1；若企业家是硕士及以上学历，则 $X2$ 取 1，ME_{EduCul} 为 $X1$ 与 $X2$ 之和。

（2）民营企业家多元文化背景广度（ME_B）。多元文化背景广度指个体所涉及新文化的种类，鉴于本书将民营企业家多元文化背景划分为多元地域文化、多元企业文化以及多元教育文化经历，故通过多元文化背景的种类进行刻画。如果民营企业家拥有多元的地域、企业及教育文化，则该变量赋值为 3，拥有其中两种类别的多元文化背景，赋值为 2，拥有一种多元文化背景，则赋值为 1。

（3）民营企业家多元文化背景文化距离（ME_D）。文化距离是指个体所涉及新旧文化差异的程度（Nguyen et al.，2013）。当两种文化差异较小时，其所展示出的价值判断标准和风俗习惯特征也相近，个体"毫不费力"便可以游走于不同文化，即文化距离小；当两种文化差异较大时，个体若想参与不同文化，需"费尽心思"整合、吸纳不同文化，这一过程必然伴随着新想法的产生和新思维的迸发，即文化距离大。本书在测算 ME 的基础上进一步依据是否拥有跨东西方文化生活、工作或学习经历、是否在不同行业任职、是否在国企任职以及是否有过跨文理科学习经历来构建多元文化距离指数。

3. 控制变量

考虑到研发活动的滞后性，所有控制变量均滞后一期。控制变量主要包括 $CF_{i,t-1}$（经营性现金流净额）、$Sales_{i,t-1}$（销售收入）、$Sales\ Growth_{i,t-1}$（销售增长率）、$ROA_{i,t-1}$（资产收益率）、$Book\ Leverage_{i,t-1}$（资产负债率）、$PPE/Emp_{i,t-1}$（资产密集度）、托宾 $Q_{i,t-1}$，以及企业家特征变量（$Age_{i,t-1}$ 年龄、$Tenure_{i,t-1}$ 任期）。具体变量定义见表 6.1。

表 6.1　　　　　　　　　　　　　　**变量定义**

变量类型	含义	变量名	变量定义
因变量	企业创新投入	*RD*	研发支出
自变量	多元文化背景	*ME*	$ME = ME_{RegCul} + ME_{BusCul} + ME_{EduCul}$ 其中，ME_{RegCul} 为多元地域文化；ME_{BusCul} 为多元企业文化；ME_{EduCul} 为多元教育文化，测算方式见上文
	多元文化背景广度	*ME_B*	通过多元地域文化、多元企业文化以及多元教育文化经历衡量。如果民营企业家拥有多元的地域、企业及教育文化，则该变量赋值为 3，拥有其中两种类别的多元文化背景，赋值为 2，拥有一种多元文化背景，则赋值为 1
	文化距离	*ME_D*	$ME\_D = X1 + X2 + X3 + X4$ 若民营企业家有过跨东西方国家学习、生活或工作经历，$X1$ 取 1；有过跨行业工作经历，$X2$ 取 1；有过国企工作经历，$X3$ 取 1；有过跨文理科学习经历，$X4$ 取 1
控制变量	现金流	*CF*	经营性现金流量净额
	销售收入	*Sales*	营业收入/资产总额
	销售增长率	*Sales Growth*	营业收入增长率
	资产收益率	*ROA*	净利润/资产总额
	资产负债率	*Book Leverage*	长期债务与短期债务之和/资产总额
	资产密集度	*PPE/Emp*	固定资产净额/员工数
	托宾 *Q*	*Q*	市场价值/资产重置成本
	企业家任期	*Tenure*	企业家在其职位任职的时间
	企业家年龄	*Age*	企业家年龄

6.1.2.4　模型构建

为了验证民营企业家多元文化背景对企业创新投入的影响，考虑到研发活动具有滞后性，将解释变量滞后一期，本书参照大卫等（David et al.，2012）的研究，构建如下模型：

$$RD_{i,t} = \alpha_0 + \beta_0 ME_{i,t-1} + Controls + \delta_t + \upsilon_i + \varepsilon_{i,t} \tag{6.3}$$

为验证民营企业家多元文化背景广度对企业创新投入的影响，构建如下模型：

$$RD_{i,t} = \alpha_0 + \beta_0 ME\_B_{i,t-1} + Controls + d_t + \upsilon_i + \varepsilon_{i,t} \tag{6.4}$$

为了验证民营企业家多元文化背景文化距离对企业创新投入的影响，构建如下模型：

$$RD_{i,t} = \alpha_0 + \beta_0 ME\_D_{i,t-1} + Controls + d_t + \upsilon_i + \varepsilon_{i,t} \tag{6.5}$$

模型中通过观察 β_0 的显著性来检验假设。

6.1.3 实证结果分析

6.1.3.1 描述性统计与差异分析

表6.2报告了变量的描述性统计结果。从企业创新投入来看，RD 的最大值为8.84，均值为0.90，最小值为0.02，可见，样本公司研发投入存在较大差异，且大部分公司研发投入较小，少部分公司研发投入较大。从民营企业家多元文化背景来看，ME 最大值为8.39，最小值为1.16，表明样本公司民营企业家的多元文化背景差异较大，因此有必要通过实证研究检验不同程度多元文化背景的管理者对企业创新投入的影响。此外，ME_B 的最小值为1，最大值为3，表明本书样本中的民营企业家至少拥有过一种类别的多元文化背景，且多元文化背景的种类存在差异，因此有必要探究民营企业家多元文化背景广度对于企业创新投入的影响。从文化距离来看，ME_D 的最大值为4，均值为0.60，最小值为0，表明民营企业家所涉及文化经历差异的程度较大，且大部分个体所接触的文化经历的差异程度较小，仅有少部分个体拥有距离较大的文化经历。

表6.2   变量描述性统计结果

变量	N	mean	min	max	sd
RD	9550	0.9024	0.0163	8.8421	1.2523
ME	9550	3.5899	1.1570	8.3850	1.5459

变量	N	mean	min	max	sd
ME_B	9550	1.6800	1	3	0.7251
ME_D	9550	0.6006	0	4	0.7568
CF	9550	1.6737	−5.1994	23.6631	3.7076
$LogSales$	9550	8.7974	6.8374	10.0726	0.5296
$Sales\ Growth$	9550	0.2618	−0.5429	2.8034	0.5181
ROA	9550	0.0523	−0.1677	0.1999	0.0517
$Book\ Leverage$	9550	0.3235	0.0385	0.7588	0.1743
$Log(PPE/Emp)$	9550	0.2947	−0.2837	0.8865	0.2216
Q	9550	2.1791	0.9998	7.7667	1.2099
$Log(1+Tenure)$	9550	0.6875	0.3010	1.1139	0.2197
$Log(1+Age)$	9550	1.6896	1.5052	1.8261	0.0625

表 6.3 将样本根据民营企业家多元文化背景的丰富程度划分为多元化经历和单一化经历两组子样本,对子样本进行了差异化检验,其中,民营企业家多元文化背景的丰富程度按照民营企业家多元文化背景指数的中位数划分。可见,民营企业家文化经历丰富组 RD 的均值与中位数均明显高于单一化组样本 (0.964 > 0.841; 0.632 > 0.515),这与预测相符,多元化的文化经历或许会使得民营企业家增加跨文化联系的桥梁 (Oettl and Agrawal, 2008),产生更多新颖、独特的想法 (Burt, 2004),创新投资意愿更加强烈。同时,民营企业家文化经历丰富组资本密集度和托宾 Q 值的均值与中位数均大于单一化小组,这与已有学者的观点一致,民营企业家文化经历越丰富,越有可能为企业创造高绩效,为股东创造高价值,此外,其年龄和任期也相对较大,符合理论逻辑。此外,观察到一个令人意外的现象,多元化组销售收入的均值与中位数均显著小于单一化组,这或许是因为文化经历丰富的民营企业家更愿意将资金用于研发投入而非传统业务,导致销售收入小于那些仅关注主营业务的企业。

表 6.3   分类样本差异化检验结果

变量		民营企业家多元文化背景		Difference (p-value)
		丰富	单一	
RD	Mean	0.9641	0.8406	0.0000 ***
	Median	0.6325	0.5149	0.0000 ***
CF	Mean	1.5854	1.7621	0.0199 **
	Median	0.7482	0.7330	0.5946
LogSales	Mean	8.7766	8.8182	0.0001 ***
	Median	8.7949	8.8215	0.0157 **
Sales Growth	Mean	0.2655	0.2580	0.4782
	Median	0.1311	0.1178	0.1199
ROA	Mean	0.0518	0.0528	0.3694
	Median	0.0506	0.0513	0.4367
Book Leverage	Mean	0.3245	0.3226	0.5935
	Median	0.3101	0.3015	0.0717 *
Log(PPE/Emp)	Mean	0.3013	0.2881	0.0038 ***
	Median	0.3003	0.2844	0.0021 ***
Q	Mean	2.2197	2.1384	0.0010 ***
	Median	1.8233	1.7365	0.0001 ***
Log(1 + Tenure)	Mean	0.7052	0.6698	0.0000 ***
	Median	0.7132	0.6612	0.0000 ***
Log(1 + Age)	Mean	1.6928	1.6864	0.0000 ***
	Median	1.6990	1.6900	0.0000 ***

注: ***、**、* 分别表示在1%、5%、10%的置信水平下显著。本章其他表格含义相同，不再重复注释。

6.1.3.2 企业家多元文化背景对企业创新投入的实证分析

本书对模型（6.3）进行回归分析，以验证民营企业家多元文化背景对企业创新投入的影响，回归结果见表6.4。其中，列（1）为未控制企业家特征的回归结果，可见，现金流、销售收入增长率等都是促进企业创新投入的重要因素,这与张信东等(2018)的结论一致,且销售收入持续增长会增加企业将来的经济资源,激励民营企业家大胆创新。此外,资产负债率与创新投入同样存在显著的正相关关系,表明灵活使用外部融资可以提高企业创新投入(胡宗义和冯婷,2018)。本书关注的关键变量 *ME* 在 1% 的显著性水平下正向影响企业创新投入。列(2)控制了企业家任期和年龄后,结论依然成立,说明民营企业家多元文化背景会促进企业创新投入。为保证结论的稳健性,重新构建民营企业家多元文化背景指数(*ME_New*),*ME* 指数大于中位数时,*ME_New* 取 1,否则取 0。列(3)和列(4)为重新回归结果,可见,*ME_New* 在 1% 的显著性水平下与企业创新投入呈正相关,与前述结论一致。因此,假设 H6.1 得证。

表 6.4 民营企业家多元文化背景对企业创新投入的回归结果

变量	(1) RD	(2) RD	(3) RD	(4) RD
ME	0.0219 *** (7.6767)	0.0170 *** (6.0140)		
ME_New			0.0392 *** (5.8165)	0.0327 *** (4.8794)
CF	0.0171 *** (18.2205)	0.0152 *** (16.3382)	0.0256 *** (29.8407)	0.0238 *** (27.9063)
LogSales	0.0029 (0.3342)	− 0.0018 (− 0.2112)	0.0641 *** (8.8422)	0.0580 *** (8.0672)
Sales Growth	0.0270 *** (4.5162)	0.0230 *** (3.9085)	0.0332 *** (5.9550)	0.0298 *** (5.4119)
ROA	0.0264 (0.3813)	0.1424 ** (2.0826)	0.0696 (1.0742)	0.1709 *** (2.6544)
Book Leverage	0.3889 *** (14.7691)	0.3092 *** (11.7414)	0.3580 *** (16.1740)	0.3207 *** (14.5252)
Log(*PPE/Emp*)	0.0580 ** (2.4702)	0.0386 * (1.6673)	0.0192 (1.0415)	0.0026 (0.1432)

续表

变量	(1) RD	(2) RD	(3) RD	(4) RD
Q	0.0057 ** (2.3617)	0.0015 (0.6284)	0.0058 ** (2.4905)	0.0015 (0.6543)
Log(1 + Tenure)		0.2173 *** (14.7407)		0.1893 *** (14.0285)
Log(1 + Age)		0.1343 ** (2.0965)		0.0542 (1.0297)
Constant	−0.3395 *** (−4.3835)	−0.6187 *** (−4.8118)	−0.8178 *** (−12.4752)	−0.9550 *** (−8.7742)
Observations	9550	9550	9550	9550
R^2	0.211	0.208	0.277	0.281

6.1.3.3 企业家多元文化广度对企业创新投入的实证分析

以上研究表明，民营企业家多元文化背景会促进企业创新投入，重新构建民营企业家多元文化背景指数后，结论依然成立。那么，多元文化背景促进创造力的影响因素有哪些？依据前述理论，我们知道广度是多元文化背景到创造力转化的条件之一（Gocłowska and Crisp，2014），为了深化研究，进一步从多元文化背景广度出发，探究民营企业家多元文化背景广度对企业创新的影响。表6.5报告了民营企业家多元文化背景广度对企业创新投入的回归结果。

表6.5 民营企业家多元文化背景广度对企业创新投入的回归结果

变量	(1) RD	(2) RD	(3) RD	(4) RD
ME_B	0.0218 *** (3.3548)	0.0270 *** (4.2343)		

续表

变量	(1) RD	(2) RD	(3) RD	(4) RD
ME_B_New			0.0225 ** (2.4233)	0.0302 *** (3.3085)
CF	0.0175 *** (18.5698)	0.0153 *** (16.4518)	0.0175 *** (18.6304)	0.0154 *** (16.5251)
LogSales	0.0029 (0.3356)	−0.0019 (−0.2201)	0.0029 (0.3371)	−0.0018 (−0.2154)
Sales Growth	0.0277 *** (4.6072)	0.0231 *** (3.9080)	0.0278 *** (4.6213)	0.0232 *** (3.9248)
ROA	0.0118 (0.1704)	0.1412 ** (2.0623)	0.0070 (0.1014)	0.1357 ** (1.9816)
Book Leverage	0.4029 *** (15.3013)	0.3143 *** (11.9327)	0.4037 *** (15.3274)	0.3153 *** (11.9654)
Log(PPE/Emp)	0.0628 *** (2.6671)	0.0409 * (1.7670)	0.0629 *** (2.6695)	0.0410 * (1.7700)
Q	0.0062 ** (2.5527)	0.0016 (0.6500)	0.0065 *** (2.6687)	0.0019 (0.7918)
Log(1 + Tenure)		0.2224 *** (15.0836)		0.2227 *** (15.0898)
Log(1 + Age)		0.1927 *** (3.0220)		0.1860 *** (2.9180)
Constant	−0.3047 *** (−3.9123)	−0.7071 *** (−5.4520)	−0.2808 *** (−3.6322)	−0.6678 *** (−5.1747)
Observations	9550	9550	9550	9550
R^2	0.0875	0.1211	0.0869	0.1203

多元文化背景广度是指个体所涉及新文化的数量，为检验多元文化背景广度对于企业创新投入的影响，我们构建了多元文化背景广度指数

（*ME_B*）。通过三种类型的多元文化背景对民营企业家多元文化背景广度赋值，如果民营企业家拥有多元的地域、企业及教育文化，则该变量赋值为3，拥有其中两种类别的多元文化背景，赋值为2，拥有一种多元文化背景，则赋值为1。民营企业家多元文化背景广度的取值越高，表明民营企业家所涉及的新文化的种类越多。列（1）为多元文化背景广度对企业创新投入的回归结果，可见，多元文化背景广度在1%的显著性水平下与企业创新投入呈正相关关系，其余控制变量回归结果与前述结论一致。列（2）为控制企业家任期和年龄后的回归结果，结论依然成立，表明民营企业家拥有广泛的多元文化背景可以促进企业创新投入。为保证结论的稳健性，重新构建民营企业家多元文化背景广度指数（*ME_B_New*），*ME_B*指数大于等于2时，*ME_B_New*取1，否则取0。列（3）未控制企业家任期和年龄，列（4）为全部控制后的回归结果，结论依然成立。因此，假设H6.2得证。

6.1.3.4 企业家多元文化距离对企业创新投入的实证分析

由上述分析可知，广度是多元文化背景转化为创造力进而促进企业创新投入的重要影响因素。除广度外，文化距离是多元文化背景到创造力转化的另一重要条件。因此，本书进一步探究文化距离对企业创新投入的影响。文化距离是指个体所涉及的原文化与新文化之间差异的程度（Nguyen et al.，2013）。为检验文化距离对于企业创新投入的影响，深入考察民营企业家是否拥有跨东西方文化生活、工作及学习经历、是否拥有跨行业任职经历、是否拥有国企任职经历以及是否拥有跨文理科学习经历，从而构建文化距离指数（*ME_D*），回归结果见表6.6。

表6.6 民营企业家多元文化背景文化距离对企业创新投入的回归结果

变量	(1) *RD*	(2) *RD*	(3) *RD*	(4) *RD*
ME_D	0.0092 (1.4904)	0.0140 ** (2.3137)		

续表

变量	(1) RD	(2) RD	(3) RD	(4) RD
ME_D_New			0.0243 * (1.7154)	0.0420 *** (3.0065)
CF	0.0176 *** (18.7121)	0.0155 *** (16.6459)	0.0176 *** (18.7216)	0.0155 *** (16.6543)
LogSales	0.0027 (0.3141)	−0.0021 (−0.2467)	0.0029 (0.3424)	−0.0017 (−0.2011)
Sales Growth	0.0280 *** (4.6552)	0.0235 *** (3.9744)	0.0278 *** (4.6215)	0.0231 *** (3.9103)
ROA	0.0019 (0.0274)	0.1287 * (1.8807)	0.0036 (0.0515)	0.1326 * (1.9371)
Book Leverage	0.4037 *** (15.3063)	0.3152 *** (11.9409)	0.4040 *** (15.3302)	0.3147 *** (11.9323)
Log(PPE/Emp)	0.0626 *** (2.6562)	0.0405 * (1.7484)	0.0631 *** (2.6786)	0.0411 * (1.7736)
Q	0.0065 *** (2.6637)	0.0019 (0.7784)	0.0064 *** (2.6384)	0.0017 (0.7146)
Log(1 + Tenure)		0.2234 *** (15.1121)		0.2252 *** (15.2052)
Log(1 + Age)		0.1729 *** (2.7102)		0.1714 *** (2.6872)
Constant	−0.2726 *** (−3.5303)	−0.6360 *** (−4.9379)	−0.2727 *** (−3.5323)	−0.6351 *** (−4.9320)
Observations	9550	9550	9550	9550
R^2	0.0865	0.1197	0.0866	0.1201

列（1）为文化距离对企业创新投入的回归结果，可见，文化距离与企业创新投入之间不存在显著的关系，控制民营企业家任期和年龄后，列

（2）的回归结果表明文化距离在5%的显著性水平下正向影响企业创新投入，因为较大文化距离所产生的认知矛盾会促使个体深入思考并形成较强的二元文化认同整合能力，从而激发个体的创造力（Benet-Martínez et al.，2006），促使民营企业家关注企业创新投入，且文化距离对于企业创新投入的促进作用会受到企业家任期和年龄的影响。为保证结论的稳健性，重新构建文化距离指数（ME_D_New），ME_D 大于等于 2，即民营企业家拥有两种及以上距离较大的多元文化背景时，ME_D_New 取 1，否则取 0。列（3）和列（4）为重新回归结果，可见，控制企业家任期和年龄后，ME_D_New 在1%的显著性水平下与企业创新投入呈正相关关系，与前述结论一致。因此，假设 H6.3 得证。

6.1.4 稳健性检验

6.1.4.1 内生性检验

以上研究表明民营企业家多元文化背景与企业创新投入之间存在显著的正相关关系，但也可能由于创新投入较高的企业正好聘用了多元文化背景丰富的民营企业家，这就存在很强的内生性。本书参考卢贝尔（Lewbel，1997）的方法选取适当外生工具变量以消除民营企业家多元文化背景与企业创新投入之间的内生性，该方法之下工具变量的选取无须借助外部变量，仅通过已有解释变量（多元文化背景 ME）和被解释变量（企业创新投入 RD）即可构建，具体如下：

$$Instrumental\ Variable = (RD - RD\ 均值) \times (ME - ME\ 均值) \qquad (6.6)$$

本书通过两阶段回归法（2SLS）对工具变量进行估计，结果见表6.7。可见，第一阶段回归中的工具变量与 ME 存在显著正相关关系，这符合工具变量理论；在第二阶段民营企业家多元文化背景仍与企业创新投入呈显著正相关关系，说明消除内生性后，民营企业家多元文化背景依旧显著正向影响企业创新投入，再次验证了本书结论。

表 6.7　　　　　　　　　　　　　工具变量回归结果

变量	（1） 第一阶段 *ME*	（2） 第二阶段 *RD*
ME		0.4565 ** （2.3115）
Instrumental Variable	0.1234 *** （2.9361）	
CF	− 0.0115 *** （− 2.5927）	0.0404 *** （11.7649）
LogSales	− 0.1306 *** （− 3.2864）	0.1732 *** （5.4581）
Sales Growth	− 0.0117 （− 0.3822）	0.0645 *** （4.2531）
ROA	0.8272 ** （2.1396）	− 0.1328 （− 0.5264）
Book Leverage	0.3931 *** （3.5367）	0.1171 （1.1550）
Log(*PPE/Emp*)	0.1213 （1.4052）	− 0.0432 （− 0.8750）
Q	0.0379 *** （2.6008）	− 0.0091 （− 0.8400）
Log(1 + *Tenure*)	0.6979 *** （8.8622）	− 0.1733 （− 1.1934）
Log(1 + *Age*)	1.2136 *** （4.8304）	− 0.6355 ** （− 2.4312）
Constant	1.9389 *** （3.5687）	− 2.0959 *** （− 4.5321）
F 统计量	18.59	
Observations	9550	9550

6.1.4.2 倾向得分匹配（PSM）检验

我们在进行样本的选取时，不可避免地会出现选择偏差问题，这对于研究结论形成了挑战。为进一步验证本书结论，参考 PSM 检验方法，根据多元文化背景丰富程度设置处理组（文化经历丰富）和控制组（文化经历单一），并选取适当协变量进行 1∶1 邻近匹配，通过平稳性检验后重新进行回归，回归结果如表 6.8 所示。列（1）为未控制企业家特征的回归结果，可以看到民营企业家多元文化背景显著促进了企业创新投入，列（2）控制了企业家年龄和任期后，结果依然成立；进一步，依据中位数重新构建多元文化背景指数（*ME_New*），*ME* 指数大于中位数时 *ME_New* 取 1，否则取 0，列（3）和列（4）为重新回归结果，与前述结论一致，保证了本书结论的稳健。

表 6.8　　　　　　　　　　倾向得分匹配回归结果

变量	(1) *RD*	(2) *RD*	(3) *RD*	(4) *RD*
ME	0.031 *** (3.438)	0.018 * (1.922)		
ME_New			0.056 *** (3.472)	0.046 *** (2.853)
CF	0.003 * (1.891)	0.002 (1.335)	0.013 *** (11.165)	0.012 *** (10.330)
LogSales	0.008 (0.347)	0.001 (0.061)	0.070 *** (4.751)	0.066 *** (4.522)
Sales Growth	0.000 (0.573)	0.000 (0.773)	0.000 (0.063)	0.000 (0.250)
ROA	0.244 ** (2.007)	0.228 * (1.884)	0.156 ** (1.999)	0.168 ** (2.151)
Book Leverage	0.381 *** (4.999)	0.255 *** (3.272)	0.452 *** (9.876)	0.374 *** (8.074)

续表

变量	(1) RD	(2) RD	(3) RD	(4) RD
$Log(PPE/Emp)$	0.062 (0.928)	0.027 (0.398)	0.068 * (1.773)	0.041 (1.074)
Q	0.007 (1.130)	0.004 (0.570)	0.005 (1.177)	0.001 (0.256)
$Log(1+Tenure)$		0.268 *** (5.533)		0.228 *** (7.792)
$Log(1+Age)$		0.554 ** (2.469)		0.293 ** (2.390)
$Constant$	− 0.364 * (−1.679)	− 1.308 *** (−3.122)	− 0.866 *** (−6.512)	− 1.433 *** (−5.944)
$Observations$	5563	5563	9079	9079
R^2	0.0533	0.0277	0.137	0.122

6.1.4.3 企业家多元文化背景指数的重新度量

民营企业家多元文化背景指数度量的准确性直接关乎本书研究结论的准确性，因此，我们尝试改变民营企业家多元文化背景的衡量方式以验证结论是否稳健。已有文献表明，宗教不仅影响个人行为而且影响公司决策（杜兴强等，2016），拥有宗教信仰的高管会潜移默化地提高社会信任感，从而遵守社会规范，放弃短视行为，提升创新决策效率（黄灿等，2019）。此外，宗教通常被视为社会规范或文化的替代变量，基于此，本部分将民营企业家宗教信仰纳入多元文化背景指标的测算。鉴于高管宗教信仰属于非强制披露信息，在数据缺失的情况下，本书参考陈冬华等（2013）、杜兴强等（2016）的方法，若高管生长于寺庙附近，则认为其受寺庙宗教文化影响较深。高管出生地与寺庙的距离通过经纬度来测算，首先获取高管出生地与寺庙地理位置，其次将具体地理位置放入经纬度坐标查询系统内查询，最后测算二者之间的距离，统计企业家出生地方圆 300 公里内全国重点寺庙的个数，寺庙个数位于前 1/3 则宗教信仰指数取 1，否则取 0，重新度量后的多元文化背景指数用 ME_R 表示。由于高管出生地信息缺失，本部分仅选取披露高管出生地信息的样本进行稳健性检验，共得到2298 个样本观测值。其中，我国主要寺庙（佛教、道教、清真教、基督教、天主教）地址信息来自 CNRDS 数据库，经纬度信息通过经纬度在线查询系统手动查询整理。替换民营企业家多元文化背景指数后的回归结果见表 6.9。

表 6.9　　　　　　　　　替换多元文化背景指数的回归结果

变量	(1) RD	(2) RD	(3) RD	(4) RD
ME_R	0.0396 *** (5.7213)	0.0144 ** (2.0868)		
ME_R_New			0.0870 *** (4.4330)	0.0573 *** (2.9483)
CF	0.0190 *** (13.1797)	0.0165 *** (11.8135)	0.0270 *** (19.1262)	0.0241 *** (17.4644)
$LogSales$	0.0569 *** (3.3482)	0.0623 *** (3.8282)	0.1015 *** (6.5175)	0.0991 *** (6.5538)
$Sales\ Growth$	0.0081 (0.6079)	− 0.0062 (− 0.4863)	0.0155 (1.1807)	0.0031 (0.2453)
ROA	− 0.2147 (− 1.6431)	0.0998 (0.7821)	− 0.2405 * (− 1.8705)	0.0647 (0.5096)
$Book\ Leverage$	0.3625 *** (6.6284)	0.2026 *** (3.7623)	0.3770 *** (7.5560)	0.2726 *** (5.5309)
$Log(PPE/Emp)$	0.0331 (0.6808)	− 0.0488 (− 1.0391)	0.0468 (1.0811)	− 0.0130 (− 0.3076)
Q	− 0.0023 (− 0.4789)	− 0.0159 *** (− 3.3933)	− 0.0007 (− 0.1537)	− 0.0137 *** (− 2.9092)
$Log(1 + Tenure)$		0.3816 *** (12.9202)		0.3234 *** (11.5643)
$Constant$	− 0.865 *** (− 5.606)	− 0.995 *** (− 6.710)	− 1.196 *** (− 8.448)	− 1.310 *** (− 9.496)
$Observations$	2298	2298	2298	2298
R^2	0.364	0.347	0.422	0.405

列（1）为未控制企业家任期的回归结果，可见，重新度量后的民营企业家多元文化背景指数 *ME_R* 在 1% 的显著性水平下正向影响企业创新投入。列（2）控制了民营企业家任期后，显著性水平稍有降低，结论依然成立，说明民营企业家多元文化背景会促进企业创新投入。为保证结论的稳健性，重新构建民营企业家多元文化背景指数（*ME_R_New*），高管出生地附近的寺庙个数大于中位数时，*ME_R_New* 取 1，否则取 0。列（3）和列（4）为重新回归的结果，可见，*ME_R_New* 在 1% 的显著性水平下与企业创新投入呈正相关，与前述结论一致。以上分析表明重新度量民营企业家多元文化背景指数后，结论依然稳健。

6.1.4.4　企业创新投入的重新度量

上述分析中，通过重新度量主要解释变量民营企业家多元文化背景对本书结论进行了稳健性检验，此处，通过重新度量被解释变量进一步验证本书结论的稳健性。此处用研发强度替代企业创新投入，重新进行回归，其中，研发强度通过研发支出与营业收入的比值来度量。表 6.10 报告了替换被解释变量后的回归结果。

表 6.10　　　　　　　　替换企业创新投入的回归结果

变量	（1）研发强度	（2）研发强度	（3）研发强度	（4）研发强度
ME	0. 0008 *** (2. 6194)	0. 0006 ** (2. 0231)		
ME_New			0. 0018 ** (2. 0855)	0. 0014 * (1. 6762)
CF	0. 0005 *** (4. 9162)	0. 0004 *** (3. 9583)	0. 0005 *** (5. 0022)	0. 0004 *** (4. 0081)
LogSales	− 0. 0009 (− 0. 9990)	− 0. 0011 (− 1. 2683)	− 0. 0009 (− 1. 0029)	− 0. 0011 (− 1. 2737)
Sales Growth	− 0. 0015 ** (− 2. 4812)	− 0. 0017 *** (− 2. 7685)	− 0. 0015 ** (− 2. 4564)	− 0. 0017 *** (− 2. 7560)

续表

变量	(1) 研发强度	(2) 研发强度	(3) 研发强度	(4) 研发强度
ROA	0.0022 (0.3180)	0.0078 (1.1264)	0.0020 (0.2872)	0.0078 (1.1139)
Book Leverage	− 0.0058 ** (− 2.1809)	− 0.0095 *** (− 3.5245)	− 0.0056 ** (− 2.1042)	− 0.0094 *** (− 3.4890)
$Log(PPE/Emp)$	0.0315 *** (13.3520)	0.0306 *** (12.9991)	0.0316 *** (13.3872)	0.0307 *** (13.0200)
Q	− 0.0003 (− 1.3221)	− 0.0005 ** (− 2.1920)	− 0.0003 (− 1.2314)	− 0.0005 ** (− 2.1303)
$Log(1+Tenure)$		0.0115 *** (7.6495)		0.0115 *** (7.6899)
$Log(1+Age)$		− 0.0065 (− 0.9987)		− 0.0058 (− 0.8875)
Constant	0.0520 *** (6.6722)	0.0595 *** (4.5418)	0.0536 *** (6.9291)	0.0595 *** (4.5425)
Observations	9550	9550	9550	9550
R^2	0.0319	0.0393	0.0316	0.0392

列（1）为未控制民营企业家任期和年龄的回归结果，可见，重新度量企业创新投入后，民营企业家多元文化背景指数 *ME* 在 1% 的显著性水平下正向影响企业创新投入。列（2）控制了民营企业家任期和年龄后，显著性水平稍有降低，结论依然成立，说明民营企业家多元文化背景对企业研发强度有正向的促进作用。为保证结论的稳健性，重新构建民营企业家多元文化背景指数（*ME_New*），*ME* 指数大于中位数时，*ME_New* 取 1，否则取 0。列（3）和列（4）为重新回归结果，可见，未控制民营企业家任期和年龄时，*ME_New* 在 5% 的显著性水平下与企业创新投入呈正相关，控制民营企业家任期和年龄后，显著性水平稍有降低。以上分析表明重新度量企业创新投入后，结论依然稳健。

6.2　企业家多元文化背景特质对企业创新决策的影响渠道研究

　　前面内容论述了民营企业家多元文化背景与企业创新投入之间的关系"是什么"，遵循本书研究逻辑，本章将沿袭企业家创新理论和创造力理论，从企业家创新精神视角来解释民营企业家多元文化背景影响企业创新投入的机理。本章运用中介效应检验方法分别检验风险偏好、社会网络关系、机会识别以及动态创新四个维度的企业家创新精神的中介作用。

6.2.1　研究假设的提出

　　基于创造力理论，多元文化背景主要通过个体的学习效应、适应效应来提高其创造力和创新性。这几种机制客观反映了企业家的个体行为特征，这些特质均属于企业家精神的理论范畴。熊彼特将"创新"赋予企业家精神的内涵之中，将之概括为企业家创新精神，并认为这是推动社会发展进步的不竭动力。此外，鉴于我国大力弘扬企业家创新精神的政策背景，本部分将沿袭企业家创新理论和创造力理论从企业家创新精神视角来解释民营企业家多元文化背景影响企业创新投入的机理。

　　关于企业家创新精神的测度，已有研究大多通过研发投入、专利申请量、专利授权量或新产品数量来间接刻画企业家创新精神（Acs，1996；李宏彬等，2009；解维敏，2016；郝金磊等，2017；代明等，2018）。然而这些代理变量均反映企业创新的具体情况，虽然可以间接映射企业家创新精神，但与企业家的微观特质之间还存在一定差距。以熊彼特为代表的德国学派认为"坚强的意志"和"对胜利的热情"是企业家从事创新活动时不可或缺的品质，二者均表明企业家更倾向于承担风险，面对风险与阻力拥有逆流而上的勇气与魄力。此外，"资源整合能力"同样重要，德国学派将其概括为善于动员和组织社会资源并实现生产要素新组合，因此，企业家的社会地位及社会关系尤为重要；以奈特为代表的芝加哥学派揭示了企业家的性质，认为企业家就是通过识别不确定性中蕴含的机会，并通过对资源整合来把握和利用这些机会获得利润，因而，及时精准地识别创新机会至关重要；以米塞斯为代表的奥地利学派在其"行为经济学"理论中提出任何调整当前行为以实现未来目标的人都是在发挥企业家才能，也就是说那种能够不断适应环境从而实现持续性创新的精神，就是奥地利学派所认为的"企业家精神"。综上所述，为了从企业家微观特质层面来刻画企业家创新精神，且为了能够清晰厘清企业家创新精神到组织创新的转化作用，本书综合德国学派、芝加哥学派、奥地利学派这三个学派对企业家精神的界定，构建企业家创新精神钻石模型，分别从企业家的风险偏好、社会网络关系、机会识别和动态创新这四个维度来实证检验企业家创新精神这一中间影响机制。民营企业家创新精神钻石模型如图6.1所示。

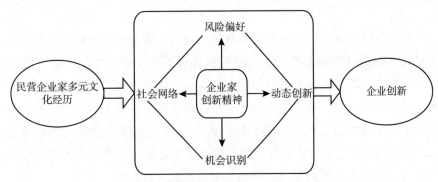

图6.1　民营企业家创新精神钻石模型

6.2.1.1　企业家多元文化背景、风险偏好与企业创新投入

企业创新往往伴随着高风险，且创新投入转化为产出经历时期较长，因此，高管的风险承担意愿尤为关键。然而，高管的风险偏好受其早年经历影响，特别是早期跨文化经历（Efraim et al.，2015；Gennaro et al.，2017；Sunder and Zhang，2017）。一方面，从行为心理角度出发，流动性强的高管会提升自身适应能力以尽快融入不同文化，并在不同文化之间实现无障碍转化，因此在面对不同文化时更加开放包容，甚至倾向于挑战各类风险；而钟情于特定领域的高管则往往倾向于规避风险，拒绝变革。孟

祥展等（2018）也发现，企业战略的新颖程度与高管丰富的文化经历息息相关。另一方面，从业务能力角度出发，多元文化背景增加了企业家的"认知库存"和"技能经验"，这使得他们有勇气面对失败。菲斯克（Fiske，1991）提出，历经职业变动的个体容易形成全新的认知体系，而且这类管理者在进行创新战略选择时可以参考先前经验（Schwenk，2018）。基于以上理论分析，本书拟提出假设：

H6.4：民营企业家多元文化背景通过提高其风险偏好进而提升企业创新投入。

6.2.1.2　企业家多元文化背景、社会网络关系与企业创新投入

心理学理论中关于多元文化背景对创造力的作用表明，多元文化背景通过促进个体在社会网络中的"嵌入"和他们的社会网络关系来提高创造力。民营企业家通过一些多元文化背景会扩大其"人际圈"，增强自身的社会结网能力。同时，企业家创新的成功很大程度上也受到其社会资本的影响（黄宇虹等，2018）。尤其我国上市公司获取信息的正式渠道狭窄，且长久以来在儒家注重群体文化的渲染下，企业家的社会关系网络将成为公司投资信息传递的桥梁。社会网络理论认为个体通过频繁接触所构建网络是获取知识和信息的主要来源，个体通过所获取信息转化为自身经验，会降低公司决策的风险和不确定性。拥有广泛的社会关系网络一方面有利于企业家在解决科技难题过程中融合各方面资源并选取最优的方法或策略，提高创新成功的概率；另一方面企业家是前沿信息学习的最佳个体，考虑到创新研发信息的高度私密性，其广阔的人际关系有助于其在获取和学习行业领导者的研发信息上具有得天独厚的优势，这样将有利于提高创新投资效率。基于以上理论分析，本书拟提出假设：

H6.5：民营企业家多元文化背景通过丰富其社会网络关系进而提升企业创新投入。

6.2.1.3　企业家多元文化背景、机会识别与企业创新投入

鉴于企业创新活动的高创造性，对研发机会的感知和识别对企业家的创新行为尤其重要。良好的机会识别能力已成为创新成功的关键要素。企

业家在进行创新决策时，仅参考自有信息会既费时又费力，成本较高（Bikhchandani et al.，1998），他们往往会参考那些行业领导者的优质信息，从而寻找研发机会。拥有多元文化背景的企业家是机会识别的最佳人选。一方面，多元文化参与者在整合、适应不同文化的过程中会形成新的知识体系，对某一问题的看法和认知也更全面、更深刻，他们善于将捕捉到的信息迅速加工，识别信息中所隐含的机会，当机立断提出创新策略，使已有信息在企业创新决策中发挥更显著的作用。另一方面，拥有多元文化背景的企业家通过其建立的网络圈会拥有多方面的资源，管理者可以对各方资源加以利用，转化为自己的"信息库"，以获取更全面、利用价值更高的研发信息，从而提高信息识别和利用的机会。基于以上理论分析，本书拟提出假设：

H6.6：民营企业家多元文化背景通过提高其机会识别进而提升企业创新投入。

6.2.1.4 企业家多元文化背景、动态创新与企业创新投入

考虑到企业创新的高风险、高创造力和长期性，这类活动开始后，不可避免地会经历失败、突破、再失败、再突破这样一个循环往复的艰难过程，直到诞生新技术、开发新产品（Kelm et al.，1995），这整个过程需要经历很长的时间。如果企业创新活动不具有持续性，那么前期投入的生产就会半途而废，严重损害企业的利益。所以，企业创新必须具有动态性才能保持持续成功。李志刚（2005）指出企业所处的外部环境日新月异，企业必须做好打"持久战"的准备，弹性调整创新策略，以维持其竞争优势。而企业家早期的多元文化背景有助于企业创新维持动态性。第一，企业家多元文化的经历促使其形成了多元的知识体系和认知，这不仅能够产生新颖的想法，还会保证想法的实施和创新的持续。第二，拥有多元文化背景的企业家一般拥有多方面的经验，这些经验有利于处理项目进展中的各种技术难题，这样有利于创新研发项目的持续进行。基于以上分析，本书拟提出假设：

H6.7：民营企业家多元文化背景通过促进动态创新进而提升企业创新投入。

6.2.2　研究设计

6.2.2.1　样本选择

考虑到制造业、信息技术产业、科学研究和技术服务业在企业创新领域颇具代表性，且民营经济作为我国经济体系的重要组成部分，其创新表现反映了市场整体创新水平，故本书聚焦于民营企业，选取 2008~2019 年在沪、深 A 股上市的制造业、信息技术产业、科学研究和技术服务业企业为样本。对样本进行了如下处理：（1）为保证研发滞后数据的完整性，剔除上市 3 年以下且连续 3 年未披露数据的企业；（2）剔除企业家多元文化背景信息缺失或异常的企业；（3）剔除财务数据异常的企业；（4）基于面板数据时间的连续性，本书采用缺失值时间点前后的数据进行补漏处理；（5）经过缩尾处理，得到 1569 家样本的 9550 个观测值。

6.2.2.2　数据来源

本部分所涉及的研发投入数据来自 CNRDS 数据库，其中专利数据采用当年申请的专利数量。企业家创新精神相关数据来自 CNRDS 数据库的高管简历。其他财务数据均来自 CSMAR 数据库，本部分所使用的数据处理软件为 Stata15.0。

6.2.2.3　变量定义

民营企业家风险偏好（RP）。已有研究借助企业杠杆、股票波动率、并购等测度高管风险偏好，无法体现高管本身风险承担意愿，本书立足于民营企业家自身，通过企业家在劳动力市场中的选择权推测其风险偏好。若企业家在外部选择少的情况下依然愿意增加企业创新投资，表明其倾向于承担风险。企业家在劳动力市场中的选择权受当地同行业企业员工竞争力的影响，所在地同行业企业越多，员工竞争越激烈，外部选择越少，这时若拥有多元文化背景的企业家加大创新投资则说明其偏好风险。因此，本书通过企业所在地同行业企业数量来衡量风险偏好，当该值大于中位值时，表明企业家偏好风险，*RP* 值取 1，否则取 0。

民营企业家社会网络关系（*NETWORK*）。*NETWORK* 为六项哑变量之和：（1）金融关系哑变量，高管拥有金融机构任职经历取 1，否则取 0；（2）校友关系哑变量，高管学历在硕士及以上或攻读 EMBA/MBA 取 1，否则取 0；（3）年龄哑变量，年龄位于平均数以上取 1，否则取 0；（4）市场关系哑变量，高管曾经任职企业数大于平均值取 1，否则取 0；（5）网络声誉哑变量，高管曾获得五一劳动奖章、劳动模范或优秀企业家等称号取 1，否则取 0；（6）政治关系哑变量，高管担任过人大代表、政协委员或行政官员取 1，否则取 0。

民营企业家的机会识别（$RD_{行业主导者}$）。由于很难通过数据来捕捉每个企业家对每次研发机会的识别和利用，考虑到同行业的信息特别容易被管理者作为参考，理性的管理者更会依赖同行信息进行决策（Bikhchandani et al.，1998），因此，本书主要通过企业家对所在行业主导者的研发信息是否追随来间接反映企业家的机会识别行为。其中，行业主导者和追随者的划分参考陆蓉等（2017）的方法，分别根据企业的市场占有率（公司经营收入占行业营业收入比例）和公司规模对公司进行排序，排列于前 25% 的公司视为行业主导者，该变量取 1，否则取 0。这里的行业划分遵循 2012 年证监会发布的《上市公司行业分类指引》所规定的二级行业标准。

民营企业家动态创新（*DI*）。已有研究通过量表的方式，运用调查问卷，从洞察力、组织柔性、创新能力三个维度测算动态创新（刘晓静，2013）。与已有测度方法不同，考虑到创新活动的长期性和动态性，本书选择滞后一年（即 t + 1 年）的发明申请总量指标（$DI_{发明专利}$）以及滞后一年（即 t + 1 年）的研发强度指标（$DI_{研发强度}$）来测算动态创新，这将更加完善。

6.2.2.4 模型构建

参考温忠麟（2004）的中介效应检验方法对企业家创新精神这一中间影响渠道进行中介效应检验，从而来验证假设。第一步对模型（6.3）进行回归，第二步和第三步依次对模型（6.7）和模型（6.8）进行回归，具体模型构建思路如下：

$$M_{i,t} = \alpha_0 + \beta_0 ME_{i,t-1} + Controls + d_t + \upsilon_i + \varepsilon_{i,t} \qquad (6.7)$$

$$RD_{i,t} = \alpha_0 + \beta_0 ME_{i,t-1} + \beta_1 M_{i,t-1} + Controls + d_t + \upsilon_i + \varepsilon_{i,t} \qquad (6.8)$$

其中，M 表示中介变量，本书中分别指代风险偏好（RP）、社会网络关系（$NETWORK$）、机会识别（$RD_{行业主导者}$）以及动态创新（DI）四个中介变量。

6.2.3　实证结果分析

6.2.3.1　企业家多元文化背景、风险偏好与企业创新投入的实证结果

通过以上理论分析可知，民营企业家多元文化背景通过影响其风险偏好进而影响企业创新投入，该部分将验证民营企业家风险偏好这一中间影响机制。参照温忠麟（2004）的三步骤法进行中介效应检验，表 6.11 报告了民营企业家风险偏好的中介效应检验结果。步骤一，首先对民营企业家多元文化背景与企业创新投入进行回归，如列（1）所示，民营企业家多元文化背景会显著促进企业创新投入；步骤二，检验拥有多元文化背景的企业家的风险态度，如列（2）所示，有广泛多元文化背景的民营企业家往往更偏好风险；步骤三，同时加入多元文化背景 ME 和风险偏好 RP 变量进行检验，如列（3）所示可见两个变量均和企业创新投入显著正相关，即民营企业家多元文化背景通过对其风险偏好的影响进而提升企业创新投入，说明风险偏好起到部分中介作用，这就验证了假设 H6.4。

表 6.11　民营企业家风险偏好的中介效应检验结果

变量	(1) RD	(2) RP	(3) RD
ME	0.012 *** (6.327)	0.007 ** (2.186)	0.012 *** (6.266)
RP			0.017 *** (2.770)

续表

变量	(1) RD	(2) RP	(3) RD
CF	0.035 *** (40.162)	0.000 (0.241)	0.035 *** (40.169)
LogSales	0.115 *** (16.864)	-0.029 ** (-2.461)	0.115 *** (16.934)
Sales Growth	0.056 *** (9.637)	-0.009 (-0.921)	0.057 *** (9.666)
ROA	0.238 *** (3.437)	0.071 (0.602)	0.237 *** (3.421)
Book Leverage	0.298 *** (14.488)	0.061 * (1.745)	0.297 *** (14.441)
Log(PPE/Emp)	0.012 (0.759)	-0.004 (-0.152)	0.012 (0.763)
Q	0.008 *** (2.985)	0.006 (1.411)	0.008 *** (2.946)
Log(1+Tenure)	0.141 *** (10.014)	0.029 (1.209)	0.140 *** (9.982)
Log(1+Age)	-0.092 * (-1.904)	0.104 (1.265)	-0.094 * (-1.940)
Constant	-1.241 *** (-12.206)	0.430 ** (2.477)	-1.248 *** (-12.276)
Observations	9550	9550	9550
R^2	0.295	0.018	0.296

6.2.3.2 企业家多元文化背景、社会网络关系与企业创新投入的实证结果

除风险偏好外，民营企业家多元文化背景会通过影响其社会网络关系进而影响创新投入，该部分将验证民营企业家社会网络关系这一中间影响

机制。本部分从金融关系、校友关系、年龄、市场关系、网络声誉以及政治关系6个方面测算民营企业家的社会网络关系。表6.12报告了民营企业家社会网络关系的中介效应检验结果。与上面分析基本一致，采用分步骤中介效应检验结果如下：步骤一，首先对民营企业家多元文化背景与企业创新投入进行回归，如列（1）所示，民营企业家多元文化背景会显著促进企业创新投入；步骤二，检验拥有多元文化背景的民营企业家的社会网络关系，如列（2）、列（4）及列（6）所示，回归结果表明有广泛多元文化背景的民营企业家往往拥有丰富的社会网络关系；步骤三，同时加入 ME 和 $NETWORK$ 变量进行检验，结果表明仅在滞后二期时两个变量与企业创新投入显著正相关，这或许是因为民营企业家社会网络关系作用的发挥需要一定时期的沉淀，待这种关系稳定之后，方可发挥作用。以上分析表明，民营企业家多元文化背景通过对其社会网络关系的影响进而提升企业创新投入，说明企业家的社会网络关系起到部分中介作用，假设H6.5得证。

表6.12　　　　　　　　民营企业家社会网络关系的中介效应检验结果

变量	(1)	(2)	(3)	(4)	(5)	(6)	(7)
	不滞后			滞后一期		滞后二期	
	RD	$NETWORK$	RD	$NETWORK$	RD	$NETWORK$	RD
ME	0.020 *** (8.165)	0.076 *** (9.586)	0.020 *** (8.080)	0.045 *** (5.129)	0.022 *** (7.641)	0.017 * (1.693)	0.021 *** (6.472)
$NETWORK_{不滞后}$			0.001 (0.353)				
$NETWORK_{滞后一期}$					0.004 (0.876)		
$NETWORK_{滞后二期}$							0.009 ** (1.989)
CF	0.026 *** (27.575)	0.004 (1.264)	0.026 *** (27.566)	0.002 (0.653)	0.024 *** (22.880)	0.001 (0.419)	0.023 *** (20.180)
$LogSales$	0.074 *** (9.266)	0.044 * (1.743)	0.074 *** (9.257)	0.026 (0.957)	0.079 *** (8.657)	0.012 (0.409)	0.079 *** (7.739)

续表

变量	(1)	(2)	(3)	(4)	(5)	(6)	(7)
	不滞后			滞后一期		滞后二期	
	RD	NETWORK	RD	NETWORK	RD	NETWORK	RD
Sales Growth	0.027 *** (4.279)	−0.040 ** (−2.056)	0.027 *** (4.286)	−0.020 (−0.922)	0.026 *** (3.723)	−0.041 * (−1.752)	0.031 *** (3.939)
ROA	0.297 *** (4.107)	−0.291 (−1.276)	0.297 *** (4.111)	−0.364 (−1.490)	0.399 *** (4.907)	−0.230 (−0.865)	0.422 *** (4.729)
Book Leverage	0.325 *** (13.028)	−0.025 (−0.321)	0.325 *** (13.029)	−0.006 (−0.068)	0.333 *** (11.597)	0.056 (0.571)	0.301 *** (9.214)
Log(PPE/Emp)	0.021 (1.063)	0.069 (1.088)	0.021 (1.059)	0.145 ** (2.080)	0.049 ** (2.139)	0.129 * (1.679)	0.057 ** (2.225)
Q	0.002 (0.649)	0.014 * (1.697)	0.002 (0.642)	0.012 (1.313)	0.004 (1.395)	−0.004 (−0.376)	0.007 ** (2.077)
Log(1 + Tenure)	0.209 *** (13.628)	0.032 (0.653)	0.209 *** (13.624)	0.012 (0.232)	0.214 *** (12.315)	−0.143 ** (−2.489)	0.223 *** (11.571)
Log(1 + Age)	−0.050 (−0.856)	0.852 *** (4.630)	−0.051 (−0.873)	0.562 *** (2.787)	−0.124 * (−1.851)	0.158 (0.702)	−0.094 (−1.247)
Constant	−1.008 *** (−8.442)	−0.011 (−0.030)	−1.008 *** (−8.441)	0.651 (1.597)	−0.955 *** (−7.050)	1.656 *** (3.663)	−1.016 *** (−6.691)
Observations	9550	9550	9550	7981	7981	6440	6440
R^2	0.203	0.019	0.203	0.009	0.190	0.003	0.183

6.2.3.3 企业家多元文化背景、机会识别与企业创新投入的实证结果

上述分析表明，民营企业家多元文化背景通过对其机会识别的影响进而提升企业创新投入，接下来将验证机会识别这一中间影响机制。表6.13报告了民营企业家机会识别的中介效应检验结果。

表 6.13　　　　　　　　民营企业家机会识别的中介效应检验结果

变量	(1)	(2)	(3)	(4)	(5)
	市场占有率			公司规模	
	RD	$RD_{行业主导者\_市场占有率}$	RD	$RD_{行业主导者\_市场占有率}$	RD
ME	0.012 *** (6.327)	−0.003 (−1.126)	0.012 *** (6.546)	−0.008 *** (−2.752)	0.012 *** (6.505)
$RD_{行业主导者\_市场占有率}$			0.106 *** (13.684)		
$RD_{行业主导者\_公司规模}$					0.041 *** (6.000)
CF	0.035 *** (40.162)	0.016 *** (13.917)	0.033 *** (38.216)	0.009 *** (6.613)	0.035 *** (39.738)
$LogSales$	0.115 *** (16.864)	0.168 *** (18.884)	0.097 *** (14.120)	0.012 (1.146)	0.114 *** (16.823)
$Sales\ Growth$	0.056 *** (9.637)	−0.009 (−1.137)	0.057 *** (9.889)	0.004 (0.445)	0.056 *** (9.627)
ROA	0.238 *** (3.437)	0.391 *** (4.302)	0.197 *** (2.864)	0.317 *** (3.070)	0.225 *** (3.253)
$Book\ Leverage$	0.298 *** (14.488)	0.473 *** (17.570)	0.248 *** (11.974)	0.203 *** (6.647)	0.289 *** (14.073)
Log (PPE/Emp)	0.012 (0.759)	−0.303 *** (−14.395)	0.044 *** (2.753)	−0.075 *** (−3.126)	0.015 (0.952)
Q	0.008 *** (2.985)	−0.019 *** (−5.706)	0.010 *** (3.807)	−0.008 ** (−2.103)	0.008 *** (3.119)
Log ($1+Tenure$)	0.141 *** (10.014)	−0.035 * (−1.926)	0.144 *** (10.379)	−0.067 *** (−3.204)	0.143 *** (10.223)
Log ($1+Age$)	−0.092 * (−1.904)	−0.208 *** (−3.300)	−0.070 (−1.459)	−0.154 ** (−2.151)	−0.085 * (−1.775)
$Constant$	−1.241 *** (−12.206)	−0.904 *** (−6.795)	−1.145 *** (−11.345)	0.425 *** (2.806)	−1.258 *** (−12.395)
$Observations$	9550	9550	9550	9550	9550
R^2	0.295	0.246	0.309	0.025	0.298

依然采用分步骤中介效应检验方法，列（3）为依据市场占有率衡量

的行业主导者的回归结果，*ME* 与 *RD*行业主导者-市场占有率均显著正向影响企业创新投入；列（5）显示了依据公司规模衡量行业主导者的回归结果，*ME* 与 *RD*行业主导者-公司规模均与企业创新投入显著正相关。以上分析表明，民营企业家多元文化背景通过对其机会识别的影响进而提升企业创新投入，说明企业家的机会识别起到部分中介作用，假设 H6.6 得证。

6.2.3.4 企业家多元文化背景、动态创新与企业创新投入的实证结果

上述理论分析表明民营企业家多元文化背景还会通过促进动态创新进而提升企业创新投入，该部分将验证动态创新这一中间影响机制。表 6.14 报告了民营企业家动态创新的中介效应检验结果。依旧采用分步骤中介效应检验，结果如下：列（1）中 *ME* 的系数显著前提下，列（2）和列（3）中 *DI* 的回归系数均显著，表明民营企业家多元文化背景通过促进动态创新进而提升企业创新投入；转而用研发强度衡量动态创新时，结果依然成立，说明动态创新起到部分中介作用，假设 H6.7 得证。

表 6.14　　　　　　　民营企业家创新动态的中介效应检验结果

变量	(1)	(2)	(3)	(4)	(5)
	发明专利			研发强度	
	RD	*DI*发明专利	*RD*	*DI*研发强度	*RD*
ME	0.012 *** (6.327)	0.085 ** (2.363)	0.012 *** (4.983)	0.001 *** (2.716)	0.011 *** (5.291)
*DI*发明专利			0.009 *** (10.591)		
*DI*研发强度					2.285 *** (31.346)
CF	0.035 *** (40.162)	0.070 *** (4.456)	0.037 *** (33.798)	−0.000 (−0.191)	0.035 *** (38.882)
LogSales	0.115 *** (16.864)	0.535 *** (4.384)	0.110 *** (13.138)	−0.001 (−0.664)	0.114 *** (16.142)
Sales Growth	0.056 *** (9.637)	0.142 (1.319)	0.060 *** (8.165)	0.010 *** (10.922)	0.033 *** (5.215)

续表

变量	(1)	(2)	(3)	(4)	(5)
	发明专利			研发强度	
	RD	$DI_{发明专利}$	RD	$DI_{研发强度}$	RD
ROA	0.238 *** (3.437)	3.008 ** (2.271)	0.347 *** (3.815)	0.059 *** (5.176)	0.160 ** (2.157)
$Book\ Leverage$	0.298 *** (14.488)	1.677 *** (4.415)	0.292 *** (11.198)	− 0.037 *** (− 10.964)	0.385 *** (17.546)
Log (PPE/Emp)	0.012 (0.759)	− 0.590 ** (− 1.974)	− 0.002 (− 0.108)	0.057 *** (21.670)	− 0.133 *** (− 7.580)
Q	0.008 *** (2.985)	0.015 (0.328)	0.006 * (1.873)	0.006 *** (13.681)	− 0.006 ** (− 2.144)
Log (1 + $Tenure$)	0.141 *** (10.014)	− 0.301 (− 1.149)	0.158 *** (8.767)	0.004 * (1.934)	0.130 *** (8.753)
Log (1 + Age)	− 0.092 * (− 1.904)	− 0.849 (− 0.933)	− 0.101 (− 1.619)	− 0.019 ** (− 2.419)	− 0.052 (− 1.002)
$Constant$	− 1.241 *** (− 12.206)	− 2.675 (− 1.417)	− 1.211 *** (− 9.350)	0.063 *** (3.811)	− 1.361 *** (− 12.606)
$Observations$	9550	6440	6440	7981	7981
R^2	0.295	0.026	0.313	0.183	0.369

6.3　不同情境下企业家多元文化背景特质对企业创新决策的影响差异研究

由上述分析可知，广度和文化距离是多元文化背景转化为创造力进而促进企业创新投入的重要影响因素，且企业家创新精神是民营企业家多元文化背景影响企业创新投入的内在机理。除此之外，多元文化背景作用的发挥还受到其他因素的影响，本章从微观、中观及宏观三个层面出发，分别检验民营企业家性别、公司治理状况以及政商环境对于发挥民营企业家多元文化背景促进企业创新的调节作用。

6.3.1 企业家性别的调节作用分析

表 6.15 给出了按企业家性别分组的回归结果。列（1）和列（2）为按民营企业家性别分组的回归结果，可见，男性组企业家多元文化背景的影响是显著的，女性组则不存在显著的关系，这说明性别一定程度上调节了多元文化背景对于企业创新投入的作用，即相对于女性企业家而言，男性企业家拥有广泛的多元文化背景更易发挥创新驱动作用，这或许是因为女性企业家通常更厌恶风险，不容易过度自信，因而在面对新环境、新文化时，会表现出低于男性的适应能力和整合能力，趋于保守，创新投入不足。

表 6.15　　　　　　　　　　按企业家性别分组的回归结果

变量	(1) 男性	(2) 女性
ME	0.0166 *** (5.4704)	− 0.0015 (− 0.1093)
CF	0.0151 *** (15.6445)	0.0105 *** (3.1907)
LogSales	0.0082 (0.9182)	− 0.0015 (− 0.0504)
Sales Growth	0.0190 *** (3.0772)	0.0334 * (1.8405)
ROA	0.1239 * (1.7321)	0.3170 (1.4207)
Book Leverage	0.3130 *** (11.3671)	0.1431 (1.5701)
Log(PPE/Emp)	0.0676 *** (2.7806)	− 0.2158 *** (− 2.7514)
Q	0.0026 (1.0369)	0.0027 (0.3393)
Log(1 + Tenure)	0.2238 *** (14.4501)	0.3464 *** (3.4154)

变量	(1) 男性	(2) 女性
$Log(1 + Age)$	0.1068 (1.5603)	0.6842 (0.9438)
Constant	-0.6711 *** (-4.9216)	-1.4659 (-1.2046)
Observations	8999	551
R^2	0.1235	0.2265

6.3.2 公司治理状况的调节作用分析

表 6.16 给出了按公司治理状况分组的回归结果。列（1）和列（2）为按公司治理状况分组的回归结果。姜付秀等（2013）曾通过股东持股比例反映公司治理状况，考虑到第一大股东对企业拥有绝对控制权，本书以第一大股东持股比例对样本进行划分，高于34%划分为公司治理约束机制强组，否则为约束机制弱组。可见，在公司治理机制弱的组合中，民营企业家多元文化背景对于企业创新投入的影响更加显著，这或许是因为第一大股东持股比例低，其对民营企业家的约束作用和监督作用相对较弱（Cronqvist et al.，2012），民营企业家促进企业创新投入的自主性更高。

表 6.16　　　　　　　**按公司治理状况分组的回归结果**

变量	(1) 公司治理约束机制强	(2) 公司治理约束机制弱
ME	0.0097 * (1.9325)	0.0198 *** (5.4405)
CF	0.0140 *** (9.4141)	0.0147 *** (11.6113)
LogSales	-0.0236 (-1.2619)	0.0120 (1.2182)

变量	(1) 公司治理约束机制强	(2) 公司治理约束机制弱
Sales Growth	0.0317 *** (2.8370)	0.0116 (1.6201)
ROA	0.1685 (1.1927)	0.0854 (1.0631)
Book Leverage	0.4152 *** (8.4766)	0.2554 *** (7.5240)
$Log(PPE/Emp)$	−0.0211 (−0.4716)	0.0759 *** (2.5928)
Q	0.0022 (0.4977)	0.0003 (0.0896)
$Log(1+Tenure)$	0.1881 *** (6.8327)	0.2191 *** (11.8554)
$Log(1+Age)$	0.3191 *** (2.8182)	0.0473 (0.5692)
Constant	−0.6998 *** (−2.8078)	−0.5943 *** (−3.6837)
Observations	3681	5869
R^2	0.1249	0.1049

6.3.3　政商环境的调节作用分析

表 6.17 为按政商环境分组的回归结果。政府和高管的关系直接影响高管的决策进而影响企业发展，我国幅员辽阔，政商环境水平存在较大地区差异性，因此导致民营企业家多元文化背景对企业创新投入的促进作用不同。本书参考人大国发院政企关系与产业发展研究中心公布的《中国城市政商关系排行榜 2017 年度研究报告》，报告分别从亲近指数、清白指数、政府关心、政府服务、企业负担、政府廉洁及政府透明等七个方面衡

量政商环境指数。考虑到外部环境短期内不会发生较大变化，本书使用
2017 年政商环境指数验证其对 2017 年、2018 年及 2019 年民营企业家多
元文化背景与企业创新投入的调节作用。感到意外的是，与原有良好的营
商环境有利于培育企业家精神（李娟和马丽莎，2020）、有利于促进企业
创新（马骆茹等，2017；陈颖等，2019）等学者的研究结论不同，本书实
证发现在政商环境指数低，即政商环境差的组合中，民营企业家多元文化
背景对于企业创新投入的影响更加显著，而在政商环境指数高，即政商环
境良好的组合中，调节效应并不显著，这或许是因为政商环境在民营企业
家多元文化背景促进企业创新投入方面起到一定的替代作用。在良好的政
商环境下，外在环境因素发挥了巨大的作用，例如优化营商环境显著影响
企业寻租与市场创新的关系（夏后学等，2019）、良好的政商环境通过简
化行政审批手续从而激发创新活力（冯涛和张美莎，2020）等，而民营企
业家多元文化背景所发挥的作用被弱化；相反，面临较差的政商环境时，
金融、法制等正式制度不健全，非正式制度在弥补"制度失灵"过程中将
发挥更大作用（辛杰，2014），因此企业家创新精神的作用显得尤为重要，
从而民营企业家多元文化背景对企业创新投入的促进作用更加显著。

表 6.17　　　　　　　　　　按政商环境分组的回归结果

变量	(1) 政商环境好	(2) 政商环境差
ME	0.0083 (1.4544)	0.0156 *** (2.8049)
CF	0.0011 (0.4524)	0.0007 (0.2017)
LogSales	−0.0067 (−0.3568)	0.0375 * (1.6988)
Sales Growth	0.0198 (1.0059)	0.0160 (0.8710)
ROA	−0.1218 (−0.6206)	−0.3228 (−1.5763)
Book Leverage	−0.0862 (−1.3677)	−0.1430 ** (−2.2113)

变量	(1) 政商环境好	(2) 政商环境差
$\text{Log}(PPE/Emp)$	0.0716 (1.4503)	0.0339 (0.6289)
Q	-0.0261^{***} (-2.7418)	0.0093 (0.9258)
$\text{Log}(1+Tenure)$	0.0019 (0.0535)	0.0337 (0.8344)
$\text{Log}(1+Age)$	-0.1204 (-0.8632)	-0.2583 (-1.6364)
$Constant$	0.2271 (0.7722)	0.0001 (0.0004)
$Observations$	1534	1586
R^2	0.0109	0.0138

6.4 企业家多元文化背景特质对企业 创新决策的经济后果研究

本章将探究民营企业家多元文化背景影响企业创新投入的经济后果。首先,在区分实质性创新和策略性创新的基础上,考察民营企业家多元文化背景在促进企业创新投入后,是否会进一步影响企业创新产出;其次,探究企业创新是否可以作为一种潜在的机制来帮助解释经济的高质量发展,即民营企业家多元文化背景是否通过影响企业创新投入进而促进经济高质量发展。

6.4.1 企业家多元文化背景、企业创新投入与企业创新产出

以上分析表明民营企业家多元文化背景会对企业创新投入产生正向影响,考虑到企业创新的高风险、高创造力和长期性,这类活动开始后,不

可避免地会经历失败、突破、再失败、再突破这样一个循环往复的艰难过程，直到诞生新技术、开发新产品，即并非所有研发投入都会形成实质性的产出，因此，进一步探究创新产出确有必要。技术创新是资源投入和使用效率的最终体现，因而专利可以有效衡量企业创新产出水平，因此，参考霍尔和哈霍夫（Hall and Harhoff，2012），本书以专利申请数量衡量企业创新产出。实质性创新与策略性创新具有不同的目的和表现（黎文靖和郑曼妮，2016），前者服务于企业实际经营活动，能够切实提升企业创新水平，一般通过发明专利的数量来测度；而后者则完全出于达标合规目的，只追求创新数量而忽略质量，其中最具代表性的策略性发明就是新型专利和外观专利。为了研究方便，对专利申请数加 1 后取对数。此外，引入交叉变量 $ME \times RD$，分别对实质性创新与策略性创新进行检验，表 6.18 报告了民营企业家多元文化背景对企业创新产出的回归结果。

表 6.18 第（1）列为 $ME \times RD$ 与实质性创新的回归结果，可见，交叉变量 $ME \times RD$ 在 1% 的显著性水平下与实质性创新正相关。列（2）控制企业家任期与年龄后，结论依然成立，表明民营企业家多元文化背景通过影响企业创新投入从而促进实质性创新。列（3）和列（4）为 $ME \times RD$ 与策略性创新的回归结果，可见，两者间的关系并不显著，表明民营企业家多元文化背景并不会对技术水平较低的策略性创新产生显著影响。

表 6.18　民营企业家多元文化背景对企业创新产出的回归结果

变量	(1)	(2)	(3)	(4)
	实质性创新		策略性创新	
ME	0.0023 (0.3703)	0.0002 (0.0314)	−0.0041 (−0.6430)	−0.0040 (−0.6248)
RD	0.0187 *** (5.4449)	0.0175 *** (5.0780)	0.0278 *** (8.0468)	0.0277 *** (7.9962)
$ME \times RD$	0.0286 *** (2.7733)	0.0273 *** (2.6442)	0.0050 (0.4834)	0.0049 (0.4758)
CF	0.0050 ** (2.3977)	0.0042 ** (2.0019)	−0.0048 ** (−2.3135)	−0.0049 ** (−2.3120)

变量	(1)	(2)	(3)	(4)
	实质性创新		策略性创新	
LogSales	0.0245 (1.2992)	0.0224 (1.1899)	0.0261 (1.3755)	0.0260 (1.3693)
Sales Growth	−0.0035 (−0.2685)	−0.0053 (−0.4013)	0.0015 (0.1144)	0.0015 (0.1131)
ROA	0.3074 ** (2.0185)	0.3614 ** (2.3614)	0.6207 *** (4.0486)	0.6231 *** (4.0415)
Book Leverage	0.2768 *** (4.7507)	0.2417 *** (4.0890)	0.0706 (1.2037)	0.0695 (1.1666)
Log(*PPE/Emp*)	0.0606 (1.1713)	0.0519 (1.0013)	0.1425 *** (2.7352)	0.1422 *** (2.7258)
Q	0.0086 (1.6066)	0.0066 (1.2327)	0.0232 *** (4.3256)	0.0231 *** (4.2779)
Log(1 + *Tenure*)		0.1017 *** (3.0685)		0.0068 (0.2035)
Log(1 + *Age*)		0.0567 (0.3953)		−0.0299 (−0.2067)
Constant	−0.0617 (−0.3617)	−0.1832 (−0.6361)	−0.1504 (−0.8760)	−0.1034 (−0.3564)
Observations	9550	9550	9550	9550
R^2	0.0117	0.0131	0.0137	0.0137

6.4.2 企业家多元文化背景、企业创新投入与经济高质量发展

到目前为止，本书已经证实民营企业家多元文化背景不仅会促进企业创新投入，同时也会增加企业创新产出数量、提升创新产出质量，即企业家拥有丰富的文化经历会作用于企业层面。那么，这种影响是否会进一步作用于经济层面，成为经济高质量发展的"牵引力"？有学者指出文化将影响人们的认知、交流和互动，是影响经济增长的最深层次力量，且创新推动生

产力变革进而成为经济增长的"加速器"（Kogan et al.，2017；Chang et al.，2018）。那么，民营企业家多元文化背景推动企业创新投入以后，是否会成为经济高质量发展的"助推器"？本书接下来将探讨该问题。

高质量发展已成为我国乃至世界未来经济持续发展的重要方向，是富国裕民之重要内涵，高质量发展意味着"全要素生产率"的全面提升。党的十九大报告中首次出现"全要素生产率"的提法，诠释了我国追求高质量发展的国家治理理念的要义（陈明，2020），因此本书用全要素生产率衡量经济高质量发展。学者们大多使用参数法、非参数法和半参数法测算全要素生产率，然而部分方法存在内生性问题，鉴于 OP 法和 LP 法可以避免此问题，本书决定通过这两种方法计算全要素生产率。表 6.19 报告了民营企业家多元文化背景对全要素生产率的回归结果。

表 6.19　　　民营企业家多元文化背景对全要素生产率的回归结果

变量	(1) 全要素生产率_OP	(2) 全要素生产率_OP	(3) 全要素生产率_LP	(4) 全要素生产率_LP
ME	0.0068 * (1.7272)	0.0075 * (1.8887)	0.0309 *** (4.1301)	0.0316 *** (4.2079)
RD	-0.2086 *** (-2.8871)	-0.2195 *** (-3.0383)	0.5699 *** (4.1584)	0.5559 *** (4.0539)
ME × RD	0.0624 *** (3.5305)	0.0634 *** (3.5951)	0.1228 *** (3.6655)	0.1240 *** (3.7022)
CF	0.0096 *** (3.1843)	0.0097 *** (3.2440)	0.0295 *** (5.1844)	0.0297 *** (5.2038)
LogSales	0.2672 *** (15.8668)	0.2670 *** (15.8157)	0.6005 *** (18.7979)	0.5997 *** (18.7142)
Sales Growth	0.0602 *** (4.0588)	0.0609 *** (4.1025)	0.1605 *** (5.7012)	0.1611 *** (5.7229)
ROA	-0.1806 (-1.0005)	-0.1560 (-0.8576)	1.7590 *** (5.1359)	1.7978 *** (5.2060)
Book Leverage	0.3981 *** (9.6480)	0.3957 *** (9.5956)	0.3421 *** (4.3702)	0.3394 *** (4.3359)

变量	(1) 全要素生产率_OP	(2) 全要素生产率_OP	(3) 全要素生产率_LP	(4) 全要素生产率_LP
Log (PPE/Emp)	− 1. 1060 *** (− 32. 9160)	− 1. 1045 *** (− 32. 8416)	− 1. 4593 *** (− 22. 8929)	− 1. 4581 *** (− 22. 8423)
Q	− 0. 0876 *** (− 12. 8248)	− 0. 0884 *** (− 12. 8228)	− 0. 1602 *** (− 12. 3654)	− 0. 1616 *** (− 12. 3459)
Log (1 + Tenure)		0. 0209 (0. 7771)		0. 0356 (0. 6988)
Log (1 + Age)		− 0. 4283 *** (− 4. 3555)		− 0. 5179 *** (− 2. 7745)
Constant	0. 0068 * (1. 7272)	0. 0075 * (1. 8887)	0. 0309 *** (4. 1301)	0. 0316 *** (4. 2079)
Observations	9522	9522	9522	9522
R^2	0. 3291	0. 3304	0. 3334	0. 3339

列（1）和列（2）为按照 OP 法计算的全要素生产率，可见，$ME \times RD$ 在 1% 的显著性水平下与全要素生产率呈正相关关系。列（2）控制了企业家任期和年龄后，结论依然显著，表明民营企业家多元文化背景通过影响创新投入进而推动全要素生产率的提升。列（3）和列（4）采用 LP 法计算全要素生产率，结论依然成立。我们的分析表明，企业创新可以作为一种经济机制，民营企业家丰富的多元文化背景通过促进企业创新投入进而推动经济高质量发展。

6.5 本章小结

苹果公司创始人史蒂夫·乔布斯曾说过，"一个人的人生阅历越丰富，就会有越好的设计"。那么，高管具有丰富的文化经历究竟会对企业和经济发展带来怎样的影响呢？本书以民营企业家为研究对象，旨在探究民营企业家多元文化背景是否影响企业创新，并剖析其中间影响渠道，并考虑微观、中观及宏观因素对其的调节作用，进一步探究其是否会通过影响企业创新投入进而影响创新产出，尤其实质性创新产出，最终推动经济高质量发展。以 2009~2019 年在沪、深 A 股上市且研发创新具有代表性的制造业、信息技术业与科学研究和技术服务业民营企业为研究样本，采用面板回归、2SLS 检验等方法研究发现：

首先，民营企业家多元文化背景、多元文化背景广度、文化距离均会促进企业创新投入。多元文化背景能促使企业家形成多元化的思维结构和广阔的管理视野，具备更为丰富的知识经验，经历丰富的企业家敢于承担创新过程中的风险，拥有广泛的人际网络与丰富的社会资源，在研发信息获取方面具有得天独厚的优势，因此会加大创新投入力度；此外，企业家涉及多种新文化或参与文化距离较大的两种文化时有利于其创造力的激发，即多元文化背景广度和文化距离均会正向影响企业创新投入。

其次，风险偏好、高管社会网络关系、机会识别、动态创新四个维度的企业家创新精神均起到了中介作用。第一，企业创新具有长期性、高风险性等特性，拥有多元文化背景的企业家其抵抗风险能力较强，敢于推动企业创新。第二，拥有广泛的社会关系网络有利于企业家在解决科技难题过程中融合各方面资源，提高创新投资效率。第三，企业家拥有多元文化背景有利于他们第一时间获取最前沿、最有价值的研发信息，从而提高信息识别和利用的机会。第四，企业创新具有长期性和复杂性，具备多元文化背景的企业家拥有多方面丰富的经验，有利于处理项目进展中的各种技术难题，推动创新项目的持续进行。

企业家性别、公司治理状况以及营商环境三种不同情境均调节了民营企业家多元文化背景对企业创新投入的影响。男性民营企业家拥有多元文化背景更会显著促进企业创新投入；公司治理约束机制较弱时、政商环境较差时，民营企业家多元文化背景对企业创新投入影响更显著。

最后，分析民营企业家多元文化背景影响企业创新投入的经济后果发现，民营企业家多元文化背景会通过促进企业创新投入进而提高创新产出，尤其实质性创新产出，最终会推动经济高质量发展。

本研究无论对高管、对企业自身，还是对整个经济增长都有重要的启示意义。首先，于高管而言，党和国家大力支持企业家精神的弘扬，党的十九大《中共中央 国务院关于营造企业家健康成长环境弘扬优秀企业家精神更好发挥企业家作用的意见》的发布将弘扬企业家精神推向了新的高度。本书给予经济新常态下激发企业家创新精神非制度层面的建议，促使企业家正视其早年多元文化背景的作用，积极营造多元文化氛围。其次，于民营企业而言，民营企业家多元文化背景不仅促进企业创新投入，更有利于促进企业实质性创新产出。这为民营企业选聘高管提供了全新的考核角度，不仅关注高管的学历、能力、职业背景等，也应当关注其文化经历，特别是高新技术行业，聘请阅历丰富的高管至关重要。本书从人力资源层面为民营企业实现高质量创新产出提供参考。最后，于整个经济发展而言，文化的繁荣与发展是国家和人民社会经济发展的产物，又反过来对经济发展与社会进步起到推动作用，企业创新可以作为一种经济机制，而民营企业家丰富的多元文化背景通过促进企业创新进而推动经济高质量增长。因此，要正视多元文化的重要性，彰显文化自信，融合多元文化，助推经济高质量发展。

第 7 章

结论、启示与研究局限及展望

7.1　结　　论

已有关于企业家特质的研究大多聚焦于企业家某一个特征进行分析，本书在已有研究基础上，综合考虑了企业家个人经历特质、能力特质、地方感情感特质以及多元文化背景特质四个新的维度，将已有研究中缺失的企业家新特质纳入研究体系，且综合对比分析不同维度企业家行为特质对企业创新的影响差异，这样剥离和细分出企业家不同的行为特质，有利于全面打开企业家这个"黑匣子"，推动企业家在企业创新中的关键作用。通过研究得到以下结论：

7.1.1　企业家个人经历特质与企业创新决策

与已有学者关注管理者从军经历、海归经历等不同，本书选取具有时代特征且不具有自选择性的特殊经历，包括企业家早年三年困难时期经历、改革开放经历以及灾难经历强度。作为历史上前所未有的创举，1978年开始的改革开放无论对个人还是对国家经济发展都有深远影响。通过实证检验有改革开放经历企业家对企业创新的影响发现：有改革开放经历的企业家将会促进企业创新投资进而提高创新产出的数量和质量；尤其当企业家外部选择少时，企业家将承担更大的风险，这时改革开放成长起来的企业家更倾向于承担风险增加创新投资，这主要是因为改革开放成长起来的企业家一般拥有更多元的职业路径，这会在一定程度上抵御外部不确定性风险，进而敢于进行创新投资；此外，通过对比童年、青少年和成年阶段发现，在童年阶段经历改革开放的企业家会更明显促进企业创新投资，这种现象在民企尤为明显。除了改革开放经历，1959～1961年的三年困难时期给当时的经历者留下了不可磨灭的印象，那么有过三年困难时期经历的企业家是否在创新决策中有所不同？通过一系列实证检验后发现，有过三年困难时期经历的企业家会降低未来的企业创新投资，这说明困难的经历促使其形成更保守的特性，不愿对高风险高不确定性的创新活动进行投资；同时这也会制约过度自信企业家的创新投资，个人经历对其决策的影响大于其品质的影响，尤其在童年和青少年时期经历这些对未来的决策影响更明显。那么三年困难时期或灾难经历的强度不同，是否对企业家未来决策的影响也不同？通过实证检验发现，拥有低强度的灾难经历的企业家会促进企业创新投资，而拥有高强度的灾难经历的企业家会抑制企业创新投资，这主要是通过改变企业家的风险承担意愿进而影响创新决策，当企业家经历过较低强度的灾难，该经历会激发其承担风险意愿进而愿意从事创新投资，但当其经历过较强灾难时，该经历会降低其风险承担意愿从而抑制未来的创新投资；如果同时遇上家庭灾难，双重灾难的影响会加剧灾难经历强度对企业创新决策的影响；此外经历不同灾难强度的企业家对未来创新决策的影响不同，进而会影响未来的专利产出及经济高质量发展。综上所述，特殊的时代造就了企业家，无论改革开放、三年困难时期还是灾难事件都会影响企业家的行为决策，均通过影响企业家的风险承担意愿等进而影响其未来的创新决策，且在童年时期经历这些特殊事件对企业家未来决策的影响更深远。

7.1.2 企业家能力特质与企业创新决策

企业家的学历等可以简单表征企业家能力情况，但是这类指标过于片面，通过企业家在职场中的晋升情况等来刻画将更加客观。本部分通过企业家晋升频率、职业路径以及研发经验三个方面来检验企业家能力特质对企业创新决策的影响。第一，通过手工整理企业家早年晋升情况构建晋升频率指数，实证检验得出企业家晋升越快越会促进未来的创新投资，这是因为企业家早年晋升越快越会促使其形成过度自信的品质，这样就不会惧怕创新失败的风险，进而会促进创新投资；而且在年轻阶段晋升越快越能明显影响未来的创新投资；同时这种现象在研发强度较大、约束机制较弱的非国有企业中更为明显。第二，通过构建企业家职业路径指数，实证检验发现，与专一性职业路径相比，具有多元化职业路径的企业家更会促进企业创新投资，这主要是因为具有多元化职业路径的企业家更倾向于容忍创新带来的失败，且擅长通过研发信息学习进而提升创新投资；此外，具有多元职业路径的企业家会提高创新投资进而提升滞后两年的创新产出，尤其对发明专利产出更明显。第三，考虑到拥有研发工作经验的企业家在做创新决策时可能会更明智，本部分实证检验了拥有研发工作经验的企业家对未来创新决策的影响，得出与无研发经验的企业家相比，有研发经验的企业家更能够促进企业的创新投资。这主要是因为有研发经验的企业家会积极获取主导行业或企业的研发信息，通过信息学习进而提高创新决策水平，同时有研发经验的企业家更会降低研发人员的流失比例，通过人员挽留机制提高未来的创新水平，而风险承担机制并不是其影响机制。此外，有研发经验的企业家会促进创新投资进而增加未来三年的专利产出，尤其对发明专利的促进作用更明显。综上可见，企业家晋升越快、拥有多元职业路径且拥有丰富的研发方面经验等，拥有这些特征的企业家能力越强，越能够提高企业的创新水平。高能力企业家提升企业创新的主要渠道为信息学习、容忍失败以及挽留人才，这些也正是企业家精神所在。因此，能力越强的企业家越能激发其创新精神进而提升创新水平。

7.1.3 企业家地方感情感特质与企业创新决策

不同于正式制度的作用，地方感作为企业家对某一地方独有的依附情感与认同，会潜移默化地影响企业家无条件做出利于当地发展的重要决策。本部分通过实证检验企业家地方感情感特质对企业创新决策的影响得出，企业家地方感情感特质能够显著促进企业创新产出。这是因为企业家的地方感减少了企业家的短视行为，且能帮助企业家获得更广阔的社会关系网络，这些条件将激发了他们的创新热情，从而促进企业创新。通过机制检验得出，企业家的地方感情感特质会激发其创新精神进而促进创新水平提升，具体为提升其风险偏好、扩大其社会关系网络、促进其动态创新，而对机会识别没有显著影响，这是因为对于创新前沿信息的敏锐嗅觉、洞察力更多地依靠企业家的创造力以及科研经验，而不能被地方感取代。此外，异质性检验发现，从企业外部环境来看，企业家地方感对企业创新产出的促进作用在经济发展水平较差的地区更加明显；地区创新文化环境能够显著增强企业家地方感对企业创新产出的促进作用。从企业层面来看，在非国有企业中企业家地方感对企业创新产出的提升作用更强，这是由于在国有企业中具有地方感的企业家往往也同时具有政府官员的身份，对企业所在地的情感以及政府官员的身份可能成为他们的"束缚"，使得他们的创新表现受到保就业、保增长等社会责任履行的挤压；我们还发现公司股权激励对企业家地方感与企业创新的关系没有显著影响，这说明企业家地方感对企业创新的促进作用具有持续性，不会轻易被"物质"左右。从企业家个人层面来看，企业家的创新意识可以正向调节企业家地方感对企业创新产出的促进作用；另外，企业家年龄可以显著增强企业家地方感对企业创新产出的提升作用，这是因为随着年龄的增加，企业家对企业所在地的地方感与日俱增，并且在长期的从业经历中积累了大量关于创新的经验与教训，因此他们的创新表现优于"冒进"的年轻企业家。最后，经济后果分析发现，企业家地方感可以通过促进企业创新产出进而提升企业价值、推动企业高质量发展。

7.1.4 企业家多元文化背景特质与企业创新决策

企业家具有丰富的多元文化背景究竟会对企业和经济发展带来怎样的影响？本部分旨在探究企业家多元文化背景特质是否影响企业创新，剖析其中间的影响渠道，并考虑微观、中观及宏观因素对其的调节作用，进一步探究其经济后果。采用面板回归、2SLS 检验等方法研究发现：第一，企业家多元文化背景、多元文化广度、文化距离均会促进企业创新投入。这是因为多元文化背景能促使企业家形成多元化的思维结构和广阔的管理视野，具备更为丰富的知识经验，经历丰富的企业家敢于承担创新失败的风险，拥有广泛的人际网络与丰富的社会资源，在研发信息获取方面具有得天独厚的优势，因此会加大创新投入力度；此外，企业家涉及多种新文化或参与文化距离较大的两种文化时有利于其创造力的激发，即多元文化背景广度和文化距离均会正向影响企业创新投入。第二，风险偏好、社会网络关系、机会识别、动态创新四个维度的企业家创新精神均起到了中介作用。企业创新具有长期性、高风险性等特性，拥有多元文化背景的企业家其抵抗风险能力较强，敢于推动企业创新。且拥有广泛的社会关系网络有利于企业家在解决科技难题过程中融合各方面资源，提高创新投资效率。同时，企业家拥有多元文化背景有利于他们第一时间获取最前沿、最有价值的研发信息，从而提高信息识别和利用的机会。企业创新具有长期性和复杂性，具备多元文化背景的企业家拥有多方面丰富的经验，有利于处理项目进展中的各种技术难题，推动创新项目的持续进行。第三，企业家性别、公司治理状况以及营商环境三种不同情境均调节了企业家多元文化背景对企业创新投入的影响。男性企业家拥有多元文化背景更会显著促进企业创新投入；公司治理约束机制较弱时、政商环境较差时，企业家多元文化背景对企业创新投入的影响更显著。最后，经济后果研究发现，我国企业家多元文化背景会通过促进企业创新投入进而提高创新产出，尤其实质性创新产出，最终会推动经济高质量发展。

7.2 启　示

从以上结论可看出，企业家的行为特质对企业家创新精神的激发进而对未来企业的创新发展至关重要。那么，如何强化企业家自有特质进而激发其创新精神推动企业创新进程？如何约束和规避企业家特质对企业创新的负面影响？这些问题的解决对企业和国家的创新发展有重要意义。根据本书所得结论，结合我国现实情境，由微观到宏观，从内部到外部，分别从企业家层面、企业层面以及国家层面出发，提出以下政策建议：

（1）企业家层面，增强专业知识储备，扩大社会关系网络，丰富多元文化背景，培育自身创新精神意识。企业家是实现新要素组合的创新者、实施者。企业家的能力提升对企业未来的研发方向、创新战略、企业绩效提升至关重要。通过本书研究结论可知，第一，企业家早年的三年困难时期经历、灾难经历等特殊经历会影响企业创新决策，但是时代背景赋予的特殊经历是无法选择和逆转的，而经历对个体造成深刻的烙印，影响企业家未来面对风险的态度和决策。尽管难以避免非理性决策下的负面影响，然而企业家通过丰富其知识体系可以最大可能规避掉非理性行为所带来的损失。第二，企业家的能力提升对企业创新至关重要。企业家应不断丰富自身视野，时刻关注前沿科技发展状况，丰富自身研发方面的经验，从而激发其创造力。同时，社会关系网络丰富的企业家更有利于获取最前沿的一手研发信息，通过信息学习机制提高决策效率。因此积极参与企业家论坛等活动、加强产学研合作、拓宽国内国际合作交流是吸收和学习外部先进技术和经验最便捷的途径。第三，拥有多元化的文化背景对提高企业家创造力进而提升创新决策效率非常重要。"创新之神"乔布斯游历日本途经金阁寺，受湖面启发设计出 Macbook Air 和 iPad 水平如静的屏幕，且受日本"禅学"影响，将"极简主义"风格融入产品设计。企业家应该积极营造多元的文化氛围，敢于接受新文化、新事物，吸取多元文化的精髓，时刻用创新眼光看待发展，用创新性的思想引领企业未来的创新。

（2）企业层面，通过完善的公司治理体系激发企业家创新精神，促进企业创新发展。企业家创新精神的培育从根本上还是需要从企业治理入手。第一，完善选聘机制。摒弃传统的行政任命制度，建立以董事会为主体，通过内外部经理人市场的公开选拔的招聘制度。在选聘高管过程中不仅要注重高管的逻辑分析能力、沟通能力等专业能力，还应关注其早年重要经历，聘请具有多元文化背景、多元职业经历的高管对提升创新决策水平很重要。第二，健全激励机制。企业创新成功的重要前提是企业家具有冒险精神以及良好的风险承担能力。这不仅是企业家价值的体现，也是实现创新的成本所在。有效的企业激励机制才能够激发企业家通过创新活动实现效用最大化。例如，企业应当完善其报酬结构，不仅包括基本工资和绩效，还应包括风险收入，不仅有短期激励还应有长期激励，这样企业高管才有可能有动力去创新。此外，还可以为创新失败提供保险制度，为管理者由于非主观因素带来的创新损失进行补偿，完善创新容错机制，提高企业家的风险承担能力。第三，建立制衡机制。企业的创新决策是一个复杂的系统，不是任何一个个体的行为决策决定的，而是受到企业内高管团队集体成员的相互影响，即企业高管团队异质性共同决定了企业的创新决策。因此，通过顶层设计配置优质的高管团队制衡高管个体非理性行为带来的负面影响也是可行的措施。例如，营造民主、开放的信息交流氛围，建立公司治理信息系统，确保管理者团队成员之间充分交流和分享信息；规范决策程序，确保全员充分参与，将决策中人为因素降到最小，有效规避由于某个人非理性决策带来的损失。

（3）国家层面，营造良好的外部环境为弘扬企业家创新精神"保驾护航"，真正发挥企业家和企业在科技创新中的主体地位。实现制度和非制度的耦合才可以真正实现企业家精神的"催化剂"作用。第一，完善制度环境。良好的制度环境对企业家精神的培育至关重要。政府应制定有效的税收、监管和再分配等市场制度，充分发挥企业家在市场中的主动性，防止过度干预，激发企业家的创新主动性。同时，提供良好的财政税收政策，为鼓励企业家创新释放有利的政策信号。政府应积极改善营商环境，加快构建清、亲的政商关系，摒弃当前不合理的行政审批制度，最大限度地清理各类不合理的审批程序，减少权力设租的空间和机会，为企业家开展创新活动提供制度保障。第二，提供有利于企业家精神生长的经济环境。完善的技术资源、高水平的人力资本、多元的融资渠道以及完整的产业链和创新链等这些经济因素是企业家精神生长的重要条件。政府应健全人才、资金等创新要素配置机制，吸引海内外优秀研发人才，提供充足的创新资金储备，为企业家精神培育提供良好的经济环境。第三，营造适宜企业家精神生存的人文环境。企业家精神根植于良好的人文环境中。政府积极营造尊重企业家敢闯敢试、敢冒险、敢失败的文化氛围至关重要。注重人文精神的培育，厚培企业家归属感以及创新精神的土壤，让人才"引得进、留得住"。

7.3 研究局限及展望

7.3.1 研究局限

本书在巧妙嫁接心理学理论与管理学理论跨学科研究基础上，综合企业家个人经历特质、能力特质、地方感情感特质以及多元文化背景特质四个新维度，深入探究企业行为特质对企业创新决策的影响，剖析背后影响机制，探究外在环境调节作用，拓展其对经济后果的影响。在补充已有管理者特质及创新理论基础上，已得到探索性的新结论。但是在研究中也存在一些不足：

首先，研究数据获取的局限性。能够客观获取企业家相关背景的数据，这是管理者特质方面研究的重点和难点。由于上市公司对 CEO 等企业家信息披露的有限性，无法获得完善的数据。本书所涉及到的灾难经历、三年困难时期经历、职业晋升情况、多元文化背景等指标均为企业家层面最微观的数据指标，仅靠数据库的资料难以满足。鉴于我们研究团队持续研究管理者特质的优势，已建立自己的数据库，然后我们进一步通过搜索新浪财经、东方财富网、百度百科等网络资源不断完善和补充数据。尽管我们已尽力克服数据困难问题，但是由于手工整理数据工作量大，难免会有一些误差，这就影响指标刻画的客观性进而影响研究结论。未来随着微观数据的不断完善，有待进一步检验研究结论的稳健性。

其次，研究样本范围有待扩大。考虑到企业 CEO 在企业中拥有最高的决策权和经营权，且企业 CEO 的数据相对容易获取，因此本书主要通过企业 CEO 作为企业家进行相关研究。然后，根据企业家的定义，企业的创始人或者企业的董事长等在企业创新发展中也起着举足轻重的作用，尽管通过查阅资料大部分企业的 CEO 与创始人以及董事长均为同一个人，但是现实案例中还存在各种差异，未来研究中将扩大研究范围。此外，本研究主要以制造业、信息技术业等研发强度较高的行业为样本进行研究，未纳入不同行业，可能不具有普适性，未来可拓展研究样本范围再检验。

再次，研究方法有待多样化。本研究主要通过理论分析和实证检验来探究企业家行为特质对企业创新的影响。但是，实证研究方法具有天然的局限性，数据检验与现实存在脱轨的可能性，未来可以对企业家通过实地访谈进行调研，结合案例研究法丰富已有研究。

最后，研究对策有效性有待检验。本书主要根据已有研究结论和理论提出相应的对策建议，但是这些对策建议是否符合企业现实情况，是否全面考虑企业家的实际需求，这一系列问题都有待在实际应用中进行检验。

7.3.2　研究展望

创新是一个永恒的话题，无论对学术界还是实务界来说，提升企业创新能力都是未来值得深耕的课题。随着行为金融的兴起，对管理者特质与企业创新的关注成为跨学科研究的热点。本研究为管理者特质研究提供了新视角新观点，丰富了企业创新影响因素研究，但由于数据获取、变量刻画等多方面的问题，该领域的研究还有待进一步探索。

第一，挖掘企业家更多的行为特质，扩宽管理者特质研究的新维度。

由于企业家的定义并未形成统一的结论，对其独特个体研究并形成一般性的结论存在一定的困难。企业家定义及特质方面的研究有待提出更为系统的理论体系。在未来研究中，一方面可以探究更多未被发现的企业家其他行为特质，另一方面可以考虑企业管理者团队的共同或异质特质对企业决策的影响，为该领域研究提供新思路。

第二，运用案例研究等新方法，深化企业家与企业创新研究。

由于实证研究独有的局限性，无法全面考量企业家背后的制度、经济及文化环境对企业创新的影响。未来研究中可通过案例研究、机器学习、文本分析等方法，通过走访和调研，深入接触企业家和企业，通过经典案例全面理解文化制度等对企业家精神的影响。

第三，拓展研究对象范围，丰富企业创新理论。

针对本书研究样本不足的缺陷，未来研究中可扩展研究样本到全样本，或者将专精特新等中小企业纳入研究范围，对比分析不同规模、不同发展阶段企业的企业家行为特质的作用。此外，在宏观和微观交叉研究的浪潮下，笔者也开展了一系列交叉性研究，未来研究中不仅可将企业家行为特质放置企业创新研究中，还可放在城市创新及区域创新范畴中，以期验证企业家创新精神的重要作用。

参 考 文 献

[1] 毕晓方，李海英，宋雪如．高管过度自信对企业创新的影响：财务冗余的中介作用与调节作用 [J]．科技进步与对策，2016，33（7）：108 – 114．

[2] 卜美文，张俊民．企业家精神、审计治理与公司价值——基于中国上市公司的经验证据 [J]．中央财经大学学报，2021（3）：74 – 87．

[3] 蔡令兵．企业价值与企业评估值 [J]．企业管理，2022（11）：114 – 116．

[4] 曹春方，刘秀梅，贾凡胜．向家乡投资：信息、熟悉还是代理问题？[J]．管理世界，2018，34（5）：107 – 119，180．

[5] 曹树基．1959～1961 年中国的人口死亡及其成因 [J]．中国人口科学，2005（1）：16 – 30 + 97．

[6] 常建坤．中国传统文化与企业家创新精神 [J]．经济管理，2006（18）：77 – 81．

[7] 陈冬华，胡晓莉，梁上坤，等．宗教传统与公司治理 [J]．经济研究，2013，48（9）：71 – 84．

[8] 陈国辉，殷健．CFO 任职经验与会计信息可比性——基于高层梯队理论的实证分析 [J]．山西财经大学学报，2018，40（12）：106 – 120．

[9] 陈红，张玉，刘东霞．政府补助、税收优惠与企业创新绩效——不同生命周期阶段的实证研究 [J]．南开管理评论，2019，22（3）：187 – 200．

[10] 陈劲，邱嘉铭，沈海华．技术学习对企业创新绩效的影响因素分析

[J]. 科学学研究, 2007 (6): 1223-1232.

[11] 陈明. 财政分权、政府竞争与企业全要素生产率 [J]. 技术经济与管理研究, 2020 (12): 76-81.

[12] 陈庆江, 王彦萌, 兰珊. 普惠化制度安排、选择性直接支持与企业研发绩效——政府参与的异质性创新治理效应 [J]. 科研管理, 2021, 42 (1): 78-87.

[13] 陈伟, 赵富洋. 自主创新过程中的企业家精神 [J]. 科技管理研究, 2008 (3): 11-12.

[14] 陈侠. "多元文化提升创造力" 心理效应的教育思考 [J]. 四川教育, 2013 (11): 42.

[15] 陈晓红, 高阳洁. 企业家人口统计特征对中小企业融资约束的影响机制研究 [J]. 科研管理, 2013, 34 (12): 110-119.

[16] 陈修德, 梁彤缨, 雷鹏, 等. 高管薪酬激励对企业研发效率的影响效应研究 [J]. 科研管理, 2015, 36 (9): 26-35.

[17] 陈颖, 陈思宇, 王临风. 城市营商环境对企业创新影响研究 [J]. 科技管理研究, 2019, 39 (12): 20-28.

[18] 陈志斌, 汪官镇. CEO自由裁量权与企业投资效率 [J]. 会计研究, 2020 (12): 85-98.

[19] 程虹. 别宠坏了企业家 [N]. 第一财经日报, 2016-10-13 (A11).

[20] 程令国, 张晔. 早年的饥荒经历影响了人们的储蓄行为吗?——对我国居民高储蓄率的一个新解释 [J]. 经济研究, 2011, 46 (8): 119-132.

[21] Christopher Marquis. 理论化历史进程: 对中国管理的启示 [J]. 管理学季刊, 2018, 3 (3): 24.

[22] 崔秀梅, 王敬勇, 王萌. 环保投资、CEO海外经历与企业价值: 增值抑或减值?——基于烙印理论视角的分析 [J]. 审计与经济研究, 2021, 36 (5): 86-94.

[23] 代明, 郑闻. 企业家创业、创新精神与全要素生产率增长——基于中国省际面板数据的实证分析 [J]. 科技管理研究, 2018, 38 (1): 156-162.

[24] 代昀昊，孔东民．高管海外经历是否能提升企业投资效率［J］．世界经济，2017，40（1）：168－192．

[25] 戴维奇，刘洋，廖明情．烙印效应：民营企业谁在"不务正业"？［J］．管理世界，2016（5）：99－115，187－188．

[26] 邓金钱，何爱平．地方财政支农支出提升农业生产抗灾能力研究：基于中国省际面板数据的实证检验［J］．灾害学，2017，32（1）：5－10．

[27] 丁翠英．同籍高管身份认同与公司治理：来自中国上市公司的证据［J］．青海民族大学学报（社会科学版），2021，47（4）：41－49．

[28] 杜兴强，蹇薇，曾泉，等．宗教影响、控股股东与过度投资：基于中国佛教的经验证据［J］．会计研究，2016（8）：50－57，97．

[29] 杜勇，谢瑾，陈建英．CEO金融背景与实体企业金融化［J］．中国工业经济，2019（5）：136－154．

[30] 冯涛，张美莎．营商环境、金融发展与企业技术创新［J］．科技进步与对策，2020，37（6）：147－153．

[31] 傅传锐，杨涵，潘静珍，等．高管背景特征、产品市场竞争与智力资本信息披露——来自我国A股高科技行业的经验证据［J］．财经理论与实践，2018，39（5）：80－87．

[32] 高勇强，聂雨朦，何晓斌．企业家出身背景与创新投入的关系研究［J］．科研管理，2023，44（3）：158－166．

[33] 高志刚，李明蕊，韩延玲．企业家精神对经济高质量发展的影响研究——兼论数字普惠金融的调节作用［J］．管理学刊，2023，36（2）：25－43．

[34] 古利平，张宗益，康继军．专利与R&D资源：中国创新的投入产出分析［J］．管理工程学报，2006（1）：147－151．

[35] 顾倩妮，苏勇．职业适应能力对管理者职业成功的影响——适应性绩效的中介效应［J］．当代财经，2016（10）：80－86．

[36] 韩冬．企业家创新精神研究［D］．长春：长春理工大学，2009．

[37] 韩忠雪，崔建伟．技术高管、制度环境与技术效率［J］．软科学，2015，29（3）：33－37．

[38] 韩忠雪, 崔建伟, 王闪. 技术高管提升了企业技术效率吗? [J]. 科学学研究, 2014, 32 (4): 559 - 569.

[39] 郝金磊, 邢相炀. 企业家创新精神对我国经济增长的影响研究 [J]. 天津商业大学学报, 2017, 37 (4): 55 - 59.

[40] 郝盼盼, 张信东, 贺亚楠. CEO 研发工作经历对企业研发活动的影响研究 [J]. 软科学, 2019, 33 (8): 7 - 13.

[41] 郝盼盼, 张信东, 贺亚楠. 多元化还是专一性更好——高管早年职业路径与企业创新关系研究 [J]. 科技进步与对策, 2019, 36 (18): 129 - 138.

[42] 郝盼盼, 张信东, 贺亚楠. 晋升越快越好吗——CEO 早年晋升经历与企业创新投资 [J]. 当代财经, 2018 (12): 65 - 76.

[43] 郝盼盼, 张信东. 融资约束下 CEO 过度自信是否会导致企业 R&D 投资扭曲? [J]. 科技进步与对策, 2017, 34 (2): 147 - 152.

[44] 郝颖, 刘星, 林朝南. 我国上市公司高管人员过度自信与投资决策的实证研究 [J]. 中国管理科学, 2005, 13 (5): 142 - 148.

[45] 郝忠立. 云南省中小企业创业者人口背景特征、创业动机和企业绩效的关系研究 [D]. 昆明: 云南财经大学, 2012.

[46] 何威风, 刘巍, 黄凯莉. 管理者能力与企业风险承担 [J]. 中国软科学, 2016 (5): 107 - 118.

[47] 何霞, 苏晓华. 高管团队背景特征、高管激励与企业 R&D 投入——来自 A 股上市高新技术企业的数据分析 [J]. 科技管理研究, 2012, 32 (6): 100 - 108.

[48] 何瑛, 于文蕾, 戴逸驰, 等. 高管职业经历与企业创新 [J]. 管理世界, 2019, 35 (11): 174 - 192.

[49] 何瑛, 张大伟. 管理者特质、负债融资与企业价值 [J]. 会计研究, 2015 (8): 65 - 72 + 97.

[50] 贺亚楠, 张信东, 郝盼盼. 海归高管专业背景与 R&D 操纵的检验 [J]. 财经问题研究, 2019 (3): 60 - 67.

[51] 胡德状, 刘双双, 袁宗. 企业家创业过度、创新精神不足与"僵尸企业"——基于"中国企业—劳动力匹配调查"(CEES) 的实证研

究 ［J］. 宏观质量研究, 2019（4）：64 - 79.

［52］胡珺, 宋献中, 王红建. 非正式制度、家乡认同与企业环境治理 ［J］. 管理世界, 2017（3）：76 - 94, 187 - 188.

［53］胡楠, 薛付婧, 王昊楠. 管理者短视主义影响企业长期投资吗？——基于文本分析和机器学习 ［J］. 管理世界, 2021, 37（5）：139 - 156, 11, 19 - 21.

［54］胡元木. 技术独立董事可以提高创新产出效率吗——来自中国证券市场的研究 ［J］. 南开管理评论, 2012, 15（2）：136 - 142.

［55］胡宗义, 冯婷. 外部融资结构对企业技术创新的影响研究——基于我国信息技术行业上市公司的实证分析 ［J］. 工业技术经济, 2018, 37（1）：3 - 10.

［56］黄灿, 贾凡胜, 蒋青嬗. 中国宗教传统与企业创新——基于佛教传统的经验证据 ［J］. 管理科学, 2019, 32（4）：62 - 75.

［57］黄亮, 黄文锋, 徐辉. 企业家战略执行能力的提升：大五人格与环境复杂性的作用 ［J］. 广东财经大学学报, 2015, 30（3）：41 - 52.

［58］黄林洁琼, 刘慧瀛, 安蕾, 等. 多元文化背景促进创造力 ［J］. 心理科学进展, 2018, 26（8）：1511 - 1520.

［59］黄微平, 陈星. 高管技术烙印对高科技企业绿色创新能力的影响——基于数字赋能视域 ［J］. 软科学, 2023：1 - 10.

［60］黄新建, 李孟珂. 股权质押、过度自信与企业创新——来自我国民营企业的经验证据 ［J］. 软科学, 2020, 34（3）：43 - 48.

［61］黄宇虹, 捷梦吟. 关系、社会资本与小微企业创新 ［J］. 科研管理, 2018, 39（11）：27 - 39.

［62］纪炀, 周二华, 龙立荣. 所有制和市场竞争调节作用下的 CEO 自恋与企业研发投资研究 ［J］. 管理学报, 2019, 16（8）：1142 - 1152.

［63］江希和, 王水娟. 企业研发投资税收优惠政策效应研究 ［J］. 科研管理, 2015, 36（6）：46 - 52.

［64］姜波. 科技型中小企业技术创新绩效与企业社会资本的关联机制研究——基于技术创新绩效信息披露的调节效应 ［J］. 科技进步与对策, 2011, 28（4）：64 - 69.

[65] 姜付秀，黄继承．CEO 财务经历与资本结构决策 [J]．会计研究，2013 (5)：27 – 34.

[66] 姜付秀，伊志宏，苏飞，等，管理者背景特征与企业过度投资行为 [J]，管理世界，2009 (1)：130 – 139.

[67] 蒋薇薇，王喜．企业家声誉会影响民营企业商业信用融资吗 [J]．贵州财经大学学报，2015 (3)：39 – 48.

[68] 焦娟妮，范钧．顾客——企业社会价值共创研究述评与展望 [J]．外国经济与管理，2019，41 (2)：72 – 83.

[69] 康华，王鲁平，康健．基于高阶理论的企业家特征与研发支出关系研究 [J]．经济经纬，2012 (6)：82 – 86.

[70] 孔东民，李天赏，代昀昊．CEO 过度自信与企业创新 [J]．中大管理研究，2015 (1)：80 – 101.

[71] 黎文飞，唐清泉．政府行为的不确定抑制了企业创新吗？——基于地方财政行为波动的视角 [J]．经济管理，2015，37 (8)：45 – 54.

[72] 黎文靖，郑曼妮．实质性创新还是策略性创新？——宏观产业政策对微观企业创新的影响 [J]．经济研究，2016，51 (4)：60 – 73.

[73] 李兵，岳云嵩，陈婷．出口与企业自主技术创新：来自企业专利数据的经验研究 [J]．世界经济，2016，39 (12)：72 – 94.

[74] 李常洪，郭嘉琦，宋志红，等．创新投入、创新产出与企业绩效：基于 CDM 模型的实证研究 [J]．华东经济管理，2013，27 (5)：164 – 168.

[75] 李广，黄福广．企业家社会资本与新企业对风险资本融资选择的实证研究 [J]．当代财经，2016 (2)：122 – 129.

[76] 李海燕．管理者特质、技术创新与企业价值 [J]．经济问题，2017 (6)：91 – 97.

[77] 李宏彬，李杏，姚先国，等．企业家的创业与创新精神对中国经济增长的影响 [J]．经济研究，2009 (10)：99 – 108.

[78] 李后建．市场化、腐败与企业家精神 [J]．经济科学，2013 (1)：99 – 111.

[79] 李吉园，邓英雯，张敏．本地 CEO 与企业避税：家乡认同还是寻

租？［J］. 会计研究，2020（7）：119－130.

［80］李家新，于永华，冷护基. 教学管理制度改革与创新教育的实践探索［J］. 高校教育管理，2009，3（5）：6－11.

［81］李娟，马丽莎. 营商环境对企业家精神的影响研究［J］. 商业经济，2020（2）：105－107.

［82］李莉，于嘉懿，顾春霞. 政治晋升、管理者权力与国有企业创新投资［J］. 研究与发展管理，2018，30（4）：65－73.

［83］李强. 技术创新、行业特征与制造业追赶绩效［J］. 科学学研究，2016，34（2）：312－320.

［84］李卿云，王行，吴晓晖. 董事会国际化、地区廉洁程度与研发投资［J］. 管理科学，2018，31（5）：131－146.

［85］李世刚. 女性高管、过度投资与企业价值—来自中国资本市场的经验证据［J］. 经济管理，2013（7）：74－84.

［86］李维安，王辉. 企业家创新精神培育：一个公司治理视角［J］. 南开经济研究，2003（2）：56－59.

［87］李新安. 区域创新能力对经济发展质量提升的驱动作用研究［J］. 区域经济评论，2020，44（2）：65－74.

［88］李新春，王珺，丘海雄，张书军. 企业家精神、企业家能力与企业成长——"企业家理论与企业成长国际研讨会"综述［J］. 经济研究，2002（1）：89－92.

［89］李延喜，盖宇坤，薛光. 管理者能力与企业投资效率——基于中国A股上市公司的实证研究［J］. 东北大学学报（社会科学版），2018，20（2）：131－139.

［90］李洋，王婷婷，罗建志. 高管能力会降低股权融资成本吗？——嵌入董事网络关系的情境效应分析［J］. 系统管理学报，2023，32（4）：825－838.

［91］李莹，曲晓辉. CEO自恋与会计稳健性：基于签名数据的实证研究［J］. 管理科学，2021，34（5）：122－133.

［92］李政，刘丰硕. 企业家精神提升城市全要素生产率了吗？［J］. 经济评论，2020（1）：131－145.

[93] 李志刚. 蒙牛的跟随成长战略 [J]. 企业管理, 2005 (6): 78-81.

[94] 廖静, 刘星. 高管改革开放经历与企业投资效率 [J]. 管理工程学报, 2022, 36 (2): 61-72.

[95] 林琳, 赵杨. 名人 CEO 与企业投资效率 [J]. 科学决策, 2022 (3): 51-70.

[96] 刘畅. CEO 海外背景对企业创新水平的影响研究 [J]. 商场现代化, 2021 (7): 173-175.

[97] 刘峰, 何建勋. 企业成长性、CEO 财务专长与企业价值 [J]. 财务研究, 2021 (1): 17-31.

[98] 刘晓静. 新形势下企业竞争优势的来源——动态能力对企业绩效的提升作用 [J]. 经营与管理, 2013 (1): 106-108.

[99] 刘晓扬. 企业家精神对企业创新行为影响的实证研究 [J]. 现代经济探讨, 2023 (6): 125-132.

[100] 刘艳霞, 祁怀锦. 管理者自信会影响投资效率吗——兼论融资融券制度的公司外部治理效应 [J]. 会计研究, 2019 (4): 43-49.

[101] 刘迫, 池国栋, 刘嫦. 董事海外经历、双元创新与企业价值 [J]. 科技进步与对策, 2021, 38 (12): 79-88.

[102] 龙子午, 王祖昕. 股权集中度、R&D 投入与企业财务绩效 [J]. 财会通讯, 2020 (4): 41-44.

[103] 鲁传一, 李子奈. 企业家精神与经济增长理论 [J]. 清华大学学报 (哲学社会科学版), 2000 (3): 42-49.

[104] 鲁晓东, 连玉君. 中国工业企业全要素生产率估计: 1999—2007 [J]. 经济学 (季刊), 2012, 11 (2): 541-558.

[105] 陆冠南. 深度多元文化背景激发创造力 [J]. 清华管理评论, 2017 (6): 64-71.

[106] 陆蓉, 王策, 邓鸣茂. 我国上市公司资本结构"同群效应"研究 [J]. 经济管理, 2017 (1): 181-194.

[107] 逯东, 余渡, 黄丹, 等. 内部培养与外部空降: 谁更能促进企业创新 [J]. 中国工业经济, 2020 (10): 157-174.

[108] 罗蓉曦, 陈超. 高管职业背景会影响企业研发披露吗? [J]. 科研

管理，2019，40（12）：272 - 281.

[109] 罗正英，周中胜，詹乾隆. 中小企业的银行信贷融资可获性：企业家异质特征与金融市场化程度的影响 [J]. 会计研究，2010（6）：44 - 50，95 - 96.

[110] 马骆茹，朱博恩. 需求波动、营商环境与企业的研发行为 [J]. 北京工业大学学报（社会科学版），2017，17（2）：47 - 57.

[111] 马卫东，游玲杰，胡长深. 企业家精神、开拓能力与组织绩效——基于苏北地区企业的实证分析 [J]. 企业经济，2012，31（8）：37 - 41.

[112] 梅琳，贺小刚，李婧. 创始人渐进退出还是激进退出？——对创业家族企业的实证分析 [J]. 经济管理，2012，34（1）：60 - 70.

[113] 孟祥展，张俊瑞，白雪莲. 外聘 CEO 职业经历、任期与公司经营战略变革的关系 [J]. 管理评论，2018，30（8）：168 - 181.

[114] 孟祥展，张俊瑞，程子健. 管理者过度自信、会计稳健性与公司多元化 [J]. 当代财经，2015（5）：106 - 118.

[115] 倪清，吴成颂. 自恋型 CEO、媒体报道与企业投资行为——来自我国沪市 A 股上市公司的经验证据 [J]. 安徽大学学报（哲学社会科学版），2017，41（4）：147 - 156.

[116] 聂元昆，王国樑，彭星间. 企业"创新—控制"范式与持续发展 [J]. 管理世界，2007（6）：164 - 165.

[117] 潘雅，吕伊雯，张丹. 促进跨学科学习与创新精神培养——访法国雷恩高等师范学院院长帕特里斯·昆顿 [J]. 世界教育信息，2015，28（10）：3 - 6.

[118] 彭晓鹏，陈秉正. CEO 早年经历与企业诉讼风险——基于上市公司的实证研究 [J]. 运筹与管理，2020，29（12）：179 - 187.

[119] 秦辉，戚东梅. 企业家精神提升与民营企业持续成长 [J]. 企业经济，2004（10）：87 - 88.

[120] 权小锋，醋卫华，尹洪英. 高管从军经历、管理风格与公司创新 [J]. 南开管理评论，2019，22（6）：140 - 151.

[121] 权小锋，徐星美，蔡卫华. 高管从军经历影响审计费用吗？——基

于组织文化的新视角 [J]. 审计研究，2018 (2)：80-86.

[122] 饶育蕾，王建新. CEO 过度自信、董事会结构与公司业绩的实证研究 [J]. 管理科学，2010，23 (5)：2-13.

[123] 任颋，王峥. 女性参与高管团队对企业绩效的影响：基于中国民营企业的实证研究 [J]. 南开管理评论，2010，13 (5)：81-91.

[124] 邵传林. 制度环境、产权性质与企业家创新精神——来自中国工业企业的经验证据 [J]. 证券市场导报，2015 (3)：20-25，38.

[125] 申明浩，庞钰标，谭伟杰. 道不同可相为谋：高管团队异质性与企业数字化战略 [J]. 南方金融，2023 (1)：50-64.

[126] 沈维涛，幸晓雨. CEO 早期生活经历与企业投资行为——基于 CEO 早期经历三年困难时期的研究 [J]. 经济管理，2014，36 (12)：72-82.

[127] 沈艺峰，王夫乐，陈维. "学院派"的力量：来自具有学术背景独立董事的经验证据 [J]. 经济管理，2016，38 (5)：176-186.

[128] 石晓飞，姚计海. 民营企业创始人过度自信与企业投资行为研究 [J]. 河北经贸大学学报，2020，41 (5)：98-108.

[129] 宋增基，冯莉茗，谭兴民. 国有股权、民营企业家参政与企业融资便利性——来自中国民营控股上市公司的经验证据 [J]. 金融研究，2014 (12)：133-147.

[130] 苏冬蔚，曾海舰. 宏观经济因素、企业家信心与公司融资选择 [J]. 金融研究，2011 (4)：129-142.

[131] 孙锐，王乃静，石金涛. 中国背景下不同类型企业组织创新气氛差异的实证研究 [J]. 南开管理评论，2008 (2)：42-49.

[132] 孙彤，薛爽，徐佳怡. 非正式信息传递机制能降低公司权益融资成本吗？——基于企业家微博的实证检验 [J]. 财经研究，2020，46 (11)：154-168.

[133] 孙早，刘李华. 社会保障、企业家精神与内生经济增长 [J]. 统计研究，2019，36 (1)：77-91.

[134] 汤颖梅，王怀明，白云峰. CEO 特征、风险偏好与企业研发支出——以技术密集型产业为例 [J]. 中国科技论坛，2011 (10)：

89 – 95.

[135] 唐凤凤, 郑德芳, 乐国林. 企业家精神与经济增长 [J]. 山东纺织经济, 2010 (10): 10 – 12.

[136] 唐清泉, 黎文飞, 蔡贵龙. 家族控制、风险投资和企业 R&D 投资 [J]. 证券市场导报, 2015 (1): 32 – 38.

[137] 田丹, 于奇. 高层管理者背景特征对企业绿色创新的影响 [J]. 财经问题研究, 2017 (6): 108 – 113.

[138] 田轩, 孟清扬. 股权激励计划能促进企业创新吗 [J]. 南开管理评论, 2018, 21 (3): 176 – 190.

[139] 汪德华, 周晓艳. 管理者过度自信与企业投资扭曲 [J]. 山西财经大学学报, 2007 (4): 56 – 61.

[140] 汪丁丁. 企业家的精神 [J]. 今日科技, 2002 (3): 27 – 29.

[141] 汪小圈, 张红, 刘冲. 幼年饥荒经历对个人自雇选择的影响 [J]. 金融研究, 2015 (5): 18 – 33.

[142] 王春元, 叶伟巍. 税收优惠与企业自主创新: 融资约束的视角 [J]. 科研管理, 2018, 39 (3): 37 – 44.

[143] 王海, 尹俊雅. 乡土情结的环境治理效应——基于官员异质性视角的实证考察 [J]. 云南财经大学学报, 2019, 35 (2): 80 – 92.

[144] 王洪岩. 企业家创新精神与企业成长绩效的关系研究 [D]. 沈阳: 辽宁大学, 2017.

[145] 王黎萤, 陈劲. 研发团队创造力的影响机制研究——以团队共享心智模型为中介 [J]. 科学学研究, 2010 (3): 420 – 428.

[146] 王满四, 徐朝辉. 银行债权、内部治理与企业创新——来自 2006 – 2015 年 A 股技术密集型上市公司的实证分析 [J]. 会计研究, 2018 (3): 42 – 49.

[147] 王明杰, 朱如意. 上市公司女性董事对公司价值影响研究 [J]. 统计与决策, 2010 (5): 145 – 148.

[148] 王楠, 苏杰, 陈守双. 创业板上市公司 CEO 权力与企业研发投入 [J]. 商业研究, 2017 (7): 111 – 118.

[149] 王睿, 高昕玥, 何晨毓, 等. 高管金融背景、融资约束与企业创新

[J]. 统计与决策, 2023, 39 (16): 184 - 188.

[150] 王士红. 所有权性质、高管背景特征与企业社会责任披露——基于中国上市公司的数据 [J]. 会计研究, 2016 (11): 53 - 60, 96.

[151] 王晓燕, 金禹航, 张璐, 等. 跨界流动: 高管多变职业路径对企业创新投入的影响研究 [J]. 管理评论, 1 - 17.

[152] 王艳, 阚铄. 企业文化与并购绩效 [J]. 管理世界, 2014 (11): 146 - 157, 163.

[153] 韦影. 企业社会资本与技术创新: 基于吸收能力的实证研究 [J]. 中国工业经济, 2007 (9): 119 - 127.

[154] 尉晓亮, 张庆, 杨汉明. 企业家情怀、风险承担能力与企业创新绩效 [J]. 科技进步与对策, 2023, 40 (11): 131 - 140.

[155] 魏浩, 连慧君, 巫俊. 中美贸易摩擦、美国进口冲击与中国企业创新 [J]. 统计研究, 2019, 36 (8): 46 - 59.

[156] 温忠麟, 张雷, 侯杰泰, 等. 中介效应检验程序及其应用 [J]. 心理学报, 2004 (5): 614 - 620.

[157] 吴航. 动态能力视角下企业创新绩效提升机制研究: 以战略导向为调节 [J]. 中国地质大学学报 (社会科学版), 2015, 15 (1): 132 - 139.

[158] 吴建祖, 龚敏. 基于注意力基础观的 CEO 自恋对企业战略变革影响机制研究 [J]. 管理学报, 2018, 15 (11): 1638 - 1646.

[159] 吴义刚, 荣兆梓. 地区创业氛围及其作用机理——一个族群水平的创业分析架构 [J]. 经济理论与经济管理, 2011 (5): 98 - 105.

[160] 伍忠贤. 创业成真 [M]. 台北: 远流出版事业股份有限公司, 1997.

[161] 夏晗. 高管海外背景对企业非效率投资影响的实证检验 [J]. 统计与决策, 2019, 35 (16): 184 - 188.

[162] 夏后学, 谭清美, 白俊红. 营商环境、企业寻租与市场创新 [J]. 经济研究, 2019, 54 (4): 84 - 98.

[163] 肖金利, 潘越, 戴亦一. "保守" 的婚姻: 夫妻共同持股与公司风险承担 [J]. 经济研究, 2018, 53 (5): 190 - 204.

［164］谢柳芳，王彪华，孙鹏阁. 审计背景董事与企业投资不足——"审慎"还是"不作为"？［J］. 财经论丛，2020（6）：74 - 84.

［165］解维敏. 市场化进程对企业家创新精神的影响研究——基于我国非金融类上市公司的经验证据［J］. 财经问题研究，2016（12）：114 - 119.

［166］辛杰. 企业社会责任自律与型构：非正式制度的嵌入［J］. 当代财经，2014（5）：81 - 90.

［167］徐超，池仁勇. 企业家社会资本、个人特质与创业企业绩效——基于中国创业板上市公司的实证研究［J］. 软科学，2014，28（4）：57 - 61.

［168］徐莉萍，赖丹丹，辛宇. 不可承受之重：公司高管婚变的经济后果研究［J］. 管理世界，2015（5）：117 - 133.

［169］徐欣，唐清泉. R&D 活动、创新专利对企业价值的影响——来自中国上市公司的研究［J］. 研究与发展管理，2010，22（4）：20 - 29.

［170］许楠，田涵艺，蔡竞. 非创始人管理下的 R&D 投入与产出——基于创业板企业的实证研究［J］. 南开管理评论，2019，22（1）：111 - 123.

［171］许秀梅，朱娜，杨焕玲. 企业家精神、高管技术专长与企业技术资本投资［J］. 统计与决策，2022，38（23）：159 - 164.

［172］薛跃，陈巧. CEO 特征对 R&D 投入的影响——基于中国制造业上市公司的实证分析［J］. 华东师范大学学报（哲学社会科学版），2014，46（6）：129 - 138，153.

［173］严若森，周燃. 外地 CEO 与企业创新投入：文化的影响［J］. 经济管理，2021，43（2）：139 - 156.

［174］杨朝均，刘冰，毕克新. FDI 技术溢出对工业企业绿色创新路径演化的影响研究——基于演化博弈模型［J］. 管理评论，2020，32（12）：146 - 155.

［175］杨栋旭，张先锋. 管理者异质性与企业对外直接投资——基于中国 A 股上市公司的实证研究［J］. 国际贸易问题，2018（10）：162 - 174.

[176] 杨惠芳. 企业家社会资本对中小企业商业信用融资的影响 [J]. 社会科学战线, 2017 (3): 260 - 264.

[177] 杨建君, 张钊, 梅晓芳. 股东与经理人信任对企业创新的影响研究 [J]. 科研管理, 2012, 33 (3): 36 - 41, 80.

[178] 杨林, 杨倩. 高管团队结构差异性与企业并购关系实证研究 [J]. 科研管理, 2012 (11): 57 - 67.

[179] 杨向阳, 童馨乐. 财政支持、企业家社会资本与文化企业融资——基于信号传递分析视角 [J]. 金融研究, 2015 (1): 117 - 133.

[180] 姚东旻, 许艺煊. 自然灾害与居民储蓄行为——基于汶川地震的微观计量检验 [J]. 经济学动态, 2018 (5): 55 - 70.

[181] 姚融智. 学术背景高管对企业价值影响的研究 [D]. 长沙: 湖南大学, 2023.

[182] 叶蓓, 袁建国. 管理者过度自信、道德风险与企业投资决策 [J]. 财会月刊, 2009 (3): 5 - 8.

[183] 叶勤. 企业家精神的兴起对美国经济增长的促进作用及其启示 [J]. 外国经济与管理, 2000 (10): 16 - 20.

[184] 易靖韬, 张修平, 王化成. 企业异质性、高管过度自信与企业创新绩效 [J]. 南开管理评论, 2015 (6): 101 - 112.

[185] 殷炼乾, 钱秋业, 李翠萍, 等. 企业家薪酬如何影响中小企业融资能力 [J]. 金融监管研究, 2021 (5): 16 - 32.

[186] 于长宏, 原毅军. CEO 过度自信与企业创新 [J]. 系统工程学报, 2015 (5): 636 - 641.

[187] 虞义华, 赵奇锋, 鞠晓生. 发明家高管与企业创新 [J]. 中国工业经济, 2018 (3): 136 - 154.

[188] 臧树伟, 陈红花, 梅亮. 能力演化、制度供给与企业突破性创新 [J]. 科学学研究, 2021, 39 (5): 930 - 939.

[189] 曾国安, 马宇佳. 论 FDI 对中国本土企业创新影响的异质性 [J]. 国际贸易问题, 2020 (3): 162 - 174.

[190] 曾建中, 刘桂东, 庞睿. CEO 财务专长、内部控制与企业绩效——基于中国上市公司的经验证据 [J]. 国际金融研究, 2022

　　（5）：87 - 96.

[191] 翟胜宝，程妍婷. 企业家精神与非效率投资——基于企业生命周期
　　视角 [J]. 财会月刊，2022（6）：25 - 34.

[192] 张长江，陈倩. 环境绩效、家乡认同与环境信息披露 [J]. 财会通
　　讯，2019（15）：26 - 31.

[193] 张驰. CEO 个人特征、股利政策与企业价值 [D]. 厦门：厦门大
　　学，2018.

[194] 张怀英，李璐，蒋辉. 正式关系网络、企业家精神对中小企业绩效
　　的影响机制研究 [J]. 管理学报，2021，18（3）：353 - 361.

[195] 张慧霞. 环境规制、动态创新能力与企业财务绩效 [J]. 财会通
　　讯，2020（24）：54 - 57.

[196] 张军，许庆瑞. 管理者认知特征与企业创新能力关系研究 [J]. 科
　　研管理，2018（4）：1 - 9.

[197] 张敏，李延喜. 企业家声誉对债务融资影响研究 [J]. 大连理工大
　　学学报（社会科学版），2014，35（1）：52 - 57.

[198] 张敏，童丽静，许浩然. 社会网络与企业风险承担——基于我国上
　　市公司的经验证据 [J]. 管理世界，2015（11）：161 - 175.

[199] 张明，陈伟宏，蓝海林，等. 管理者过度自信与公司避税行为研究
　　[J]. 管理学报，2020，17（9）：1298 - 1307.

[200] 张培，赵世豪. 企业家创新精神与信用风险——基于技术创新维度
　　的实证研究 [J]. 商业研究，2022（1）：95 - 102.

[201] 张少喆，石浩悦. 首席执行官学术经历与企业绿色技术创新 [J].
　　科技管理研究，2022，42（3）：135 - 144.

[202] 张腾. 中国民营企业家个人特征与企业资本结构的关系研究 [D].
　　郑州：河南大学，2012.

[203] 张晓亮，杨海龙，唐小飞. CEO 学术经历与企业创新 [J]. 科研管
　　理，2019，40（2）：154 - 163.

[204] 张信东，董孝伍，郝丽芳. 结构调整中的行业创新效率研究：基于
　　DEA 和 SFA 方法的分析 [J]. 经济管理，2012（6）：149 - 159.

[205] 张信东，郝盼盼. 企业创新投入的原动力：CEO 个人品质还是早

年经历——基于 CEO 过度自信品质与早年饥荒经历的对比 [J]. 上海财经大学学报, 2017, 19 (1): 61 - 74.

[206] 张信东, 姜小丽. 企业 R&D 投资与系统风险研究 [J]. 研究与发展管理, 2008 (3): 22 - 29.

[207] 张信东, 吴静. 海归高管能促进企业技术创新吗? [J]. 科学学与科学技术管理, 2016 (1): 115 - 128.

[208] 张信东, 于静. 企业投资主导要素研究 [J]. 科研管理, 2018 (2): 125 - 134.

[209] 赵嘉仁, 张晓明, 钟磊. CEO 权力、媒体关注与企业过度投资 [J]. 科学决策, 2017 (12): 35 - 54.

[210] 赵丽娟, 张敦力. CEO 社会资本与企业风险承担——基于委托代理和资源获取的理论视角 [J]. 山西财经大学学报, 2019, 41 (2): 80 - 92.

[211] 赵民伟, 晏艳阳. 管理者早年大饥荒经历与公司财务政策 [J]. 南方经济, 2015 (10): 49 - 63.

[212] 赵民伟, 晏艳阳. 管理者早期生活经历与公司投资决策 [J]. 社会科学家, 2016 (4): 88 - 92.

[213] 钟熙, 陈伟宏, 林越颖. CEO 特征、国际化速度与企业绩效 [J]. 中国科技论坛, 2018 (9): 141 - 147.

[214] 周军. 国企高管权力与企业过度投资 [J]. 中南财经政法大学学报, 2017 (5): 148 - 156.

[215] 周楷唐, 麻志明, 吴联生. 高管学术经历与公司债务融资成本 [J]. 经济研究, 2017 (7): 169 - 183.

[216] 周晓光. 高管特征与企业发展: 高管学术经历对企业创新及价值影响研究 [D]. 南宁: 广西大学, 2021.

[217] 周晓惠, 田蒙蒙, 聂浩然. 高管团队异质性、盈余管理与企业绩效 [J]. 南京审计大学学报, 2017, 14 (3): 75 - 85.

[218] 周志强, 田银华, 廖和平. 家族权威对家族企业家融资行为影响的探索性研究 [J]. 商业经济与管理, 2014 (2): 5 - 12.

[219] 周中胜, 王愫. 企业家能力、信用评级与中小企业信贷融资可获

性——基于江浙地区中小企业问卷调查的经验研究［J］. 财贸经济，2010（6）：10－17，135.

［220］朱竑，刘博. 地方感、地方依恋与地方认同等概念的辨析及研究启示［J］. 华南师范大学学报（自然科学版），2011（1）：1－8.

［221］朱健，朱文博，王辉. 董事会人力资本、外部社会资本对企业创新投入的影响［J］. 财经理论与实践，2019，40（6）：78－84.

［222］庄子银. 南方模仿、企业家精神和长期增长［J］. 经济研究，2003（1）：62－70，94.

［223］Acharya V V, Ramin P B, and Krishnamurthy V S. Labor laws and innovation［J］. Journal of Law and Economics, 2013, 56 (4): 997 – 1037.

［224］Acharya V V, Ramin P B, Krishnamurthy V S. Wrongful discharge laws and innovation［J］. Review of Financial Studies, 2014, 27 (1): 301 – 346.

［225］Adams R B, Ferreira D. Women in the Boardroom and Their Impact on Governance and Performance［J］. Social Science Electronic Publishinh, 2009, 94 (2): 291 – 309.

［226］Ahuja G, Katila R. Technological acquisitions and the patents performance of acquiring firms: A longitudinal study［J］. Strategic management journal, 2001, 22 (3): 197 – 220.

［227］Alecke B, Mitze T, Reinkowski J et al. Does firm size make a difference? Analysing the effectiveness of R&D subsidies in East Germany［J］. German Economic Review, 2012, 13 (2): 174 – 195.

［228］Amy D, Ran D. Looking in the Rear View Mirror: The Effect of Managers' Professional Experience on Corporate Financial Policy［J］. Social Science Electronic Publishing, 2016, 29 (3): 565 – 602.

［229］Anderson R C, Reeb D M. Founding-family ownership and firm performance: evidence from the S&P 500［J］. The journal of finance, 2003, 58 (3): 1301 – 1328.

［230］Angie Abdelzaher, Dina Abdelzaher. Women on Boards and Firm Performance In Egypt: Post The Arab Spring [J]. The Journal of Developing Areas, 2019, 53 (1): 225 –241.

[231] Azoulay P, Liu C C, Stuart T E. Social Influence Given (Partially) Deliberate Matching: CareerImprints in the Creation of Academic Entrepreneurs [J]. American Journal of Sociology, 2017, 122 (4): 1223 –1271.

[232] Baer, J. Domains of Creativity [J]. Encyclopedia of Creativity (Third Edition), 2020: 377 –382.

[233] Balsmeier B, Lee F, Gustavo M. Independent boards and innovation [J]. Journal of Financial Economics, 2017, 123 (3): 536 –557.

[234] Banerjee, A. V. A Simple Model of Herd Behavior [J]. The Quarterly Journal of Economics, 1992, 107 (3): 797 –817.

[235] Barker V L, Mueller G C. CEO Characteristics and Firm R&D Spending [J]. Management Science, 2002, 48 (6): 782 –801.

[236] Baum J R, Locke E A. The Relationship of Entrepreneurial Traits, Skill, and Motivation to Subsequent Venture Growth [J]. Journal of Applied Psychology, 2004, 89 (4): 587.

[237] Baumol W J. Entrepreneurship: Productive, unproductive, and destructive [J]. Journal of Political Economy, 1990, 98 (5): 893 –921.

[238] Baumol W J, Schilling M A & Wolff. The superstar inventors and entrepreneurs: How were they educated? [J]. Journal of Economics & Management Strategy, 2009, 18 (3): 711 –728.

[239] Becker G S. Habits, Addictions, and Traditions [J]. Kyklos, 1992, 45 (3): 327 –345.

[240] Begley T M. Using founder status, age of firm, and company growth rate as the basis for distinguishing entrepreneurship from managers of smaller business [J]. Journal of Business Venturing, 1995 (10): 249 –263.

[241] Benet-Martínez, V, F Lee, J Leu. Biculturalism and cognitive complexity: Expertise in cultural representations [J]. Journal of Cross-Cul

tural Psychology, 2006, 37: 386 – 407.

[242] Berkowitz M K, Kotowitz Y. Incentives and Efficiency in the Market for Management Services: A study of Canadian Mutual Funds [J]. Canadian Journal of Economics, 1993, 26 (4): 850 – 866.

[243] Bernile G, Bhagwat V, Rau P R. What doesn't kill you will only make you more risk-loving: Early-life disasters and CEO behavior [J]. The Journal of Finance, 2017, 72 (1): 167 – 206.

[244] Bikhchandani S, Hirshleifer D, Welch I. Learning from the Behavior of Others: Conformity, Fads, and Informational Cascades [J]. Journal of Economic Perspectives, 1998, 12 (3): 151 – 170.

[245] Birley S. The role of networks in the entrepreneurial process [J]. Journal of Business Venturing, 1985, 1 (1): 107 – 117.

[246] Borghesi, Chang, Mehran. Simultaneous board and CEO diversity: does it increase firm value? [J]. Applied Economics Letters, 2016, 23 (1): 23 – 26.

[247] Brandon N Cline, Ralph A Walkling, Adam S Yore. The consequences of managerial indiscretions: Sex, lies, and firm value [J]. Journal of Financial Economics, 2018, 127 (2): 389 – 415.

[248] Brown J R, Fazzari S M, Petersen B C. Financing innovation and growth: Cash flow, external equity, and the 1990s R&D boom [J]. Journal of Finance, 2009, 64 (1): 151 – 185.

[249] Brown J R, Martinsson G, Petersen B C. Do financing constraints matter for R&D? [J]. European Economic Review, 2012, 56 (8): 1512 – 1529.

[250] Bérubé C, Mohnen P. Are firms thatreceive R&D subsidies more innovative? [J]. Canadian Journal of Economics, 2009, 42 (1): 206 – 225.

[251] Bucciol A, Zarri L. Financial risk aversion and personal life history [J]. International Conference on Business Management & Electronic Information, 2013.

[252] Burt, R S. Structural holes and good ideas [J]. American Journal of Sociology, 2004, 110 (2): 349 – 399.

[253] Campbell K, Antonio Minguez-Vera. Gender Diversity in the Boardroom and Firm Financial Performance [J]. Journal of Business Ethics, 2008, 83 (3): 435 – 451.

[254] Carrel, N A. Short History of Migration [J]. Geographica Helvetica, 2013, 68 (1): 69 – 71.

[255] Carter D A, Simkins B J, Simpson W G. Corporate Governance, Board Diversity, and Firm Value [J]. Financial Review, 2003, 38 (1): 33 – 53.

[256] Certo S T, Lester R H, Dalton C M, et al. Top Management Teams, Strategy and Financial Performance: A Meta-Analytic Examination [J]. Journal of Management Studies, 2010, 43 (4): 813 – 839.

[257] Chang S C, Wong Y J, Lee C Y. Does CEO overconfidence influence a firm's ambidextrous balance of innovation? [R]. Social Science Research Network, working paper, 2015.

[258] Chang X R, McLean B, Zhang, et al. Do patents portend productivity growth? Global evidence from private and public firms, Working paper, 2018.

[259] Clegg C W, Unsworth K L, Epitropaki O, Parker G. Implicating trust in the innovation process [J]. Journal of Occupational and Organizational Psychology, 2002, 75: 409 – 423.

[260] Cláudia Custódio, Ferreira M A, Matos P. Do General Managerial Skills Spur Innovation? Working Paper, 2017.

[261] Covin J G, Slevin D P. A Conceptual Model of Entrepreneurship as Firm Behavior [J]. Social Science Electronic Publishing, 1991, 16 (1).

[262] Cronqvist H, Makhija A, Yonker S. Behavioral Consistency in Corporate Finance: CEO Personal and Corporate Leverage [J]. Journal of Financial Economics, 2012, 103 (1): 20 – 40.

[263] Crossland C, Zyung J, Hiller N J et al. CEO Career Variety: Effects

on Firm-level Strategic and Social Novelty [J]. Academy of Management Journal, 2014, 57 (3): 652 – 674.

[264] Custódio C, Ferreira M A, Matos P. Do general managerial skills spur innovation? [J]. Management Science, 2019, 65 (2): 459 – 476.

[265] Custódio C, Ferreira M A, Matos P. Generalists versus specialists: Lifetime work experience and chief executive oficer pay [J]. Journal of Financial Economics, 2013, 108 (2): 471 – 492.

[266] Custodio C, Ferreira M A, Matos P. Do General Managerial Skills Spur Innovation? [J]. Social Science Research Network, working paper, 2015.

[267] Cyert R M, March J G. A Behavioral Study of the Firm [J]. American Journal of Sociology, 1965, 71 (2): 81 – 95.

[268] Dai O, Liu X. Returnee entrepreneurs and firm performance in Chinese high-technology industries [J]. International Business Review, 2009, 18 (4): 373 – 386.

[269] David H, Angie L, Siew H T. Are Overconfident CEOs Better Innovators? [J]. The Journal of Finance, 2012, 67 (4): 1457 – 1498.

[270] Dessaint O, Matray A. Do managers overreact to salient risks? Evidence from hurricane strikes [J]. Journal of Financial Economics, 2017, 126 (1): 97 – 121.

[271] Drucker P. Innovation and entrepreneurship [M]. New York: Harper and Row, 1985.

[272] Efraim B, Carola F. Military CEOs [J]. Journal of Financial Economics, 2015, 117 (1): 43 – 59.

[273] Einhorn H J, Hogarth R M. Behavioral Decision Theory: Processes of Judgmentand Choice [J]. Annual Review of Psychology, 1981, 32: 53 – 88.

[274] Elder G H, Gimbel C, Ivie R. Turning points in life: The case of military service and war [J]. Military Psychology, 2013, 3 (4): 215 – 231.

［275］Elder G H Jr, Gimbel C, Ivie R. Turning points in life: The case of military service and war ［J］. Military Psychology, 1991, 3 (4): 215 – 231.

［276］Elder, Glen, Elisabeth Clipp. Combat experience and emotional health: Impairment and resilience in later life ［J］. Journal of Personality, 1989, 57 (2): 311 – 341.

［277］Elder, Glen. Military times and turning points in men's lives ［J］. Developmental Psychology. 1986, 22: 33 – 45.

［278］EmdadIslama, Jason Zein. Inventor CEOs ［J］. Jouranl of Financial Economics, 2020, 135 (2): 505 – 527.

［279］Eyles J. Senses of Place ［M］. London: Pion, 1985: 120 – 137.

［280］Filipski M J, Jin L, Zhang X. Living Like There's No Tomorrow: Saving and Spending Following the Sichuan Earthquake ［J］. 2015.

［281］Finkelstein S. Power in top management teams: Dimensions, measurement and validation ［J］. Academy of Management Journal, 1992, 35 (8): 505 – 538.

［282］Fiske S T, Taylor S E. Social Cognition ［M］. 2nd. New York: McGraw – Hill, 1991.

［283］Fondas N, Wiersema M. Changing of the Guard: The Influence of CEO Socialization on Strategic Change ［J］. Journal Management Studies, 1997, 34 (4): 561 – 584.

［284］Galasso A, Simcoe T S. CEO Overconfidence and Innovation ［J］. Managment Science, 2011, 57 (8): 1469 – 1484.

［285］Gennaro B, Vineet B, P R Rau. What Doesn't Kill You Will Only Make You More Risk-Loving: Early-Life Disasters and CEO Behavior ［J］. The Journal of Finance, 2017, 72 (1): 167 – 206.

［286］Georgas, J, J W Berry. An Ecocultural Taxonomy for Cross – Cultural Psychology ［J］. Cross – Cultural Research, 1995, 29 (2): 121 – 157.

［287］Gervais, S, Heaton, J B, Odean, T. Overconfidence, Investment

Policy, and manager welfare. Duke University Working Paper, 2007.

[288] Gocłowska, M A, R J Crisp. How dual-identity processes foster creativity [J]. Review of General Psychology, 2014 (18): 216 – 236.

[289] Godart F C, Maddux W W, Shipilov A V, et al. Fashion with a foreign flair: Professional experiences abroad facilitate the creative innovations of organizations [J]. Academy of Management Journal, 2015, 58 (1): 195 – 220.

[290] Goel A M, Thakor A V. Overconfidence, CEO Selection, and Corporate Governance [J]. The Journal of Finance, 2008, 63 (6): 2737 – 2784.

[291] Graham J R, Narasimhan K. Corporate Survival and Managerial Experiences During the Great Depression [R]. SSRN, working paper, 2004.

[292] Hackbarth D. Managerial Optimism, Overconfidence, and Capital Structure Decisions [R]. Boston University, Working Papers, 2003.

[293] Hall, B H, D Harhoff. Recent Research on the Economics of Patents [J]. Annual Review of Economics, 2012, 4 (1): 541 – 565.

[294] Hambrick D C, Mason P A. Upper Echelons: The Organizationasa Reflection of Its Top Managers [J]. Academy of Management Review, 1984, 9 (2): 193 – 206.

[295] Hanaoka C, Shigeoka H, Watanabe Y. Do risk preferences change? Evidence from panel data before and after the Great East Japan earthquake [R]. National Bureau of Economic Research, 2015.

[296] Harley E R, Wang L L. The variety of CEO experience and CEO – Firm Match: Evidence from CEO employment history.

[297] Harris C, Laibson D. Instantaneous gratification [J]. The Quarterly Journal of Economics, 2013, 128 (1): 205 – 248.

[298] Hawjeng Chiou. Creative climate and culture in organizations: From phenomenon observation to the development of measure-ment tool of COCI, paper presented at the second international symposium on child development [R]. Hong Kong, 2001.

[299] Heaton J B. Managerial Optimism and Corporate Finance [J]. Financial Management, 2002, 31 (2): 33 - 46.

[300] Hedge S P, Mishra D R. Married CEOs and corporate social responsibility [J]. Journal of Corporate Finance, 2019, 58: 226 - 246.

[301] Herz H, Schunk D, Zehnder C. How Do Judgmental Overconfidence and Overoptimism Shape Innovative Activity? [J]. Games & Economic Behavior, 2013, 83 (1): 1 - 23.

[302] Hill M, Ross T, Low S. "The Role of Future Unpredictability in Human Risk - Taking. " [J]. Human Nature, 1997, 8 (4): 287 - 325.

[303] Hochberg Y V, Laura L. Incentives, Targeting, and Firm Performance: An Analysis of Non-executive Stock Options [J]. Social Science Electronic Publishing, 2010 (11): 4148 - 4186.

[304] Hong, Y Y, M W Morris, C Y Chiu. Multicultural minds. A dynamic constructivist approach to culture and cognition [J]. American Psychologist, 2000, 55 (7): 709 - 720.

[305] Huselid M A. The impact of human resource management practices on turnover, productivityand corporate [J]. Academy of Management Journal, 1995 (3): 635 - 672.

[306] Islam E, Zein J. Inventor CEOs [J]. Journal of Financial Economics, 2020, 135 (2): 505 - 527.

[307] John Fiske. For cultural interpretation: A study of the culture of homelessness [J]. Critical Studies in Media Communication, 1991, 8 (4).

[308] Kedia S, Rajgopal S. Neighborhood matters: The impact of location on broad based stock option plans [J]. Journal of Financial economics, 2009, 92 (1): 109 - 127.

[309] Keiber K L. Managerial compensation contracts and overconfidence [R]. EFA BerlinMeetingsDiscussionPaper, 2002.

[310] Kelm K M, Narayanan V K, Pinches G E. Shareholder Value Creation During R&D Innovation and Commercialization Stages [J]. Academy of Management Journal, 1995, 38 (3): 770 - 786.

［311］ Kelm K M, Narayanan V K, Pinches G E. The response of capital markets to the R&D process ［J］. Technological Forecasting & Social Change, 1995, 49（1）: 75 – 88.

［312］ Kirchler E, Maciejovsky B. Simultaneous over-and under-confidence from experimental asset markets ［J］. Journal of Risk and Uncertainty, 2002, 25: 65 – 85.

［313］ Kleim B, Ehlers A. Evidence for a curvilinear relationship between posttraumatic growth and posttrauma depression and PTSD in assault survivors ［J］. Journal of Traumatic Stress, 2009, 22（1）: 45 – 52.

［314］ Kogan L D, Papanikolaou A, Seru, et al. Technological innovation, resource allocation, and growth ［J］. Quarterly Journal of Economics, 2017, 132: 665 – 712.

［315］ Kong L, Yeoh B, Teo P. Singapore and the experience of place in old age ［J］. Geographical Review, 1996, 86（4）: 529 – 549.

［316］ Kor Y Y, Mesko A. Dynamic managerial capabilities: Configuration and orchestration of top executives' capabilities and the firm's dominant logic ［J］. Strategic Management Journal, 2013, 34（2）: 233 – 244.

［317］ Kun P, Tong X, Liu Y, Pei X, Luo H. "What Are the Determinants of Post – Traumatic Stress Disorder: Age, Gender, Ethnicity or Other? Evidence from 2008 Wenchuan Earthquake." ［J］. Public Health, 2013, 127（7）: 644 – 652.

［318］ Lai S, Li Z, Yang Y G. East, West, Home's Best: Do Local CEOs Behave Less Myopically? ［J］. The Accounting Review, 2020, 95（2）: 227 – 255.

［319］ Lüdtke J P, Lüthje C. The impact of Overconfidence on the Evaluation of innovations ［R］. Social Science Research Network, working paper, 2012.

［320］ Lerner J, Wulf J. Innovation and incentives: Evidence from corporate R&D ［J］. Review of Economics and Statistics, 2007, 89（4）: 634 –

644.

[321] Leung A K, Maddux W W, Galinsky A D, and Chiu C Y. Multicultural Experience Enhances Creativity – The When and How [J]. American Psychologist, 2008, 63 (3): 169 – 181.

[322] Leung K Y, Chiu C Y. Multicultural Experiences, Idea Receptiveness, and Creativity [J]. Journal of Cross Cultural Psychology, 2010, 41 (5): 723 – 741.

[323] Lewbel A. Constructing Instruments for Regressions with Measurement Error when no Additional Data are Available, with an Application to Patents and R&D [J]. Econometrica, 1997, 65 (5): 1201 – 1213.

[324] Lin Y H, Hu S Y, Chen M S. Managerial optimism and corporate investment: Some empirical evidence from Taiwan [J]. Pacific – Basin Finance Journal, 2005, 13 (5): 523 – 546.

[325] Lorenz, K. Vergleichende, Verhaltensforschung. Grundlagen D. ethologie [M]. Berlin: Springer, 1978.

[326] Lu, J G, A C Hafenbrack, P W Eastwick. "Going Out" of the Box: Close Intercultural Friendships and Romantic Relationships Spark Creativity, Workplace Innovation, and Entrepreneurship [J]. Journal of Applied Psychology, 2017, 102 (7): 1091 – 1108.

[327] Lyoo I K, Kim J E, Yoon S J. The neurobiological role of the dorsolateral prefrontal cortex in recovery from trauma: longitudinal brain imaging study among survivors of the South Korean subway disaster [J]. Archives of general psychiatry, 2011, 68 (7): 701 – 713.

[328] Maddux, W, and A D Galinsky. Cultural Barriers and Mental Borders: Living in and Adapting to Foreign Cultures Facilitates Creativity [J]. Electronic Journal, 2007.

[329] Maddux W W, Galinsky A D. Cultural Borders and Mental Barriers: The Relationship Between Living Abroad and Creativity [J]. Journal of Personality and Social Psychology, 2009, 96 (5): 1047 – 1061.

[330] Malmendier E G, Yan J. Overconfidence and Early-Life Experiences:

The Effect of Managerial Traits on Corporate Financial Policies [J]. The Journal of Finance, 2011, 66 (5): 1687 – 1733.

[331] Malmendier U, Nagel S. Depression Babies: Do Macroeconomic Experiences Affect Risk-Taking? [J]. Quarterly Journal of Economics, 2011, 126 (1): 373 – 416.

[332] Malmendier U, Tate G. CEO overconfidence and corporate investment [J]. The journal of finance, 2005a, 60 (6): 2661 – 2700.

[333] Malmendier U, Tate G. Does overconfidence affect corporate investment? CEO overconfidence measures revisited [J]. European financial management, 2005b, 11 (5): 649 – 659.

[334] Malmendier U, Tate G. Who makes acquisitions? CEO overconfidence and the market's reaction [J]. Journal of financial Economics, 2008, 89 (1): 20 – 43.

[335] Manso G. Motivating innovation [J]. Journal of Finance, 2011, 66 (5): 1823 – 1869.

[336] Marquis, C, and A Tilcsik. Imprinting: Toward a Multilevel Theory [J]. Academy of Management Annals, 2013, 7 (1) : 195 – 245.

[337] Marquis C. The pressure of the past: network imprinting in inter corporate communities [J]. Administrative Science Quarterly, 2003, 48 (4): 655 – 689.

[338] Mcclelland D C. The achieving society [M]. Princeton, NJ: Van Nostrand, 1961: 226.

[339] McEvily B, Jaffee, and Mortoriello. Not all Bridging Ties are Equal: NetworkImprinting and Firm Growth in the Nashvile Legal Industry [J]. Organization science, 2012, 23 (2): 547 – 563.

[340] Mónica S, Acosta. Innovation systems' based indicators: Emphasis on human capital and ICTs adoption, Paper presented at the Blue Sky 2006 conference "What indicators for Science, Technology and Innovation Policies in the 21stcentury" [C]. Statistics Canada, Ottawa, 2006: 25 – 27.

[341] Mor, S, M W Morris, and J Joh. Identifying and training adaptive cross-cultural management skills: The crucial role of cultural metacognition [J]. Academy of Management Learning & Education, 2013 (12): 453 – 475.

[342] Nelson K. The psychological and social origins of autobiographical memory [J]. Psychological science, 1993, 4 (1): 7 – 14.

[343] Neyland J. Wealth Shocks and Executive Compensation: Evidence from CEO Divorce [J]. Ssrn Electronic Journal, 2011.

[344] Nguyen, A, and B M Verónica. Biculturalism and Adjustment [J]. Journal of Cross – Cultural Psychology, 2013, 44: 122 – 159.

[345] Nisbett R, Ross L. Limitations of Judgment. (Psychology and the Law: Human Inference) [J]. Science, 1980, 208 (4445): 713 – 714.

[346] Nofsinger J R, Wang W. Determinants of start-up firm external financing worldwide [J]. Journal of Banking & Finance, 2011, 35 (9): 2282 – 2294.

[347] Nolen H S, Morrow J. A prospective study of depression and posttraumatic stress symptoms after a natural disaster: the 1989 Loma Prieta Earthquake [J]. Journal of personality and social psychology, 1991, 61 (1): 115.

[348] Oettl, A, and A Agrawal. International labor mobility and knowledge flow externalities [J]. Journal of International Business Studies, 2008, 39 (8): 1242 – 1260.

[349] Oyer P. Why do firms use incentives that have no incentive effects? [J]. The Journal of Finance, 2004, 59 (4): 1619 – 1650.

[350] Pantelis C K, Kyriaki I K, Panagiotis E P. Cultural change and innovation performance [J]. Journal of Business Research, 2018, 88 (7): 306 – 313.

[351] Patel J, Zeckhauser R, Hendricks D. The Rationality Struggle: Illustrations from Financial Markets [J]. American Economic Review, 1991, 81 (2): 232 – 236.

［352］ Prajogo D I, Ahmed P K. Relationships Between Innovation Stimulus, Innovation Capacity, and Innovation Performance ［J］. R&D Management, 2006, 36 (5).

［353］ Qian, H, and R R Stough. The effect of social diversity on regional innovation: Measures and empirical evidence ［J］. International Journal of Foresight & Innovation Policy, 2011, 7.

［354］ Ramirez A, Altay N. Risk and the multinational corporation revisited: The case of natural disasters and corporate cash holdings ［J］. Available at SSRN 1772969, 2011.

［355］ Ren S, Cheng Y, Hu Y, Yin C. Feeling right at home: hometown CEOs and firminnovation ［J］. Journal of Corporate Finance, 2021, 66 (12): 101815.

［356］ Roll R. The Hubris Hypothesis of Corporate Takeovers. Journal of Business, 1986, 59: 197 –216.

［357］ Rosenbaum P R, Rubin D B. Constructing a control group using a multivariate matched samplingmethod that incorporates the propensity score ［J］. American Statistician, 1985 (39): 33 –38.

［358］ Ryan H E, Wang L. CEO mobility and the CEO-firm match: Evidence from CEO employment history. Available at SSRN, 2012.

［359］ Schoar, A. 2007. CEO Careers and StyleJ. NBER Working Paper.

［360］ Schumpeter J A. The theory of economic development ［M］. Cambridge: Harvard University Press, 1934.

［361］ Schwenk C R. The Cognitive Perspective on Strategic Decision Making ［J］. Journal of Management Studies, 1988, 25 (1): 41 –55.

［362］ Schwenk Manfred. Die Anmaßung von Wissen oderweshalb Unternehmenmit ERP – Systemenimmerwieder in dieselben Denkfallentappen ［J］. HMD Praxis der Wirtschaftsinformatik, 2018, 55 (1).

［363］ Scott J T, Scott T J. The entrepreneur's idea and outside finance: Theory and evidence about entrepreneurial roles ［J］. European Economic Review, 2016, 86: 118 –130.

[364] Sharma P, Chrisman J J. Toward a reconciliation of the defmitional issues in the field of corporate entrepreneurship [J]. Entrepreneurship Theory and Practice, 1999, Spring: 11 – 27.

[365] Simon H A. Reply: Logical positivism and ethical judgments [J]. Ethics, 1958, 69 (1): 62.

[366] Stevenson, Gumpert D E. The heart of entrepreneurship [J]. Harvard Business Review, 1985: 85 – 94.

[367] Stinchcombe, A L. Organizations and social structure Alin March, J G (Ed.). Handbook of organizationsi [C]. Chicago, IL: Rand McNally, 1965: 153 – 193.

[368] Stokowski P A. Languages of place and discourses of power: Constructing new sense of place [J]. Leisure Studies, 2002, 34 (4): 368 – 382.

[369] Sunder J, Sunder S V, Zhang J. Pilot CEOs and corporate innovation [J]. Journal of Financial Economics, 2017, 123 (1): 209 – 224.

[370] Tadmor C T, Galinsky A D, Maddux W W. Getting the most out of living abroad: Biculturalism and integrative complexity as key drivers of creative and professional success [J]. Journal of Personality and Social Psychology, 2012, 103 (3): 520 – 542.

[371] Teece D J. A Dynamic Capabilities-Based Entrepreneurial Theory of the Multinational Enterprise [M]. The Eclectic Paradigm, Pal-grave Macmillan UK, 2015.

[372] Tian X, Wang T. Tolerance for failure and corporate innovation [J]. Review of Financial Studies, 2014, 27: 211 – 255.

[373] Walker R D. Patents as scientific and technical literature [M]. Metuchen, NJ: Scarecrow Press, 1995.

[374] Wally, S, and J R Baum. Personal and Structural Determinants of the Pace of Strategic Decision Making [J]. The Academy of Management Journal, 1994, 37 (4): 932 – 956.

[375] Weinberg B A. A model of overconfidence [J]. Pacific Economic Re-

view, 2009, 14 (4): 502 – 515.

[376] William J Baumol. Entrepreneurship: Productive, Unproductive, and Destructive [J]. Journal of Political Economy, 1990, 98 (5).

[377] Willinger M, Bchir M A, Heitz C. Risk and time preferences under the threat of background risk: a case-study of lahars risk in central Java [J]. Unpublished manuscript, 2013.

[378] Yerkes R M, Dodson J D. The relation of strength of stimulus to rapidity of habit-formation [J]. Journal of Comparative Neurology and Psychology, 1908, 18 (5): 459 – 482.

[379] Yuan, R L, Wen W. Managerial Foreign Experience and Corporate Innovation [J]. Journal of Corporate Finance, 2018, 48 (2): 752 – 770.

[380] Zoltan J. Acs, Sharon Gifford. Innovation of Entrepreneurial Firms [J]. Small Business Economics, 1996, 8 (3).

后　记

　　提笔之时，窗外雪花飘飘，瞬间银装素裹，望着这个童话般的世界，心情倍感放松，不仅因为大自然赋予的松弛，更是完成一部著作后满满的成就感和欣慰感。这不禁让我想起八年前完成博士论文写致谢时的情景，那时在山西大学经济管理学院的工作室，在致谢里写的感受是"从容、淡定"。而今不同的是正值加拿大曼尼托巴大学访学期间，异国他乡，在经历文化和习俗不断碰撞的过程中，当完成专著的整理工作后，反而没有当年的淡定和从容，更多的是激动和期待。我想大概人类的情绪和感知会随着时间、空间、经历等发生各种各样的变化吧。如今，"激动"的是把博士毕业后近几年的研究成果终于整理成册，也对得起自己当年勇敢走上科研道路不忘初心的抱负和设想；"期待"的是有了一段国外访学经历之后，坚信自己未来的科学探索中会出现更多全新的观点和认识，从而不断丰富和拓展已有的研究体系。

　　至今仍然清晰记得博士期间第一次看到 David 等学者在顶级期刊 *Journal of Finance* 上发表的题为 "Are Overconfident CEOs Better Innovators?" 这篇文章时的兴奋和激动。源于对心理学及管理学研究的强烈兴趣，反复精读了该文献，便坚定地确定了自己的研究方向，并持续探索。因此，在高层梯队理论的引导下、在国内外相关研究的追寻下，形成了关于管理者特质与企业创新方面的一系列研究成果。当然，期间也经历过各种障碍和困难，尤其在参加工作后，面对各种研究兴趣与研究热点之间的抉择，以及各个学派对类似这种"无病呻吟"式研究的质疑和否定，自己尽管也有所退缩，并尽力去找一些交叉点以满足现实的落差，但是欣慰的是自己没有放弃。兴趣使然也好，对该领域理论知识的坚定和信任也好，好在研究成果得到了国内外高水平期刊的认可，发表了一系列论文，这也是我在该领域能坚持研究下去的现实动力。而今，将管理者特质方面的研究进行全面的整理并形成了该专著，这是为过去持续研究的总结，是终点，也是重新探讨更新更高水平研究的起点。

本书旨在从行为金融新视角下为企业创新影响因素探究新要素，以企业家行为特质为突破口，综合考虑了企业家个人经历特质、能力特质、情感特质以及多元文化背景特质四个新的维度，不仅探究企业家行为特质对企业创新决策的影响，且深入剖析背后的影响机制，并置于不同外部环境下比较分析差异，最后延伸至经济后果研究，以期丰富高层梯队和企业创新理论，为激发企业家创新精神，发挥企业在国家科技创新中的主体地位提出政策建议。笔者源于探索企业家成功奥秘的浓厚兴趣，基于成熟的心理学和管理学理论，尝试了各种研究方法，手工开展了各类数据整理工作，本书才能顺利成稿。这也离不开研究团队成员、各位领导、同事及亲朋好友的倾力支持，在此致以深深谢意！

我的导师张信东和刘维奇教授教会我"坚持"和"热爱"。作为我在科研道路上的引路人，他们给予我的启迪和帮助，让我没齿难忘。尤其是他们长久以来坚持做学术的精神，一直鼓舞着我。榜样的力量是巨大的，我们往往会去观察我们所崇拜之人的所作所为，并去学习和模仿。能遇此良师，何其有幸。他们给予我的不仅是科研方法上的精进，更多的是用行动告诫我要时刻以一颗虔诚的心对待科研工作，并需要拥有永葆热情的决心。

任何成果的取得都离不开家庭的支持和鼓励。2023年新晋诺贝尔经济学奖得主戈尔丁在新书《事业还是家庭？——女性追求平等的百年旅程》中指出，即便在发达国家，努力在事业与家庭间追寻平衡的似乎总是女性。这将女性看似"怨妇式"的日常抱怨上升到了科学高度，更加显现出女性在事业中取得巨大成就的难能可贵，同时也凸显出背后家庭支持的重要性。感谢我的爱人赵旭，没有他的支持和理解，在兼顾家庭和工作中，我是不会那么游刃有余的，也不能将出版本书的愿望变成现实。感谢每天早起准备早餐的他，也感恩繁重工作之余尽可能陪伴孩子的他，这给予我更多科研和创作的时间。同时，作为研发工作者，他也是我研究样本中的一员，他在科研创新工作中的经历以及感悟，成就了这本著作中很多的新观点。还要感谢我那活泼可爱的儿子可乐小朋友，古灵精怪的你总能成为我极度疲惫之时重新战斗的动力。时而开心也好，时而难过也好，无论一帆风顺还是历经磨难，都是生活赋予我们一起成长的方式。就像本书中有过丰富多彩经历的企业家一样，只要坚定前进的方向，旅途中任何坎坷和牵绊，都最终会成为你前行的助力器。此外，父母永远是最坚实的后盾。在任何时候，家永远是爱的港湾，父母会无条件、无保留地迎接你。无论是满载荣誉的你，还是历经挫折遍体鳞伤的你，他们都会无私地拥抱你。龙应台说过："所谓父女母子一场，只不过意味着，你和他的缘分就是今生今世不断地在目送他的背影渐行渐远。你站在小路的这一端，看着他渐渐消失在小路转弯的地方，而他用背影默默地告诉你，不必追。"为人母后更懂父母恩。与父母的距离逐渐由小时候的日常陪伴变成后来上学后的寒暑假，再到后来成家后的视频电话，貌似越来越远，而实则越来越懂得父母无私的爱。是他们一次次勇敢的"放手"成就了今日的我。这种坚定和无私的爱也将传承到我和我的孩子这里，去体验一场父母与子女的修行。

俗话说"一人拾柴火不旺，众人拾柴火焰高"。在科学研究中，一个人的力量总是有限的。感谢我指导的硕士生们在本书中所倾注的心血。在"企业家灾难经历强度"章节，郝倩如同学进行了大量的数据整理和实证检验工作；在"企业家地方感情感特质"章节，郭方同学开辟新思路，打开研究视野，提供了全新的观点和看法，并积极用数据检验；在"企业家多元文化背景"章节，白茹同学从选题确定到整理数据再到实证方法检验等环节都投入了大量的精力。此外，由于本书篇幅较长，公式和图表繁多，在后期格式等规范性修订环节，研一和研二的吉佳婧、马慧珍、赵双双、牛添、智峰毅、朱阳月、荆志青、辛园园等多位同学勇敢承担起反复校对和修改的工作。本书的顺利出版，离不开同学们的辛苦付出，在此特别感谢，并期望这样的学术训练会为你们今后的科研学习助一臂之力。

感谢山西财经大学会计学院领导和同事的大力支持，感谢经济科学出版社于源老师和李一心老师对本书的编辑和校对，本书得以顺利出版离不开你们的辛勤工作。感谢加拿大曼尼托巴大学 Ying Zhang 教授对本书写作的指导，并欣然为本书作序。

最后，感谢一直努力奔跑且永不言弃的自己。本人资质平平，不算太聪颖，但好在一直在孜孜不倦地努力着，虽然没有大成，但一直没有放弃。没有因为大学老师梦想的遥远而放弃继续钻研，没有因为读博期间恰好十月怀胎的艰辛而放弃学位，没有因为语言障碍而放弃出国访学的机会。回想这一路走来的历程，在坚持，在改变，在突破，也在不断地收获。我在向榜样学习的路上，磨炼出了永不言败的勇气，锻炼出了困难面前永不低头的心态。而今，已快到不惑之年，为人女，为人妻，为人母，为人师，我在生命赋予的多重角色中努力扮演好自己。岁月已逐渐滤去浮躁，沉淀出理性的沉着，每每和十八岁的自己再次对话时，希望追求展翅高飞的梦想和热爱生活的初衷均未改变。

由于成书匆匆，在结构安排、文字叙述及研究逻辑等方面难免还有一些不足。正如尼采所说"书一旦脱稿，就会以独立的生命继续生存"。本书所存在的一些不当之处，还请专家和读者给予批评指正。该领域研究永无止境，本人也将继续不断完善，为相关研究贡献自己的绵薄之力。

至此，窗外的雪已停止飘落，整个世界都变得很安静，在这个慢节奏的国度，貌似很多东西都可以慢下来一样，快递很慢、邮件很慢……，仿佛时光倒流到木心《从前慢》的那个年代。慢下来，也能够清醒地去感悟生活，去思考未来，一切都留给时间……

最后以莫泊桑的一句话作为结束语，与从事科研工作的朋友们共勉。

"生活不可能像你想象得那么好，但也不会像你想象得那么糟。人的脆弱和坚强都超乎自己的想象"。

写于加拿大曼尼托巴大学
2023 年 11 月